Schöningh

W0414182

EinFach Deutsch

Unterrichtsmodell

Janne Teller

Nichts.
Was im Leben wichtig ist

Von
Achim Roschmann

Herausgegeben von
Johannes Diekhans

Baustein 4: Der philosophische Hintergrund (S. 81–114 im Modell)

4.1	Erkenntnis	ges. Text	Projekt Textarbeit Schreibauftrag Malauftrag Tafelskizze Arbeitsblatt 20–23
4.2	Bibel: Das Buch Kohelet (Prediger)	ges. Text	Projekt Textarbeit Collage Arbeitsblatt 24
4.3	Kierkegaard – Verzweiflung	ges. Text	Projekt Textarbeit Schreibauftrag Tafelskizze Arbeitsblatt 25–26 Zusatzmaterial 1
4.4	Nietzsche – Nihilismus	ges. Text	Projekt Textarbeit Schreibauftrag Arbeitsblatt 27 Zusatzmaterial 2
4.5	Der Begriff Angst bei Heidegger, Kierkegaard und Sartre	ges. Text	Projekt Textarbeit Fotografieauftrag Arbeitsblatt 28
4.6	Sartre – Der Philosoph als Aufklärer	ges. Text	Projekt Textarbeit Schreibauftrag Arbeitsblatt 29

Baustein 5: Die Rezeption des Romans (S. 115–124 im Modell)

5.1	Verfassen einer eigenen Kritik	–	Textarbeit Tafelskizze Schreibauftrag Arbeitsblatt 30–31
5.2	Die öffentliche Debatte um den Roman	–	Textarbeit Arbeitsblatt 32
5.3	Umsetzung der Debatte als Rollenspiel	–	Rollenspiel Schreibauftrag Arbeitsblatt 33

Baustein 6: Die Adaption des Romans als Theaterstück (S. 125–142 im Modell)

6.1	Vom Text zur Aufführung	Arbeitsblätter	Textarbeit Tafelskizze Schreibauftrag Malauftrag Arbeitsblatt 34–37
6.2	Vergleich von Romantext und Bühnenfassung	ges. Text S. 31–34	Textarbeit Tafelskizze Malauftrag szenisches Spiel Arbeitsblatt 38
6.3	Postdramatisches Theater	–	Textarbeit Tafelskizze Schreibauftrag Arbeitsblatt 39

Nichts. Was im Leben wichtig ist

Baustein 1: Die Frage des Einstiegs (S. 17–25 im Modell)			
1.1	Gegenstände und deren Bedeutung – Zeitungsartikel	ges. Text	Textarbeit Diskussion Arbeitsblatt 1
1.2	Zitatencollage – Diskutieren	ges. Text	Diskussion Schreibauftrag Arbeitsblatt 2
1.3	Lied „Die Ausfahrt zum Haus deiner Eltern"	ges. Text	Textarbeit Schreibauftrag Arbeitsblatt 3
1.4	Überleitung zur Lektüre des Romans	S. 8–25	Unterrichtsgespräch

Baustein 2: Personen und Schauplatz (S. 26–48 im Modell)			
2.1	Die Ich-Erzählerin Agnes	S. 8–25	Textarbeit Tafelskizze Schreibauftrag Arbeitsblatt 4–5
2.2	Figurenkonstellation	S. 8–25	Textarbeit Malauftrag Tafelskizze Arbeitsblatt 6–7
2.3	Pierre Anthon	S. 8–25	Textarbeit szenisches Spiel Tafelskizze Arbeitsblatt 8–9
2.4	Tæring und die Schule	S. 8–25	Bildbeschreibung Schreibauftrag Malauftrag Tafelskizze Arbeitsblatt 10

Baustein 3: Der Berg aus Bedeutung (S. 49–80 im Modell)			
3.1	Die Struktur des Berges	S. 25–98	Textarbeit Tafelskizze Arbeitsblatt 11–12
3.2	Analyse des Berges	S. 25–98	Textarbeit Schreibauftrag Tafelskizze Arbeitsblatt 13–15
3.3	Der Verkauf und die Vernichtung des Berges	S. 99–140	Textarbeit Projekt Rollenspiel Tafelskizze Schreibauftrag Arbeitsblatt 16–18
3.4	Das Ende des Romans	S. 99–140	Textarbeit Schreibauftrag
3.5	Der Roman als Parabel	S. 99–140	Textarbeit Tafelskizze Arbeitsblatt 19

Bildnachweis:

S. 9, 123: Janne Teller, Nichts. Was im Leben wichtig ist. Übersetzt aus dem Dänischen von Sigrid Engeler © 2010 Carl Hanser Verlag München – **S. 21:** © Dr. Jürgen Bellmann – **S. 33, 47, 104:** Verlagsarchiv Schöningh/Reinhild Kassing – **S. 48:** Achim Roschmann – **S. 99:** Jostein Gaarder, Sofies Welt. Aus dem Norwegischen von Gabriele Haefs © 1993 Carl Hanser Verlag München – **S. 101:** © picture alliance – **S. 109, 110, 114:** Verlagsarchiv Schöningh – **S. 136 (beide), 138:** © Sebastian Hoppe – **S. 140:** aus dem Regiebuch zu der Deutschsprachigen Erstaufführung von „Nichts. Was im Leben wichtig ist." des Jungen Schauspielhauses Düsseldorf in der Spielzeit 2011/12, Theaterfassung von Andreas Erdmann, nach dem Roman „ Nichts" von Janne Teller © Carl Hanser Verlag München 2010, Aufführungsrechte: Rowohlt Theater Verlag, Reinbek bei Hamburg. Regie: Marco Storman – **S. 143:** Peter Kunzmann, Franz-Peter Burkard, Franz Wiedmann: dtv-Atlas Philosophie. Graphische Gestaltung der Abbildungen Axel Weiß. © 1991 Deutscher Taschenbuch Verlag, München. **S. 145:** © Watterson/Distr. Universal Uclick/Distr. Bulls

Sollte trotz aller Bemühungen um korrekte Urheberangaben ein Irrtum unterlaufen sein, bitten wir darum, sich mit dem Verlag in Verbindung zu setzen, damit wir eventuell notwendige Korrekturen vornehmen können.

© 2012 Bildungshaus Schulbuchverlage
Westermann Schroedel Diesterweg Schöningh Winklers GmbH
Braunschweig, Paderborn, Darmstadt

www.schoeningh-schulbuch.de
Schöningh Verlag, Jühenplatz 1–3, 33098 Paderborn

Das Werk und seine Teile sind urheberrechtlich geschützt.
Jede Nutzung in anderen als den gesetzlich zugelassenen Fällen bedarf der vorherigen schriftlichen Einwilligung des Verlages.
Hinweis zu § 52a UrhG: Weder das Werk noch seine Teile dürfen ohne eine solche Einwilligung gescannt und in ein Netzwerk gestellt werden.
Das gilt auch für Intranets von Schulen und sonstigen Bildungseinrichtungen.

Auf verschiedenen Seiten dieses Buches befinden sich Verweise (Links) auf Internetadressen. Haftungshinweis: Trotz sorgfältiger inhaltlicher Kontrolle wird die Haftung für die Inhalte der externen Seiten ausgeschlossen. Für den Inhalt dieser externen Seiten sind ausschließlich deren Betreiber verantwortlich. Sollten Sie dabei auf kostenpflichtige, illegale oder anstößige Inhalte treffen, so bedauern wir dies ausdrücklich und bitten Sie, uns umgehend per E-Mail davon in Kenntnis zu setzen, damit beim Nachdruck der Verweis gelöscht wird.

Druck 5 4 3 / Jahr 2017 16 15
Die letzte Zahl bezeichnet das Jahr dieses Druckes.

Umschlaggestaltung: Jennifer Kirchhof
Druck und Bindung: westermann druck GmbH, Braunschweig

ISBN 978-3-14-022530-4

Vorwort

Der vorliegende Band ist Teil einer Reihe, die Lehrerinnen und Lehrern erprobte und an den Bedürfnissen der Schulpraxis orientierte Unterrichtsmodelle zu ausgewählten Ganzschriften und weiteren relevanten Themen des Faches Deutsch bietet.
Im Mittelpunkt der Modelle stehen Bausteine, die jeweils thematische Schwerpunkte mit entsprechenden Untergliederungen beinhalten.
In übersichtlich gestalteter Form erhält der Benutzer/die Benutzerin zunächst einen Überblick zu den im Modell ausführlich behandelten Bausteinen.

Es folgen:

- Hinweise zu den Handlungsträgern
- Zusammenfassung des Inhalts und der Handlungsstruktur
- Vorüberlegungen zum Einsatz des Romans im Unterricht
- Hinweise zur Konzeption des Modells
- Ausführliche Darstellung der einzelnen Bausteine
- Zusatzmaterialien

Ein besonderes Merkmal der Unterrichtsmodelle ist die Praxisorientierung. Enthalten sind kopierfähige Arbeitsblätter, Vorschläge für Klassen- und Kursarbeiten, Tafelbilder, konkrete Arbeitsaufträge, Projektvorschläge. Handlungsorientierte Methoden sind in gleicher Weise berücksichtigt wie eher traditionelle Verfahren der Texterschließung und -bearbeitung.
Das Bausteinprinzip ermöglicht es dabei den Benutzern, Unterrichtsreihen in unterschiedlicher Weise und mit unterschiedlichen thematischen Akzentuierungen zu konzipieren. Auf diese Weise erleichtern die Modelle die Unterrichtsvorbereitung und tragen zu einer Entlastung der Benutzer bei.

Das vorliegende Modell bezieht sich auf folgende Textausgabe:
Janne Teller. Nichts. Was im Leben wichtig ist. Aus dem Dänischen von Sigrid C. Engeler. München: dtv (Reihe Hanser), 2012. ISBN: 978-3-423-62517-3

Arbeitsfrage

Einzelarbeit

Partnerarbeit

Gruppenarbeit

Unterrichts-
gespräch

Schreibauftrag

szenisches
Spiel,
Rollenspiel

Mal- und
Zeichenauftrag

Bastelauftrag

Projekt, offene
Aufgabe

Inhaltsverzeichnis

Nichts. Was im Leben wichtig ist

Werbeplakat des Hanser Verlags

„Alles ist egal […] Denn alles fängt nur an, um aufzuhören. In demselben Moment, in dem ihr geboren werdet, fangt ihr an zu sterben. […] Das Leben ist die Mühe überhaupt nicht wert. […] In wenigen Jahren seid ihr alle tot und vergessen und nichts, also könnt ihr genauso gut sofort damit anfangen, euch darin zu üben."

Aus: Janne Teller: Nichts. Was im Leben wichtig ist. Aus dem Dänischen von Sigrid C. Engeler © 2010 Carl Hanser Verlag München, S. 11 f.

Personen

Agnes:

Die Erzählerin Agnes ist Schülerin einer siebten Klasse. Sie wohnt, wie alle Hauptfiguren des Romans, in dem fiktiven dänischen Ort Tæring und geht auch dort zur Schule. Ihre beste Freundin ist Marie-Ursula, die Agnes um ihre blau gefärbten Zöpfe beneidet. Zu Beginn des Romans wirkt Agnes ähnlich oberflächlich wie ihre Mitschüler. Sie hat das Ziel, „etwas werden" zu wollen, und träumt von einer Zukunft als weltberühmte Modedesignerin. Als sie ihre Sandalen für den Berg aus Bedeutung opfern muss und sich an Gerda rächt, zeigt sich, zu welcher Boshaftigkeit sie in der Lage ist. Pierre Anthons Entscheidung, die Schule zu verlassen, flößt ihr Angst ein, lässt sie aber auch über ihr Leben nachdenken. Dies führt jedoch nicht so weit, dass sie ihren Mitschülern widerspricht oder sich dem Gruppenzwang widersetzt.
Als Erzählerin berichtet sie die Ereignisse mit acht Jahren Abstand. Dadurch sieht sie viele Dinge kritischer als ihr jüngeres Ich, das Teil der Handlung ist, und kommentiert vieles dementsprechend.
Am Ende des Romans wird deutlich, dass sie immer noch von den Geschehnissen beeinflusst wird.

Pierre Anthon:

Pierre Anthon ist einer von Agnes' Mitschülern. Am ersten Tag des neuen Schuljahres verlässt er die Klasse mit der Begründung, dass es nichts im Leben gibt, wofür es sich lohnt, etwas zu tun. Von nun an lebt er auf einem Pflaumenbaum in der Nähe seiner ehemaligen Schule. Von dort aus provoziert er seine Klassenkameraden mit nihilistischen Parolen und fordert sie auf, seinem Beispiel zu folgen. Diese reagieren mit dem Bau des Berges aus Bedeutung in einem alten Sägewerk, doch weder dessen Fertigstellung noch die kurzzeitige Berühmtheit der Klasse lassen ihn von seinen Thesen abweichen. Erst als die Gewalt innerhalb der Klasse eskaliert, verlässt er auf Bitten von Agnes den Baum. Er kommt mit ihr in das Sägewerk. Dort richtet sich die Gewalt gegen ihn, und er wird von der Klasse getötet. Sein Tod löst ein Umdenken bei seinen ehemaligen Mitschülern aus, und das Ende des Romans lässt erkennen, dass er über seinen Tod hinaus immer noch Einfluss auf sie ausübt.

Jan-Johan:

Jan-Johan ist ein talentierter Gitarrenspieler und der Anführer der Schulklasse. Vor allem zu Beginn des Romans tritt er in Erscheinung. Er trifft die Entscheidungen, indem er die Klasse versammelt und seinen Mitschülern Anweisungen erteilt. Diese akzeptieren ihn und seinen autoritären Ton. Dies ändert sich jedoch schlagartig, als er seinen Zeigefinger opfern muss. Aus dem selbstsicheren, talentierten Jan-Johan wird die jammernde „Jan-Johanna", wie es Agnes formuliert. Seine Position nimmt von nun an Sofie ein, und für den weiteren Verlauf der Handlung spielt er keine Rolle mehr – bis auf die Tatsache, dass er den Bau des Berges aus Bedeutung öffentlich macht.

Sofie: Sofie, eine weitere Mitschülerin, nimmt eine zentrale Rolle im Klassengefüge ein. Zu Beginn wirkt sie reifer als ihre Mitschüler, und sie hat die Idee zum Bau des Berges aus Bedeutung. Kurz vor dessen Fertigstellung ist sie an der Reihe, etwas zu opfern, und Hans bestimmt ihre Unschuld. Obwohl sie sich zunächst weigert, wird sie von der Klasse dazu gezwungen. Dies traumatisiert sie, und von diesem Zeitpunkt an wirkt sie gefühlskalt und grausam. Beim Abtrennen von Jan-Johans Zeigefinger gibt sie den Ton an und ersetzt ihn fortan als Anführerin der Klasse. Da sie eines der größten Opfer erbringen musste, bedeutet ihr der Berg am meisten. Deshalb ist sie auch vehement gegen den Verkauf, den sie jedoch nicht verhindern kann. Ihr ist es unmöglich zu akzeptieren, dass ihr Opfer umsonst war. Dies führt schlussendlich dazu, dass sie laut Agnes den Verstand verliert und in eine Klinik eingeliefert werden muss.

Die Schulklasse: Die weiteren Schüler der Klasse 7A treten nur für einen kurzen Moment in den Vordergrund – dann, wenn sie ihren Beitrag zu dem Berg aus Bedeutung leisten. Jeder Schüler dieser Klasse besitzt nur eine hervorstechende Eigenschaft, die für eine kurze Episode im Mittelpunkt der Handlung steht. Die Eigenschaft wird hierin erläutert und auch, welche Auswirkungen deren Verlust für den jeweiligen Schüler hat. Im überwiegenden Teil der Handlung wird die Schulklasse jedoch als homogene Einheit dargestellt und nicht als eine Gruppe unterschiedlicher Individuen.

Die Lehrer und Eltern: Nur der Lehrer Eskildsen tritt auf den ersten Seiten des Romans als Figur auf. Alle anderen Erwachsenen, die zum Umfeld der Schulklasse gehören, kommen lediglich indirekt in den Gesprächen und Überlegungen der Schüler vor. Sie gehören zu der dargestellten Welt und nehmen Einfluss – wenn die Lehrer und Eltern beispielsweise die Schüler bestrafen – bleiben dabei jedoch unsichtbar. So wie vieles in Tæring „einfach in der Luft oder in der Zeit [liegt]" (S. 9).

Die Journalisten: Nachdem Jan-Johan seinen Zeigefinger verliert, bricht er das Schweigen der Schulklasse und erzählt seinen Eltern von dem Berg aus Bedeutung. So erfährt die Öffentlichkeit von den Geschehnissen, und Journalisten beginnen, sich für den Berg zu interessieren. Erst erscheinen kritische Artikel in der lokalen Presse, dann entsteht ein Medienhype, der darin gipfelt, dass sich eine amerikanische Talkshow für die Schulklasse interessiert. Wie die Lehrer oder Eltern treten auch die Journalisten nicht als Einzelpersonen in Erscheinung. Nichtsdestotrotz nehmen sie Einfluss auf die Handlung: Mit ihrer Berichterstattung vermitteln sie der Schulklasse für kurze Zeit das Gefühl, von Bedeutung zu sein, und als ihr Interesse abflaut, verstärkt das die Zweifel der Schüler an dieser Bedeutung. Dies führt schlussendlich zur Eskalation am Ende des Romans.

Inhalt des Romans

Die Handlung des Romans „Nichts" spielt „in Tæring, in einem [dänischen] Vorort einer mittelgroßen Provinzstadt" (S. 10) und wird aus Sicht der Erzählerin **Agnes** geschildert. Diese ist Teil der Schulklasse 7A, die im Mittelpunkt der Handlung steht. Am ersten Schultag nach den Sommerferien verlässt **Pierre Anthon**, ein Schüler der Klasse, die Schule mit der Begründung, dass nichts im Leben von Bedeutung sei und dass es sich deswegen auch nicht lohne, irgendetwas zu tun. Von nun an lebt er in einem Pflaumenbaum vor der Schule, provoziert von dort aus seine ehemaligen Mitschüler mit nihilistischen Thesen und fordert sie auf, seinem Beispiel zu folgen.

Diese fühlen sich herausgefordert und fassen den Beschluss, Pierre Anthon davon zu überzeugen, dass es Dinge von Bedeutung gibt. **Sofie** hat die Idee, Gegenstände mit Bedeutung in einem alten Sägewerk zu sammeln. Die Klasse beginnt mit Gegenständen von Fremden, bald gehen die Schüler jedoch dazu über, persönliche Gegenstände, die ihnen selbst gehören, auf den nun entstehenden Berg zu legen. Dabei entwickelt sich die Regel, dass immer derjenige den nächsten bestimmen darf, der soeben einen Beitrag geleistet hat. Schnell überwiegen jedoch Rachegedanken; die Schüler verlieren ihr ursprüngliches Ziel zunehmend aus den Augen, und die Grausamkeiten und Gewalt innerhalb der Klasse eskalieren: Ein Hund wird getötet, Sofie verliert ihre Unschuld und **Jan-Johan** einen Zeigefinger.

Nach diesem letzten Opfer berichtet er seinen Eltern von den Vorkommnissen. Diese reagieren mit harten Strafen, während sich gleichzeitig Journalisten für den Berg aus Bedeutung zu interessieren beginnen. Das Medieninteresse geht bald über Dänemark hinaus, und für einige Wochen steht die Klasse im Mittelpunkt einer weltweiten Berichterstattung. Dies vermittelt der Klasse das Gefühl, die Bedeutung gefunden zu haben, und führt auch dazu, dass ein New Yorker Kunstmuseum den Berg aus Bedeutung für dreieinhalb Millionen Dollar kaufen will. Pierre Anthon bleibt von all dem unbeeindruckt und setzt seine Provokationen fort. Die Klasse entscheidet sich nach einer kurzen Diskussion für den Verkauf. Als jedoch das Interesse der Medien genauso schnell verebbt, wie es entstanden ist, machen sich Zweifel unter den Schülern breit, ob sie ihr Ziel wirklich erreicht haben. Sofie, die für den Berg ihre Unschuld opfern musste und seither traumatisiert wirkt, geht gegen diese Zweifel an. Sie beharrt darauf, dass der Berg von Bedeutung ist und dass Pierre Anthon immer noch davon überzeugt werden kann. Mit autoritärem und aggressivem Verhalten gelingt es ihr, die immer stärker zweifelnden Mitschüler am Aufgeben zu hindern. Als Pierre Anthon Sofie damit konfrontiert, dass der Berg niemals Bedeutung besessen haben könne, da die Klasse ihn sonst nicht verkauft hätte, zerbricht sie innerlich. Kurz bevor der Berg von dem Museum abgeholt wird, greift sie ihre Mitschüler an. Daraus entwickelt sich eine Prügelei, in der jeder gegen jeden kämpft. Agnes rennt zu Pierre Anthon und fleht ihn an, in das Sägewerk zu kommen. Er gehorcht und verlässt zum ersten Mal seinen Baum. Im Sägewerk angekommen, beschimpft er seine ehemaligen Mitschüler und triumphiert über sie. Kurz bevor er wieder gehen will, richtet sich die Gewalt gegen ihn und er kommt ums Leben. In der folgenden Nacht brennt das Sägewerk mit dem Berg aus Bedeutung und Pierre Anthon ab.

Nach Pierre Anthons Beerdigung versammelt sich die Klasse ein letztes Mal bei dem Sägewerk und jeder Schüler nimmt einen Teil der Asche als Erinnerung mit.

Der Roman endet mit einem Kommentar von Agnes, in dem der Leser erfährt, dass sie die Geschehnisse aus acht Jahren Abstand berichtet und immer noch unter Pierre Anthons Einfluss steht.

Vorüberlegungen zum Einsatz des Romans im Unterricht

„Nichts" ist ein Roman, der polarisiert. Pädagogen äußern häufig die Befürchtung, dass die Lektüre dieses Buches Jugendliche überfordert und verunsichert und dass sie in ihrer Entwicklung gefährdet werden. Diese Bedenken sind nicht unbegründet und lassen sich sicherlich darauf zurückführen, dass der Leser mit nihilistischen Thesen konfrontiert wird. Er muss zusehen, wie die Romanfiguren versuchen, sich mit den Thesen auseinanderzusetzen, und dabei scheitern. So stellt der Roman Fragen an seine Leser. Fragen, die unangenehm sind und den Wunsch nach Antworten wecken. Aber diese liefert der Text nicht. Das kann man als Schwäche auslegen und ist sicherlich der Hauptgrund für die Vielzahl an Stimmen, die davor warnen, den Roman mit Schülern zu lesen.
Stellvertretend dafür kann folgender veröffentlichter Beitrag einer Fachleiterin für Deutsch und Philosophie/Ethik gesehen werden:
„Lesen kann natürlich jeder, was er will. Horrorfilme mag auch jeder sehen, wenn er will. Aber ist dieser Text, der Lerngruppen über einige Zeit beschäftigen wird und dem sich in der Schule, einmal gewählt, niemand mehr entziehen kann, auch als Unterrichtsmaterial geeignet? Ich möchte es bestreiten: Das Jugendbuch soll eine psychologische Parabel sein. Wofür? Es geht um die These, dass nichts im Leben von Bedeutung sei."[1]
Gedanken wie diese mögen dafür verantwortlich gewesen sein, dass der Roman nach seiner Veröffentlichung in Skandinavien in zahlreichen Schulen und Bibliotheken umstritten war und Jugendlichen nicht zugemutet werden sollte.
Man kann es aber auch als eine Stärke des Buches ansehen, dass es Fragen stellt und keine einfachen Antworten liefert. Dass es dem Leser unangenehme Wahrheiten vor Augen führt, ihn zwingt, sich damit auseinanderzusetzen, und dadurch jeder individuelle und persönliche Antworten finden muss. Wenn Pierre Anthon seinen Mitschülern entgegenschleudert, dass es nichts Bedeutendes im Leben gebe, da „[i]n wenigen Jahren [...] alle tot und vergessen und nichts [seien]" (S. 12), dann führt er ihnen die Endlichkeit des Menschen vor Augen und stellt die Bedeutung seiner Existenz infrage. Menschen beschäftigen sich damit seit jeher – ähnliche Gedanken lassen sich schon im Alten Testament finden – und so ist davon auszugehen, dass sich auch Jugendliche diese Fragen stellen. Ob sie nun „Nichts" lesen oder nicht. Barbara Beuys formuliert in ihrer Biografie über Sophie Scholl folgenden Gedanken über die Tendenz Erwachsener, Kinder und Jugendliche zu unterschätzen: „Den Mythos von einer heilen Welt haben die Erwachsenen errichtet. Kinder sind nicht für Schonräume gemacht. Sie nehmen die Schwächen der Erwachsenen wahr und dass es am Sonntag anders zugeht als im Alltag."[2] Vertritt man diese Ansicht, dann bietet der Roman eine Möglichkeit, Schülerinnen und Schüler auf eine Welt vorzubereiten, die komplizierter und widersprüchlicher ist als die Welt ihrer Kindheit.
Die Behandlung des Textes im Unterricht kann ihnen hierbei Orientierung bieten und verhindern, dass sie mit ihren Ängsten alleingelassen werden.
In dem Roman wird die These aufgestellt, dass nichts im Leben von Bedeutung sei. Dabei bleibt es aber nicht. Im Laufe der Handlung wird diese These erörtert. Es wird gezeigt, wie wichtig Gegenstände, Eigenschaften und Fähigkeiten für die Identität eines Menschen sind und welche Konsequenzen deren Verlust hat. Es werden Fragen aufgeworfen, die Wert- und Moralvorstellung betreffen. Man kann den Roman als Parabel für die Entstehung von Gewalt und Extremismus lesen. Oder als Kritik moderner Massenmedien.

---

1 Nordhofen, Susanne. Eine Lektüre für die Schule? In: von Erdmann, Andreas. Eulenfisch. Limburger Magazin für Religion und Bildung. Limburg/Lahn: Verlag des Bischöflichen Ordinariats. 2011. S. 64.

2 Beuys, Barbara. Sophie Scholl – Biografie. München: Carl Hanser Verlag. 2010. S. 52.

Entscheidet man sich für die Behandlung des Romans im Unterricht, dann ist es hilfreich – wenn nicht notwendig – einen eigenen Standpunkt zu Pierre Anthons Thesen zu haben. Denn im Verlauf der Einheit ist damit zu rechnen, dass die Schülerinnen und Schüler die Lehrkraft darauf ansprechen. In diesem Zusammenhang kann auch auf **Zusatzmaterial 3**, S. 145, verwiesen werden. Dort findet sich ein Comic-Strip des amerikanischen Zeichners Bill Watterson aus der Reihe „Calvin und Hobbes". Darin wird die Tatsache, dass die menschliche Existenz keinen vorbestimmten Sinn hat, im Sinne Sartres als Freiheit interpretiert und auf eine sehr lebensbejahende Weise dargestellt.
Das Unterrichtsmodell gibt der Lehrkraft ein Hilfsmittel für eine vielschichtige Analyse des Romantextes an die Hand, um Schülerinnen und Schülern

- ein konstruktives Auseinandersetzen mit der Bedeutung des Lebens zu ermöglichen,
- zu ermöglichen, eigene Standpunkte zu Themen wie Gewalt, Macht, Identität zu diskutieren und zu untermauern,
- philosophische und anthroposophische Aspekte zu vermitteln.

Der Leseprozess kann unterrichtsbegleitend organisiert werden:
Baustein 2 (S. 8–25 im Roman), Baustein 3 – 3.1 und 3.2. (S. 25–98), Baustein 3 – 3.3 bis 3.5 (S. 99–140).
Es ist aber auch möglich, dass der Roman von den Schülerinnen und Schülern vor Beginn des Unterrichts gelesen wird.

Vorschläge für Klausuren und Facharbeiten sind im Zusatzmaterial 4 (S. 146 f.) enthalten.

Konzeption des Unterrichtsmodells

Das vorliegende Unterrichtsmodell ist in sechs Bausteine gegliedert. Mittels textanalytischer und produktionsorientierter Methoden soll es einen möglichst ansprechenden Zugang zu den verschiedenen Aspekten des Romans „Nichts" bieten. Bei der Konzeption der Bausteine wurde darauf geachtet, eine Vielzahl der für das Fach Deutsch relevanten Kompetenzen miteinzubeziehen. Bewusst wird darauf verzichtet, die Schülerinnen und Schüler in die Lage der Romanfiguren zu versetzen. Dies soll verhindern, sie vor das gleiche Dilemma wie die Romanfiguren zu stellen. Das Augenmerk wurde darauf gelegt zu verdeutlichen, dass es sich um einen fiktionalen Text handelt, der nicht notwendigerweise die Lebenswelt der Schülerinnen und Schüler widerspiegelt. Die Analyse des Romantextes soll dabei eine fundierte Grundlage bieten, um die Thesen und Fragestellungen, die der Roman aufwirft, genauer zu erörtern.

Baustein 1 bietet drei Alternativen für einen Einstieg in den Roman. Anhand eines Zeitungsartikels, einer Zitatencollage oder eines Liedtextes können sich die Schülerinnen und Schüler mit grundlegenden Aspekten des Romans auseinandersetzen und erste Ideen diskutieren. Dies soll Neugierde und Interesse an dem neuen Thema wecken und einen Orientierungsrahmen vermitteln.

Baustein 2 hat die Personen und Schauplätze des Romans zum Gegenstand. Hier werden Begriffe der Erzähltheorie (Erzählverhalten, erzählendes und erlebendes Ich, Figurenkonzeption etc.) eingeführt und auf den Erzähltext angewendet. Die Analyse der Figurenkonstellation, der Figur Pierre Anthon und der Schauplätze ermöglicht den Schülerinnen und Schülern eine erste Deutung des Romans und liefert ein Erklärungsmodell für das Verhalten der Figuren. So wird zu einem frühen Zeitpunkt der Unterrichtseinheit das Kernproblem des Romans – Pierre Anthons Provokationen und die Reaktion seiner Mitschüler – untersucht. Die Ergebnisse dieses Bausteins bilden die Basis für eine vertiefende Deutung des Romans in den folgenden Bausteinen.

Baustein 3 setzt sich mit dem Berg aus Bedeutung auseinander. In einem ersten Schritt strukturieren die Schülerinnen und Schüler den Berg, teilen ihn in verschiedene Schichten ein und visualisieren ihre Ergebnisse. In einem zweiten Schritt werden die Schichten exemplarisch analysiert. In diesem Zusammenhang wird auch auf die Eskalation der Gewalt eingegangen. Sofies Schicksal, welches mit dem geplanten Verkauf des Berges und Pierre Anthons Tod zusammenhängt, wird dabei gesondert und differenziert betrachtet. Darüber hinaus wird bei der Betrachtung des Endes des Romans auf die Relativität von Bedeutung eingegangen. Den Abschluss dieses Bausteines bildet die Fragestellung, wofür der Roman als Parabel gesehen werden kann.

Baustein 4 beschäftigt sich mit dem philosophischen Hintergrund des Romans. Zunächst setzen sich die Schülerinnen und Schüler anhand verschiedener Texte mit der Problematik philosophischer Erkenntnis auseinander. Dies bildet die Grundlage, um im Folgenden den Roman unter verschiedenen Gesichtspunkten zu untersuchen. Die Endlichkeit des Menschen und die daraus resultierende Verzweiflung und Angst werden anhand eines Bibeltextes und anhand der Philosophen Kierkegaard, Nietzsche, Heidegger und Sartre beleuchtet. Dabei werden jeweils zunächst die Kernpunkte der einzelnen philosophischen Ansätze erarbeitet, um sie dann auf den Roman „Nichts" zu beziehen. Die Lehrkraft hat dabei die Möglichkeit, schülerzentriert mit einer kontextualisierten Aufgabenstellung vorzugehen oder diesen Baustein sukzessive im Unterricht zu behandeln.

Baustein 5 stellt die Rezeption des Romans in den Mittelpunkt. Dabei verfassen die Schülerinnen und Schüler eine eigene Rezension und beschäftigen sich mit der öffentlichen Debatte, die durch die Veröffentlichung von „Nichts" ausgelöst wurde. Anhand eines Rollenspiels soll die Frage erörtert werden, ob der Roman Jugendlichen zugemutet werden kann oder nicht. Auf diese Weise erfolgt ein kurzer Einblick in den Bereich der Literaturkritik, und gleichzeitig wird den Schülerinnen und Schülern Raum gegeben, offen zu dem Roman Stellung zu beziehen.

In **Baustein 6** wird die Adaption des Romans als Theaterstück behandelt. Dieser Abschnitt bezieht sich auf die Aufführung von „Nichts" des Düsseldorfer Schauspielhauses in der Spielzeit 2011/12. Zunächst setzen sich die Schülerinnen und Schüler hier mit der Frage auseinander, welche Aspekte man bei der Umsetzung eines Romantextes beachten muss, und analysieren exemplarisch die Vorgehensweise in Düsseldorf. Anschließend vergleichen sie den Roman- mit dem Bühnentext und beschäftigen sich abschließend mit der postdramatischen Form der Düsseldorfer Aufführung. So vermittelt dieser Baustein sowohl Einblicke in die Theorie des Theaters als auch in Aspekte, die die Aufführungspraxis betreffen.

Die thematischen Bausteine des Unterrichtsmodells

Baustein 1

Die Frage des Einstiegs

In diesem Baustein finden sich drei Einstiegsmöglichkeiten in den Roman. Die verschiedenen Vorgehensweisen stellen jeweils einen anderen Aspekt in den Vordergrund und bieten der Lehrkraft so die Möglichkeit zu entscheiden, worauf zu Beginn der Fokus gelegt werden soll. Der Einstieg über den Zeitungsartikel veranschaulicht, wie Gegenstände Bedeutung für ihre Besitzer erlangen können, und weist dadurch auf eine zentrale Thematik des Romans hin. Die zweite Möglichkeit, die Zitatencollage, ermöglicht es den Schülerinnen und Schülern, sich mit grundlegenden Fragen der menschlichen Existenz auseinanderzusetzen, ähnlich wie es auch Pierre Anthon tut. Die letzte Möglichkeit, der Einstieg über einen Songtext, stellt die Orientierungslosigkeit Heranwachsender in den Mittelpunkt und greift somit einen Aspekt auf, der das Verhalten der Klasse – vor allem zu Beginn des Romans – erklärbar macht. Alle drei Varianten können sowohl vor der Lektüre als auch beim Lesen des Romans angewandt werden.

1.1 Gegenstände und deren Bedeutung – Zeitungsartikel

Thematischer Schwerpunkt der ersten Einstiegsmöglichkeit ist die Bedeutung von Gegenständen. In einem Text aus der Spiegel-Kolumne „Eine Meldung und ihre Geschichte“[1], zu finden auf **Arbeitsblatt 1**, S. 21 f., wird der reale Fall eines Ehepaares geschildert, das ein Plüschtier auf einer Wanderung im Gebirge verloren hat und aufwändig durch die Bergwacht retten ließ. Als Erklärung dafür nennt die Autorin die Bedeutung, die das Kuscheltier für das Bestehen der Ehe des Paares hat. Hier finden sich also deutliche Parallelen zwischen einem realen Ereignis und den fiktiven Schilderungen in „Nichts“ während der Entstehung des Berges aus Bedeutung. In beiden Fällen erlangt ein Gegenstand Bedeutung für Personen, und diese wird durch den Verlust noch gesteigert. Die Schülerinnen und Schüler setzen sich damit anhand folgender Fragestellungen auseinander:

- *Wodurch erlangt der Frosch für die Bellmanns Bedeutung?*
- *Überlegen Sie, warum das Ehepaar keinen Ersatz kaufen wollte.*
- *Diskutieren Sie, ob sich die Bedeutung des Frosches durch den Verlust verändert hat.*

[1] Hardinghaus, Barbara: Der verlorene Sohn. In: Der Spiegel, Nr. 1 vom 02.01.2012, S. 45.

- *Welchen Zusammenhang sehen Sie zwischen dem Zeitungsbericht und dem Roman „Nichts"?*

Die ersten beiden Fragen können in Einzelarbeit bearbeitet werden, die letzte sollte in Partnerarbeit oder in Kleingruppen diskutiert werden.
Abschließend kann Bezug zur Lebenswelt der Schüler hergestellt werden, indem sich diese überlegen, welche Gegenstände für sie von großer Bedeutung sind. Da es sich dabei jedoch um eine sehr persönliche Aufgabenstellung handelt, sollte der Wunsch von Schülern respektiert werden, die dies nicht der ganzen Klasse mitteilen möchten.

- *Überlegen Sie, ob Sie auch einen Gegenstand besitzen, der von ähnlich großer Bedeutung für Sie ist.*

1.2 Zitatencollage – Diskutieren

Der hier vorgeschlagene Einstieg zielt auf den philosophischen Hintergrund des Romans, bietet also einen weiteren thematischen Zugang. Die Schüler setzen sich dabei mit ähnlichen Fragen auseinander wie jenen, die auch Pierre Anthon beschäftigen. Bei der weiteren Behandlung des Romans kann auf einzelne Zitate zurückgegriffen werden – beispielsweise, wenn sich die Schüler mit Pierre Anthons Aussagen beschäftigen.
Arbeitsblatt 2, S. 23, enthält eine Auswahl von Zitaten, die Überlegungen über den Sinn und die Bedeutung der menschlichen Existenz zum Inhalt haben. Die Schüler bearbeiten diese Zitate folgendermaßen:

- *Lesen Sie alle Zitate aufmerksam und entscheiden Sie sich für eines. Bilden Sie anschließend Gruppen mit Schülern, die unterschiedliche Zitate gewählt haben, und diskutieren Sie Ihre Entscheidung.*

Das Zitat „42" des englischen Autors Douglas Adams stammt aus dem Roman „Per Anhalter durch die Galaxis". Es ist die Antwort auf eine verloren gegangene Frage nach dem Sinn des Universums und symbolisiert somit die Unmöglichkeit, eine eindeutige Antwort auf die Frage nach dem Sinn des Lebens zu finden.
Im Anschluss können einzelne Zitate im Plenum besprochen werden. Sie sind so ausgewählt, dass verschiedene, teilweise konträre, Meinungen gegenübergestellt werden und dadurch eine Diskussion leicht in Gang kommen kann. Darunter befindet sich auch eine Aussage, die Pierre Anthon in „Nichts" macht, sodass schon an dieser Stelle auf den Roman verwiesen werden kann.
Alternativ können sich die Schüler damit auch mittels der Vier-Ecken-Methode auseinandersetzen. Dazu werden vier Plakate mit jeweils einem Zitat beklebt und im Klassenraum ausgehängt. Nun läuft die Methode auf diese Weise ab:

- *Verteilen Sie sich so, dass an jedem Plakat eine gleich große Gruppe steht. Lesen Sie das Zitat und diskutieren Sie in Ihrer Gruppe darüber. Notieren Sie dann die wichtigsten Punkte Ihrer Diskussion auf dem Plakat. Nach einem Zeichen Ihres Lehrers wechseln Sie zu dem nächsten Plakat. Lesen Sie das Zitat und die Anmerkungen Ihrer Mitschüler und kommentieren Sie diese. Das geschieht so oft, bis jede Gruppe an jedem Plakat war. Abschließend präsentiert ein Mitglied jeder Gruppe eine Zusammenfassung der Kommentare auf dem Plakat, bei dem Sie sich gerade befinden.*

1.3 Lied „Die Ausfahrt zum Haus deiner Eltern“

Diese Möglichkeit eines Einstiegs setzt sich mit der Orientierungslosigkeit, die Heranwachsende häufig empfinden, auseinander. In dem Songtext „Die Ausfahrt zum Haus deiner Eltern“ wird dies anhand von Gedanken dargestellt, die ein lyrisches Ich während einer Autofahrt hat. Dabei werden folgende Aspekte aufgegriffen: die Rolle der Eltern, Zwänge, denen das lyrische Ich ausgesetzt ist, und die Schwierigkeit, einen eigenen Platz in der Welt zu finden. Da sich die Protagonisten in Janne Tellers Roman in einer ähnlichen Situation befinden, hilft ein Verständnis dieser Problematik, das Verhalten der Klasse zu Beginn des Romans besser nachvollziehen zu können.
Dazu erhalten die Schüler **Arbeitsblatt 3**, S. 24, auf dem der Text mit einigen Lücken abgedruckt ist. Die Schülerinnen und Schüler ergänzen den Text zunächst mit eigenen Ideen, vergleichen diese dann und diskutieren, welche verschiedenen Bedeutungen sich dadurch ergeben.

- *Lesen Sie den Text und füllen Sie die Leerstellen mit passenden Ergänzungen.*
- *Vergleichen Sie Ihre Ideen mit denen Ihrer Mitschüler und diskutieren Sie, wie sich dadurch die Aussage des Textes ändert.*

Anschließend werden die Ideen der Schülerinnen und Schüler mit dem Originaltext verglichen (**Arbeitsblatt 3, Lösung**, S. 25). Dies kann entweder dadurch geschehen, dass die Lehrperson das Lied vorspielt, oder dadurch, dass sie den Schülern den vollständigen Text auf Folie präsentiert.
Um nun auf die Aussage des Songtextes genauer einzugehen, erhalten die Schülerinnen und Schüler den folgenden Arbeitsauftrag:

- *Formulieren Sie fünf Fragen an das lyrische Ich.*
- *Überlegen Sie, ob es Parallelen zwischen dem lyrischen Ich und Figuren in dem Roman „Nichts“ gibt.*

Möglichkeiten, die hier genannt werden können, sind:
- Warum schließt du am Anfang des Liedes die Augen?
- Warum nennst du die Hölle und Ikea im gleichen Satz?
- Fühlst du dich als Jugendlicher oder als Erwachsener?
- Warum fährst du nicht zu deinen Eltern?
- Wohin fährst du?

Abschließend werden einzelne Fragen in einem Unterrichtsgespräch erörtert.

1.4 Überleitung zur Lektüre des Romans

Sollte an dieser Stelle der Roman noch nicht gelesen sein, eignet sich folgendes Vorgehen als Überleitung. Die Lehrperson präsentiert der Klasse eine ähnliche Situation, wie sie zu Beginn des Buches geschildert wird:

> Ihre Klasse kommt aus den Sommerferien zurück in die Schule. Während des ersten Schultages steht ein Mitschüler plötzlich auf und sagt folgenden Satz: „Nichts bedeutet irgendetwas, das weiß ich seit Langem. Deshalb lohnt es sich nicht, irgendetwas zu tun. Das habe ich gerade herausgefunden." Er verlässt die Schule, setzt sich auf einen Baum und provoziert Sie von dort aus, indem er sagt, dass doch all Ihre Träume, Wünsche und Bemühungen sinnlos wären, da jeder Mensch sterben muss und bald in Vergessenheit gerät.

Im Anschluss daran erhalten die Schülerinnen und Schüler den Auftrag zu überlegen, auf welche Art und Weise sie den Mitschüler dazu bewegen können, wieder von dem Baum herunterzuklettern und zurück in die Schule zu kommen.

- *Stellen Sie sich vor, die eben geschilderte Situation ereignet sich in Ihrer Klasse. Überlegen Sie sich Möglichkeiten, wie Sie Ihren Mitschüler dazu bewegen können, wieder von dem Baum herunterzuklettern und zurück in die Schule zu kommen.*

Daraufhin kann dann der Anfang des Romans (S. 8–25) gelesen werden und das Verhalten der fiktiven Charaktere mit den Ideen der Schüler verglichen werden (vgl. Baustein 2).

Notizen

Der verlorene Sohn

Eine Meldung und ihre Geschichte: Warum ein Ehepaar aus Bayern ein Kuscheltier bergen ließ

„Seine Augen haben am meisten gelitten", sagt Doris Bellmann und stellt den Frosch zurück auf den Tisch, an dem auch ihr Mann Jürgen sitzt, der sich jetzt von der anderen Seite zum Frosch lehnt und sagt: „Sehen Sie, seine Augen sind ganz verkratzt."

Dann schweigt das Ehepaar, die Bellmanns aus Gröbenzell bei München, vier Kinder, alle aus dem Haus. Doris und Jürgen Bellmann waren an einem kühlen Donnerstag im November die Hintere Goinger Halt in Tirol hinaufgestiegen. Auf dem Gipfel, in 2192 Meter Höhe, packten sie die Brotzeit aus dem Rucksack und auch den Frosch. Sie wollten ihn vor dem Panorama fotografieren, am höchsten Punkt, setzten ihn auf einen Stein, aber der Wind griff ihn, nur eine Böe, und riss ihn 200 Meter weit in die Tiefe.

Sie hätten den Plüschfrosch einfach liegenlassen können, aber sie entschieden sich, ihn retten zu lassen.

Das Ehepaar Bellmann hatte den Frosch vor 20 Jahren für drei Mark auf einem Schulbasar gekauft, der Michi, ihr Jüngster, ging in die zweite Klasse. Sie setzten den Frosch im Schlafzimmer an das Ende des Bücherregals, und einmal im Monat, immer wenn Doris Bellmann die Bettwäsche wechselte, staubte sie ihn ab, durch einen Klaps auf sein Hinterteil.

Die Kinder wuchsen heran, lernten Instrumente, fuhren mit ihren Eltern – der Vater Bauingenieur, die Mutter Hausfrau – in den Urlaub, nach Madeira oder Baltrum, feierten Feste im Garten und Feten im Keller, manchmal mit mehr als 20 Freunden. Die Bellmanns waren gute Eltern.

Susanne, die Älteste, ging als Erste aus dem Haus, nach ihr Ute, dann Christoph nach Berlin, und, vor eineinhalb Jahren, Michi nach München. Die Kinder der Bellmanns kamen nur noch selten, mal am Wochenende und an Weihnachten. Sie blieben vier, fünf Stunden, dann fuhren sie wieder, dann war es wieder „gespenstisch still", sagt Doris Bellmann.

Die Eltern hörten auch sich selbst nicht mehr. Sie standen sich stumm in Hausschuhen gegenüber. „Das war die Zeit, in der der Frosch lebendig wurde",

Frosch vor der Leutascher Dreitorspitze

Tirol: Bergwacht sucht acht Stunden lang nach abgestürztem Plüschfrosch

Vor 19 Tagen SHORTNEWS

Bergführer des Deutschen Alpenvereins in Tirol mussten sich zu einer ungewöhnlichen Rettungsaktion aufmachen, nachdem ein deutsches …

Von der Internetseite www.nachrichten.de

sagt Jürgen Bellmann. Er nahm den Frosch zu jener Zeit aus dem Regal, neckte seine Frau mit ihm, damit sie wieder lachte. Er verstellte seine Stimme und ließ den Frosch all das sagen, was er selbst verlernt hatte. An manchen Tagen nahm auch sie den Frosch, verstellte ihre Stimme und ließ den Frosch sagen, was sie schon lange nicht mehr sagte.

Der Frosch bekam bald feste Plätze, einen am Kachelofen, einen auf einer Schachtel, die mit Frottee bezogen war, am Küchentisch, und einen im Auto, in einem Körbchen in der Mittelkonsole. Die Bellmanns begannen, den Frosch mit auf Reisen zu nehmen.

Sie machten Fotografien von ihm an der Nordsee, in Venedig auf dem Markusplatz, in Moskau am Roten Platz, am Tegernsee und zuletzt, so war es gedacht, auf der Hinteren Goinger Halt.

Nach dem Absturz liefen sie noch einmal an die Unglücksstelle, um den Frosch zu suchen, vergebens. Sie begannen, im Internet nach Ersatzfröschen zu suchen. Und sie baten den Alpenverein um Hilfe.

Der Alpenverein schickte eine Rundmail: Jemand suche einen privaten Gegenstand, welchen genau, das stand nicht in der Mail, kein Wort vom Frosch. Markus Fleischmann, 33 Jahre alt, staatlich geprüfter Bergführer, der sonst Leuten das Klettern beibringt und Zuverdienst gut gebrauchen konnte, meldete sich bei den Bellmanns. Am Telefon erfuhr er von dem Frosch und machte sich schon am nächsten Tag auf die Suche. Er trug einen Helm und Seile bei sich, zweimal 55 Meter, diverse Schlingen, Steigklemmen zum Wiederaufsteigen, eine Karte und auch ein Bild vom Frosch.

Auf seiner ersten Etappe bis Mittag schaffte Markus Fleischmann 150 Höhenmeter, er fand aber nur Stockteller und eine Schirmmütze.

Er kletterte an einer anderen Stelle entlang, da war es steiler. Den Frosch fand er erst später, eine halbe Stunde vor der Dunkelheit, im unteren Drittel, auf 2000 Metern, in einem mannsgroßen Spalt, den Kopf angelehnt an den Schnee.

Doris und Jürgen Bellmann holten ihn bei Markus Fleischmann zu Hause ab, sie zahlten ihm 225 Euro Tagessatz, 225 Euro Finderlohn, weitere 450 Euro hatten sie bereits nach Afrika gespendet, weil sich die Kinder dort so freuen sollten wie sie. Markus Fleischmann schenkte dem Ehepaar ein Glas Wein ein, sie stießen gemeinsam an.

Die Bellmanns wollten die Geschichte der Rettung hören, aber Fleischmann, der lange keine Fragen gestellt hatte, wollte lieber die Geschichte vom Frosch hören.

Die Bellmanns möchten im Frühjahr mit dem Frosch nach Sri Lanka und im kommenden Jahr zum Kilimandscharo. Jürgen Bellmann stemmt sich jetzt aus dem Sessel, er lächelt, sagt: „Mit ihm sind wir wieder wie eine Familie, wissen Sie? Wir sind zu dritt."

Barbara Hardinghaus: Der verlorene Sohn, in: SPIEGEL 1/2012

- *Wodurch erlangt der Frosch für die Bellmanns Bedeutung?*
- *Überlegen Sie, warum das Ehepaar keinen Ersatz kaufen wollte.*
- *Diskutieren Sie, ob sich die Bedeutung des Frosches durch den Verlust verändert hat.*
- *Welchen Zusammenhang sehen Sie zwischen dem Zeitungsbericht und dem Roman „Nichts"?*

Zitatencollage

Das eigentliche Charakteristische dieser Welt ist ihre Vergänglichkeit.
Franz Kafka, deutschsprachiger Schriftsteller

Leben muss man das Leben vorwärts,
verstehen kann man es nur rückwärts.
Sören Kierkegaard, dänischer Philosoph

Trenne dich nie von deinen Illusionen! Wenn sie verschwunden sind, wirst du weiter existieren, aber aufgehört haben zu leben.
Mark Twain, amerikanischer Autor und Satiriker

Wie kläglich, wie schattenhaft und flüchtig, wie zwecklos und beliebig sich der menschliche Intellekt innerhalb der Natur ausnimmt.
Friedrich Nietzsche, deutscher Philosoph

Jeder Mensch eine halboffene Tür,
die in ein Zimmer für alle führt.
Tomas Tranströmer, schwedischer Dichter
In: Der halbfertige Himmel. Aus: Tomas Tranströmer, Sämtliche Gedichte. Aus dem Schwedischen von Hanns Grössel, © Carl Hanser Verlag München

Wie ein Theaterstück ist das Leben, nicht wie lange, sondern wie gut es gespielt wurde, darauf kommt es an.
Seneca, römischer Dichter und Philosoph

42
Aus „Per Anhalter durch die Galaxis" von **Douglas Adams**, englischer Autor
Aus Adams, Douglas: „Per Anhalter durch die Galaxis", Verlag Rogner & Bernhard, Berlin

Leben ist nur ein wandelnd Schattenbild;
Ein armer Komödiant, der spreizt und knirscht
Sein Stündchen auf der Bühn' und dann nicht mehr
Vernommen wird; ein Märchen ist's, erzählt
Von einem Blödling, voller Klang und Wut,
Das nichts bedeutet.
Aus „Macbeth" von **William Shakespeare**

Nichts bedeutet irgendetwas,
das weiß ich seit Langem.
Deshalb lohnt es sich nicht, irgendetwas zu tun.
Das habe ich gerade herausgefunden.
Aus „Nichts" von **Janne Teller**
Janne Teller, Nichts. Was im Leben wichtig ist. Aus dem Dänischen von Sigrid C. Engeler © 2010 Carl Hanser Verlag München

- *Lesen Sie alle Zitate aufmerksam und entscheiden Sie sich für eines. Bilden Sie anschließend Gruppen mit Schülern, die unterschiedliche Zitate gewählt haben, und diskutieren Sie Ihre Entscheidung.*

Die Ausfahrt ______________________ (Kettcar)

Kettcar ist eine deutsche Band aus Hamburg, die 2001 gegründet wurde. Ihr Stil lässt sich als Indierock oder auch Popmusik beschreiben.

Gang 5 und gleich 180,
Schließe die Augen, zähle bis 10,
Und dann wieder auf, hey, noch am Leben,
Lenkrad umklammert, hallo ______________________.

Und weiter fahren bis ______________________,
Bis ______________________.

Erst war es nah und dann kam es näher,
Erst in die Hölle und dann zu Ikea,
Die Ausfahrt ______________________,
Seit einigen Stunden verpasst,
Und Sätze, die wollten, gegen Stimmen, die wollen,
Und ein Körper, der weiß, was er soll,
Aber nicht, was er will,
Und einer, der fragt, was zu tun ist.

Also wo fängt's an und wann wird es enden,
Mit Spatzen und Tauben, Dächern und Händen,
Die Welt voller ______________, das Leben eines ______________,
Erst so gewollt und dann halt verschlungen.

Und weiter fahren bis ______________________,
Bis ______________________.

Erst war es nah und dann kam es näher,
Erst in die Hölle und dann zu Ikea,
Die Ausfahrt ______________________,
Seit einigen Stunden verpasst,
Und Sätze, die wollten, gegen Stimmen, die wollen,
Und ein Körper, der weiß, was er soll,
Aber nicht, was er will,
Und einer, der sucht, was zu tun ist.

Die Ausfahrt zum Haus deiner Eltern, Text: Marcus Wiebusch, Verlag: Edition Mawibu

- *Lesen Sie den Text und füllen Sie die Leerstellen mit passenden Ergänzungen.*
- *Vergleichen Sie Ihre Ideen mit denen Ihrer Mitschüler und diskutieren Sie, wie sich dadurch die Aussage des Textes ändert.*
- *Formulieren Sie fünf Fragen an das lyrische Ich.*
- *Überlegen Sie, ob es Parallelen zwischen dem lyrischen Ich und Figuren in dem Roman „Nichts" gibt.*

Die Ausfahrt zum Haus deiner Eltern (Kettcar) (Lösung)

Kettcar ist eine deutsche Band aus Hamburg, die 2001 gegründet wurde. Ihr Stil lässt sich als Indierock oder auch Popmusik beschreiben.

Gang 5 und gleich 180,
Schließe die Augen, zähle bis 10,
Und dann wieder auf, hey, noch am Leben,
Lenkrad umklammert, hallo Herzkammer.

Und weiter fahren bis nichts mehr,
Bis es nicht mehr geht.

Erst war es nah und dann kam es näher,
Erst in die Hölle und dann zu Ikea,
Die Ausfahrt zum Haus deiner Eltern,
Seit einigen Stunden verpasst,
Und Sätze, die wollten, gegen Stimmen, die wollen,
Und ein Körper, der weiß, was er soll,
Aber nicht, was er will,
Und einer, der fragt, was zu tun ist.

Also wo fängt's an und wann wird es enden,
Mit Spatzen und Tauben, Dächern und Händen,
Die Welt voller Männer, das Leben eines Jungen,
Erst so gewollt und dann halt verschlungen.

Und weiter fahren bis nichts mehr,
Bis es nicht mehr geht.

Erst war es nah und dann kam es näher,
Erst in die Hölle und dann zu Ikea,
Die Ausfahrt zum Haus deiner Eltern,
Seit einigen Stunden verpasst,
Und Sätze, die wollten, gegen Stimmen, die wollen,
Und ein Körper, der weiß, was er soll,
Aber nicht, was er will,
Und einer, der sucht, was zu tun ist.

Die Ausfahrt zum Haus deiner Eltern, Text: Marcus Wiebusch, Verlag: Edition Mawibu

Baustein 2

Personen und Schauplatz

Janne Tellers Roman enthält zwar typische Merkmale der Jugendliteratur, geht jedoch in vielen Punkten darüber hinaus. So symbolisiert die vordergründige Suche der Schulklasse nach einem Weg, mit Pierre Anthons Provokationen umzugehen, hintergründig die Suche nach der Bedeutung des Lebens und weitere existenzphilosophische Fragen. Im Laufe der Handlung werden Einflüsse verschiedener Philosophen wie Kierkegaard, Nietzsche und Sartre erkennbar: Zum einen durch Pierre Anthons Parolen, zum anderen durch das Verhalten der Klasse, die stark von ihrem Umfeld geprägt ist.
Dabei bleibt Teller nicht neutral, sondern kritisiert den Verlust von Wertvorstellungen in der dargestellten Gesellschaft und im zweiten Teil des Romans auch den Einfluss moderner Massenmedien.
Erzählt wird der Roman aus der Perspektive von Agnes, einer Mitschülerin von Pierre Anthon. Sie berichtet das Geschehen mit einem Abstand von acht Jahren, wodurch ihr eine Doppelfunktion als erlebendes Ich inmitten der Handlung und erzählendes Ich, das die Handlung kommentiert und wertet, zukommt.
Die anderen Schüler der dargestellten Klasse sind zu Beginn des Romans kaum als Individuen wahrnehmbar. Sie sind statisch, auf sehr wenige Eigenschaften reduziert und auf eine bestimmte Rolle zugespitzt. Lediglich Jan-Johan und Sofie sind komplexer angelegt und deutlicher als eigenständige Persönlichkeiten erkennbar. Ihnen kommt im weiteren Verlauf des Romans auch eine wichtigere Rolle zu.
Im Mittelpunkt steht zunächst Pierre Anthon. Mit seiner Entscheidung, die Schule zu verlassen, und mit seinen Provokationen hält er der Schulklasse respektive der Gesellschaft einen Spiegel vor. Er erfüllt hier eine aufklärerische Funktion, indem er das gewohnte Weltbild seiner ehemaligen Mitschüler – dieses „aus uns sollte etwas werden" (S. 9) – zum Einstürzen bringt. Dies tut er bewusst, um sie zu einer Reflexion ihres bisherigen Lebens zu zwingen und somit auch zum Handeln zu zwingen, denn es ist ihnen nicht möglich, seine Worte zu ignorieren, und dadurch haben sie keine andere Möglichkeit, als ihn zu widerlegen.
Bei der Betrachtung der Figur Pierre Anthon wird auch deutlich, dass Janne Tellers Roman keine realistische Erzählung ist, z. B. wird von keiner Reaktion der Eltern oder der Behörden auf Pierre Anthons Leben in einem Pflaumenbaum berichtet. Eher kann man hier von einem literarischen Spiel als von einem realistischen Roman sprechen.
Ähnlich skizzenhaft werden Tæring und die Schule dargestellt. Diese Schauplätze bleiben, wie auch die Charaktere des Romans, auf ihre Funktion beschränkt. Sie symbolisieren ein enges und unmenschliches Weltbild, das vom Verlust von Wertevorstellungen geprägt ist, und spiegeln somit die Geisteshaltung der dargestellten Charaktere wider.
In diesem Baustein wird zunächst die Rolle der Ich-Erzählerin und damit auch die Perspektive, aus welcher der Roman erzählt wird, untersucht. Im Folgenden wird dann genauer auf die Figurenkonstellation eingegangen, bevor die markanteste Figur des Romans, Pierre Anthon, beleuchtet wird. Abschließend soll eine Untersuchung der Schauplätze – Tæring und die Schule – den Einfluss dieser auf die Figuren verdeutlichen.

2.1 Die Ich-Erzählerin Agnes

Eine besondere Rolle kommt der Erzählerin Agnes zu. Sie berichtet die Geschehnisse im Rückblick nach acht Jahren. Dadurch muss man bei ihr zwischen zwei Personen unterscheiden:

Zum einen die Siebtklässlerin, die Teil der Handlung und ebenso wie ihre Mitschüler von Pierre Anthons Verhalten betroffen ist. Sie unterwirft sich dem Gruppenzwang der Klasse und erscheint ähnlich oberflächlich wie ihre Mitschüler, wenn sie beispielsweise sagt, dass sie längst wusste, „dass sich alles mehr darum drehte, wie etwas aussah, als wie es tatsächlich war." (S. 15) Zwar wird an mehreren Stellen ihre eigene Meinung erkennbar, die sich gegen die Mehrheitsmeinung richtet, jedoch spricht sie diese nicht aus und beugt sich der Gruppe (vgl. S. 18).

So ist sie zu Beginn des Romans nicht von ihren Mitschülern zu unterscheiden, was auch am häufigen Gebrauch der 1. Person Plural liegt.

Zum anderen tritt an vielen Stellen auch die acht Jahre ältere Erzählerin hervor, die rückblickend kommentiert, Entscheidungen kritisiert und immer wieder Distanz erkennen lässt. Sie erklärt beispielsweise, was es mit dem „etwas werden" auf sich hat (vgl. S. 9) oder warum sie sich nicht Pierre Anthon anschließt (vgl. S. 14). Kurz darauf kommentiert sie auch ihre Angepasstheit an die Klasse (vgl. S. 19/20).

Darüber hinaus kann man die häufig eingeschobenen Klimaxe und Antiklimaxe als Erzählerkommentare betrachten, wie z. B. die Reduzierung von „Der Sieg ist süß" zu „Der Sieg" (S. 23), womit die Erzählerin andeutet, dass Pierre Anthons Fernbleiben vom Baum, nachdem er mit Steinen beworfen wurde, nur von kurzer Dauer ist.

Um die Schülerinnen und Schüler auf diese Besonderheit aufmerksam zu machen, eignet sich eine genaue Untersuchung der Seiten 8–24. Zunächst soll hier Agnes' Charakter thematisiert werden.

Die Schüler erhalten das **Arbeitsblatt 4**, S. 39, mit zwei Aufgaben, die entweder als Hausaufgabe oder in Einzelarbeit erledigt werden.

- *Wählen Sie von den folgenden Adjektiven fünf aus, die Ihrer Meinung nach am besten auf Agnes zutreffen. Sie können Ihre Auswahl auch durch eigene Adjektive ergänzen.*
- *Begründen Sie mit Zitaten (S. 8–24) Ihre Wahl.*

Ziel ist es hier noch nicht, eine umfassende Charakterisierung zu erstellen, sondern die Widersprüchlichkeit zwischen dem erzählenden Ich und dem erlebenden Ich deutlich zu machen. Deswegen sollen sich die Schülerinnen und Schüler auf fünf Eigenschaften beschränken, diese jedoch ausführlich begründen und mit Beispielen belegen.

Nach Bearbeitung der beiden Aufgaben stellen drei bis vier Schülerinnen und Schüler ihre Ergebnisse vor. Dabei sollten die Adjektive auf Karten mit Magneten an die Tafel geheftet werden, was entweder als Hausaufgabe oder von der Lehrperson mit entsprechenden Karten vorbereitet werden kann. Nach jeder Vorstellung werden diese in einem Unterrichtsgespräch diskutiert und an der Tafel entsprechend sortiert bzw. unpassende Adjektive wieder entfernt. Da teilweise widersprüchliche Adjektive zulässig sind, sollte es für mehrere (z. B. unsicher, angepasst, erwachsen, selbstkritisch) sowohl gute Argumente als auch Gegenargumente geben. Deswegen ist es wichtig, dass die Lehrperson die Diskussion schrittweise so steuert, dass an der Tafel zwei Gruppen von Adjektiven entstehen, die den beiden Seiten von Agnes entsprechen. Abschließend werden in einem Fazit diese Unterschiede festgehalten. Hierbei kann man auch darauf verweisen, dass zwischen dem erlebenden Ich und dem erzählenden Ich acht Jahre liegen.

- *Überlegen Sie, was der Leser jeweils durch das erlebende Ich und das erzählende Ich erfährt.*

Das Tafelbild kann folgendermaßen aussehen:

Die Ich-Erzählerin

Schülerin Agnes (erlebendes Ich)	**Erzählerin Agnes** (erzählendes Ich)
unsicher	erwachsen
angepasst	selbstkritisch
kindlich	unangepasst
passiv	nachdenklich
grob	ehrlich
hilflos	
vorsichtig	
➜ ermöglicht dem Leser, unmittelbar an der Handlung teilzunehmen	➜ kommentiert und kritisiert sich und die Klasse
➜ macht das Innenleben der Klasse sichtbar	➜ distanziert sich von den erzählten Geschehnissen, lenkt den Leser in eine bestimmte Richtung

In einem nächsten Schritt kann nun auf die Rolle der Erzählerin eingegangen werden. So wird durch den Einsatz verschiedener Stilmittel der Eindruck einer mündlichen Erzählung erweckt. Mit Personifikationen wie „[d]ie Tür lächelte" (S. 9) und eingeschobenen Klimaxen schreibt Teller sehr anschaulich. Diesen Eindruck unterstützen auch weitere Figuren wie rhetorische Fragen und Antithesen. So fragt Agnes, wem die Tür zulächelt (vgl. S. 9), und drückt ihre Verwirrung mit widersprüchlichen Formulierungen aus: „Mit dem Kopf wusste ich es immer noch nicht, aber trotzdem wusste ich es" (S. 9). Auch unmittelbar eingeschobene Gedanken wie das „Aus uns sollte etwas werden" (S. 9) tragen dazu bei, dass der Text wie ein spontaner mündlicher Bericht wirkt und nicht wie eine geplante Erzählung.
Auf dem **Arbeitsblatt 5**, S. 40, untersuchen die Schülerinnen und Schüler eine Textstelle (Seite 9) genau und versehen sie mit eigenen Kommentaren zum Stil.

- *Untersuchen Sie die Textstelle und fügen Sie weitere eigene Kommentare hinzu. Wie könnte man den Erzählstil beschreiben?*

Dies kann in Partnerarbeit geschehen. Nach der gemeinsamen Besprechung wird dann die Rolle der Erzählerin diskutiert. Dazu sollten noch weitere Textbeispiele herangezogen werden, die die Schülerinnen und Schüler davor selbstständig finden.

- *Finden Sie weitere Beispiele, die die besondere Erzählweise veranschaulichen. (S. 8–24)*
- *Diskutieren Sie die Rolle der Erzählerin. Was trifft am ehesten auf sie zu: Kommentator, Figur, Manipulator, neutraler Erzähler oder Zeuge?*

Geeignete Stellen sind z. B. Agnes' unglaubwürdige Behauptung, die Tür würde die Klasse nicht locken (S. 12), die Beschreibung der Schule (S. 13f.), die Entscheidung, mit Steinen nach Pierre Anthon zu werfen (S. 18), oder die Beschreibung von Marie-Ursula (S. 24).

Die Position, die das erzählende Ich einnimmt, erfüllt hier also zwei Funktionen. Sie macht deutlich, wie stark die Schüler von ihrem Umfeld geprägt sind. Die wichtigste Regel für sie ist, „etwas werden" zu müssen und den äußeren Schein zu wahren. Dies wird als unausgesprochenes Gesetz dargestellt, das „in der Luft" (S. 9) liegt und bisher nicht hinterfragt wurde. Pierre Anthons Handeln bringt dieses Weltbild allerdings ins Wanken, und so zeigt das erzählende Ich auch die Verunsicherung und Angst der Klasse, indem es Einblick in das Innenleben eines Schülers der Klasse, nämlich des erlebenden Ichs, gewährt. Und diese Verunsicherung und das Festhalten an den bisherigen Wertevorstellungen liefern den Grund, warum die Klasse Pierre Anthon nicht ignorieren kann und unbedingt von dem Baum herunterholen will.
Deshalb bietet es sich an, abschließend eine Rollenbiografie von Agnes zu verfassen. Dabei sollte das Hauptaugenmerk darauf gelegt werden, wie die acht Jahre ältere Agnes ihr jüngeres Ich sieht und bewertet.

- *Verfassen Sie eine Rollenbiografie von Agnes. Heben Sie dabei hervor, wie das acht Jahre ältere erzählende Ich das Verhalten des erlebenden Ichs bewertet.*

Sollten die Schülerinnen und Schülern noch nicht mit Rollenbiografien vertraut sein, bietet es sich an, dass sie zunächst stichwortartig Fragen zu Agnes beantworten. Diese können in einem Unterrichtsgespräch erarbeitet und an der Tafel gesammelt werden.

- *Überlegen Sie sich Fragen, mit denen das erzählende Ich seine eigene Rolle als erlebendes Ich hinterfragt.*

Fragen, die sich in diesem Zusammenhang anbieten, sind: Wer bin ich? Wie alt bin ich? Was ist in der siebten Klasse vorgefallen? Was war mir damals wichtig? Welche Träume hatte ich? Wer waren meine Freunde? Was habe ich damals über Pierre Anthon gedacht? Was denke ich heute über ihn? Wie beurteile ich mein eigenes Verhalten?
Sind diese Fragen beantwortet, können die Schülerinnen und Schüler im Anschluss die Rollenbiografien verfassen.

2.2 Figurenkonstellation

In Tellers Roman spielen neben Agnes und Pierre Anthon, auf den später (vgl. Abschnitt 2.3) gesondert eingegangen wird, auch andere Schüler aus der Klasse eine wichtige Rolle.
Jan-Johans herausragendste Eigenschaft ist, dass er auf der Gitarre Songs der Beatles so spielen kann, „dass man den Unterschied zwischen ihm und den echten fast gar nicht [hört]." (S. 14) Er fungiert als Anführer der Gruppe, nimmt dies bewusst wahr und verhält sich dementsprechend. So ist er der Erste, der ausspricht, dass die Klasse etwas gegen Pierre Anthon „unternehmen" muss (vgl. S. 14). Seinen Status kann man auch daran erkennen, dass er eine Rede hält (vgl. S. 15), Entscheidungen trifft, z. B. Pierre Anthon nicht zu verprügeln (vgl. S. 16) oder sich nicht bei dem Rektor zu beschweren (vgl. S. 17); er schlichtet zwischen Ole und Klein Ingrid (vgl. S. 17) und „kommandiert" seine Mitschüler (vgl. S. 19). Diese akzeptieren seine Autorität und stellen diese nicht in Frage. Erst als er seinen Finger opfern muss, ändert sich dies.
Eine ähnlich hervorstechende Position hat **Sofie**. Dies wird vor allem kurz vor Fertigstellung des Berges aus Bedeutung deutlich. Sie und Jan-Johan müssen die größten Opfer bringen, und nachdem er seinen Status als Anführer eingebüßt hat, übernimmt sie seine Rolle.
Auch zu Beginn des Romans ist sie viel stärker wahrnehmbar als andere Schüler, da sie an wichtigen Punkten der Handlung eine hervorgehobene Rolle spielt.

So wird der Klasse nach einem Streit zwischen Sofie und Pierre Anthon klar, dass sie ihn „wieder vom Pflaumenbaum herunterholen [müssen]." (S. 12) Sofie ist es auch, die die Idee hat, ihm zu beweisen, „dass es etwas gibt, was etwas bedeutet" (S. 24), und in der Nähe ihres Hauses befindet sich das Sägewerk, in dem der Berg aus Bedeutung entsteht.
Nachdem die Klasse den Entschluss zu dem Berg gefasst hat, gibt es einen kurzen Moment des Zweifelns, ob es so überhaupt möglich wäre, Pierre Anthon zu widerlegen. Wiederum ist es hier Sofie, die die Klasse „rettet", indem sie vorschlägt, einfach so zu tun „als ob" (vgl. S. 26), womit sie in zwei Situationen die Handlung entscheidend vorantreibt.
Andere Schüler der Klasse werden zu Beginn des Romans zwar genannt, treten jedoch als Individuen nicht in Erscheinung. So bleibt beispielsweise Ole darauf reduziert, der Stärkste in der Klasse zu sein (vgl. S. 24), und Marie-Ursula heben lediglich ihre blauen Haare und ihre Freundschaft zu Agnes von den anderen ab (vgl. S. 24). Dies kann man als Instrument der Leserlenkung betrachten, da von dem erzählenden Ich schon früh der Fokus auf die relevanten Figuren und Aspekte gelegt wird. So kann man durch das Verhalten der Klasse schon zu Beginn des Romans Erklärungen für die spätere Eskalation der Gewalt finden:
Nach außen grenzen sich die Schüler stark ab. Weder andere Klassen (vgl. S. 14) noch die Eltern oder Lehrer (vgl. S. 17) dürfen von Pierre Anthons Verhalten erfahren. In den wenigen Momenten, in denen sich ein Schüler gegen die Meinung der Mehrheit stellt, wird er gezwungen, sich zu beugen. Dies geschieht von Anfang an nicht mit Worten, sondern mit Gewalt (vgl. S. 16).
So spielt physische Kraft innerhalb der Klasse eine große Rolle, was auch daran deutlich wird, dass die Mädchen „ein bisschen die Achtung" (S. 16) vor den Jungen verlieren, als diese sich nicht mit Pierre Anthon prügeln wollen. An einer anderen Stelle ist Agnes kurz davor, sich Pierre Anthon anzuschließen. Sie tut es nicht, mit der üblichen Begründung, „etwas und jemand werden zu müssen", und überwindet die Situation, indem sie die „[Finger]nägel so fest in die Handflächen [presst], bis es richtig weh[tut]" (vgl. S. 14). Auch hier wird Gewalt – in diesem Fall gegen sich selbst gerichtet – benutzt, um freies Denken zu verhindern und sich der Gruppe anzupassen.
Die Betrachtung der Figuren und ihrer Konstellation soll die Machtverhältnisse innerhalb der Klasse verdeutlichen und auch den Einfluss der Eltern und Lehrer sowie Pierre Anthons Rolle aufzeigen. Deshalb bietet es sich an, in mehreren Schritten vorzugehen.
Zunächst soll auf die Konzeption der Figuren eingegangen werden. Anhand von **Arbeitsblatt 6**, S. 41, entscheiden die Schülerinnen und Schüler, welche Merkmale auf die Figuren zutreffen, und begründen damit, um was für eine Art von Figur es sich bei Jan-Johan, Sofie, Ole und Marie-Ursula handelt.

- *Lesen Sie die Erläuterungen aufmerksam durch und diskutieren Sie in Ihrer Gruppe, welche Merkmale auf Jan-Johan, Sofie, Ole und Marie-Ursula zutreffen.*
- *Auf welche Absicht der Autorin lässt diese Konzeption schließen?*

Um möglichst viele Schülerinnen und Schüler in die Diskussion einzubinden, bietet sich hierbei Gruppenarbeit an. Bei der Auswertung sollte festgehalten werden, dass alle Figuren statisch und typisiert angelegt sind, wobei Sofie und auch Jan-Johan komplexer wirken als Ole und Marie-Ursula. Auch handeln die vier Charaktere für den Leser nachvollziehbar, womit sie geschlossene Figuren sind. Im Anschluss wird dann die Frage erörtert, was Janne Teller mit dieser Konzeption beabsichtigt. In diesem Zusammenhang ist der Vergleich mit Figuren aus anderen in der Klasse gelesenen Werken hilfreich, um die symbolhafte Rolle der Charaktere in „Nichts" hervorzuheben. Auch sollte erwähnt werden, dass durch diese Art der Darstellung bei vielen Figuren keine tiefergehende Charakterisierung möglich ist.
Um die Konstellation innerhalb der Klasse zu erarbeiten, analysieren die Schülerinnen und Schüler auf **Arbeitsblatt 7**, S. 42f., Zitate, in denen das Verhalten der Figuren innerhalb der

Gruppe zu Beginn des Romans dargestellt wird. Die Zitate sind nicht mit Seitenzahlen versehen, sodass sie zuerst in Kontext zueinander gebracht werden müssen. Anschließend sollten die Textstellen hinsichtlich besonderer Merkmale und Eigenschaften untersucht werden und davon ausgehend sollte die Position der Figuren innerhalb der Gruppe abgeleitet werden.

- *Ordnen Sie die folgenden Zitate in den Textzusammenhang ein.*
- *Analysieren Sie sie mithilfe der Tabelle.*

Nach der Besprechung – hier bietet es sich an, dass ein Schüler seine Ergebnisse auf Folie vorstellt – setzen die Schülerinnen und Schüler die Erkenntnisse grafisch in ein Schaubild um. Dies wird allerdings noch um zwei Elemente, Pierre Anthon und das Umfeld, erweitert, sodass alle relevanten Personen und Gruppen enthalten sind.

- *Zeichnen Sie ein Strukturbild, das die Personenkonstellation in dem Roman darstellt. Dies sollte sowohl die Struktur innerhalb der Klasse als auch deren Verhältnis zu Pierre Anthon und dem Umfeld (Lehrer, Eltern) beinhalten.*

Das Ergebnis kann folgendermaßen aussehen:

Die Personenkonstellation

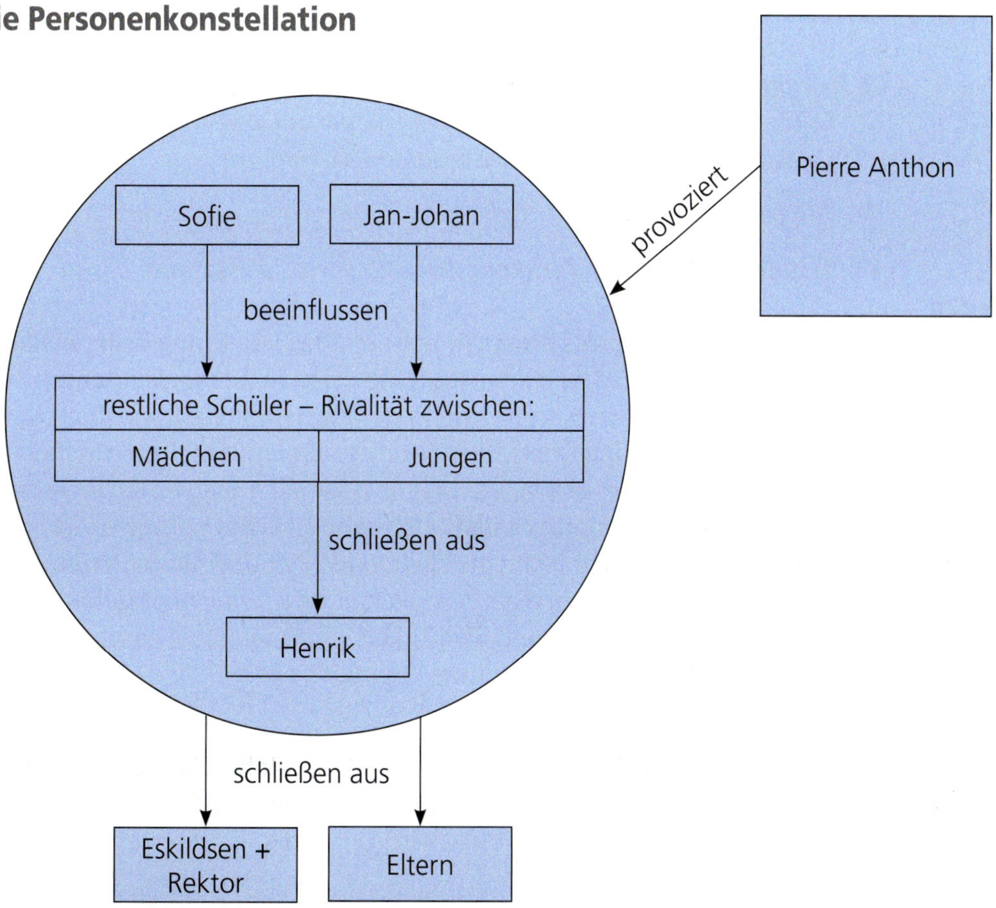

2.3 Pierre Anthon

Wie auch die anderen Figuren ist Pierre Anthon statisch angelegt und eher Typ als Charakter. Der Leser erfährt nichts über seine Vorgeschichte. Über seine Familie berichtet die Erzählerin lediglich, dass sein Vater in einer Kommune lebt und, aufgrund seines Haarschnittes und Berufs in einer Computerfirma, modern sei.
Wie eingangs schon erwähnt, scheint Pierre Anthons Umfeld, d.h. seine Eltern und seine Lehrer, die Tatsache zu ignorieren, dass er beschlossen hat, auf einem Baum zu leben. Dieses zunächst unlogisch wirkende Verhalten fällt Schülerinnen und Schülern beim Lesen des Romans normalerweise auf. Deshalb bietet es sich an, an diesem Punkt die Frage zu diskutieren, inwieweit Pierre Anthon als realistischer Charakter verstanden werden kann, bevor sein Verhalten und seine Funktion genauer analysiert werden.

- *Überlegen Sie, welche Aspekte, die Pierre Anthon betreffen, realistisch wirken und welche nicht.*

Wie weit Teller die realistische Ebene hier verlässt, kann man anhand eines Textvergleiches verdeutlichen. Italo Calvinos Roman „Der Baron auf den Bäumen"[1] behandelt ein ähnliches Thema. Wie in Tellers „Nichts" rebelliert ein Junge gegen sein Umfeld, besteigt einen Baum und führt dort sein Leben fort. Im Gegensatz zu Teller beschreibt Calvino dies jedoch viel detailreicher. Die Familie des Jungen versucht, ihn zurückzuholen, alltägliche Probleme wie Wetter und Nahrung spielen eine Rolle, ebenso wie die Gefahren der neuen Umwelt. Anhand von **Arbeitsblatt 8**, S. 46, vergleichen die Schüler Auszüge aus beiden Werken.

- *Sowohl in Italo Calvinos Roman „Der Baron auf den Bäumen" als auch in Janne Tellers „Nichts" geht es um einen Jungen, der auf einem Baum lebt. Vergleichen Sie, wie dies in den Textbeispielen dargestellt wird.*

- *Welche Aspekte stehen bei Calvino im Vordergrund, was betont Teller?*
- *Beschreiben Sie, welche Wirkung dadurch jeweils erzielt wird.*

In diesem Zusammenhang eignet es sich auch, auf ein Zitat von Janne Teller einzugehen. Hier weist die Autorin darauf hin, dass sie bewusst mit unrealistischen Elementen arbeitet. So ist ihr Gedankenexperiment – die Konfrontation der Klasse mit Pierre Anthons Verhalten – nur möglich, da niemand sonst involviert ist. Würde es sich um einen realistischen Roman handeln, könnten das Verhalten der Eltern, der Schule oder auch pragmatische Aspekte wie Nahrung, Kleidung etc. nicht ignoriert werden: „Ich sehe [‚Nichts'] als eine Art modernes Märchen. Ich will gar nicht mit Wahrscheinlichkeit oder Plausibilität argumentieren: Ich finde am wichtigsten, dass Literatur ihre eigene Logik hat. Weil sie nicht abgebildete Realität ist, kann sie uns Einsichten in unsere eigene Wirklichkeit vermitteln. Wie ein magischer Spiegel. Während ein realistischer Spiegel uns nur die Oberfläche zeigt."[2]

- *Erklären Sie, was Teller mit einem „magischen Spiegel" meint, der „Einsichten in unsere eigene Wirklichkeit vermitteln" kann.*

Teller benutzt hier die Metapher eines Spiegels. Dadurch wird die Funktion von Literatur veranschaulicht, den Leser zum Nachdenken und Reflektieren über seine eigene Situation zu bringen. Durch das Attribut „magisch" schafft sie eine Abgrenzung zur Realität. Da sich Literatur, laut ihr, nicht an realistische Gesetzmäßigkeiten halten muss, ist sie auch keinen Grenzen

---

1 Calvino, Italo (1957): Der Baron auf den Bäumen. Deutscher Taschenbuch Verlag. München.
2 Janne Teller zit. nach Gaschke, Susanne (2010): „Lehrer sagten, dieses Buch ist schädlich." In: Zeit online. http://www.zeit.de/Kultur/literatur/2010-08/janne-teller [23.6.2012]

unterworfen. So können Situationen und Geschichten erschaffen werden, die dem Leser bestimmte Zusammenhänge oder Probleme deutlicher vor Augen führen, als es einem realistischen Text gelingen würde. Um dies zu verdeutlichen, kann auf andere den Schülern bekannte Werke verwiesen werden, die sich ähnlicher Techniken bedienen. Beispielsweise Dürrenmatts „Besuch der alten Dame“ (Satire und Übertreibung) oder Kafkas Parabeln. Abschließend bietet sich eine Diskussion an, in der die Schüler überlegen, inwieweit Teller ihr Ziel erreicht.

- *Diskutieren Sie, ob es der Autorin gelingt, diese Wirkung zu erzielen.*

Nachdem die Schülerinnen und Schüler sich nun mit dem Wirklichkeitsmodell des Romans auseinandergesetzt haben, untersuchen sie in einem nächsten Schritt Pierre Anthon selbst. Anhand von **Arbeitsblatt 9**, S. 47, können verschiedene Schichten des Textverständnisses gegliedert und hierarchisiert werden. Auf dem Arbeitsblatt befindet sich der Umriss eines Baumes, in den die Schüler verschiedene Textinformationen eintragen.

- *Tragen Sie auf die Wurzeln des Baumes stichwortartig ein, was Sie bereits über Pierre Anthon wissen.*
- *Tragen Sie in die Linien an den Pflaumen markante Zitate von Pierre Anthon ein. Benutzen Sie dazu seine Aussagen auf den Seiten 9, 11, 12, 21 f. und 23.*
- *Beschriften Sie die Äste mit Kritikpunkten von Pierre Anthon.*
- *Ziehen Sie im Laubdach stichwortartig ein Fazit über Pierre Anthons Verhalten.*

Alternativ kann der Baum auch an die Tafel gezeichnet werden und die Eintragungen können dann gemeinsam im Plenum der Lerngruppe erfolgen. Diese Vorgehensweise bietet sich vor allem bei Klassen der Mittelstufe an. Das Ergebnis kann folgendermaßen aussehen:

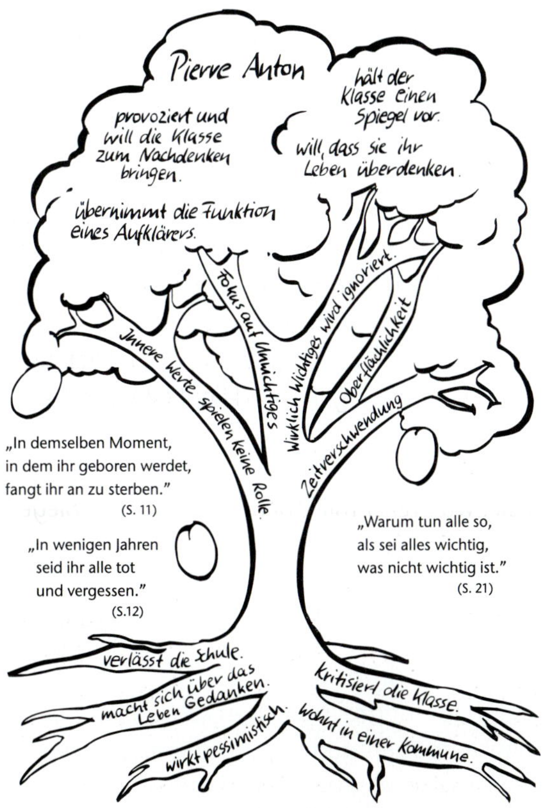

Bei der Besprechung des letzten Punktes sollte hervorgehoben werden, dass sich Pierre Anthon bei genauerer Betrachtung selbst nicht an das von ihm propagierte Nichts-Tun und daran, „ein Teil von nichts [zu] werden" (S. 22), hält. Denn er ist selbst aktiv und sitzt nicht einfach passiv auf dem Baum. Er spricht die Klasse an und provoziert sie. Auch kehrt er, nachdem er von einem Stein verletzt wurde, auf den gleichen Baum zurück und setzt seine Provokationen fort. Damit handelt er und fordert aktiv die Klasse heraus. Würde er streng seiner eigenen Logik folgen, dann wäre auch sein eigenes Handeln sinnlos und er müsste es unterbinden. So lässt sich daraus folgern, dass er bewusst übertreibt und es ihm wichtiger ist, die Klasse zum Nachdenken zu bringen, als konsequent seiner eigenen Logik zu folgen. Somit nimmt er eine aufklärerische Position ein.
Um die Schülerinnen und Schüler auf diesen Punkt aufmerksam zu machen, eignet sich eine kurze Diskussionsphase in Kleingruppen (4–5 Schüler), bevor das „Laubdach" des Baumes beschriftet wird.

■ *Diskutieren Sie, ob Pierre Anthon sich selbst an seine Aussagen hält, und überlegen Sie, was er mit seinem Verhalten bezwecken könnte.*

Abgeschlossen wird die Untersuchung von Pierre Anthon mit einem szenischen Spiel. Vor allem zu Beginn des Romans sind viele Schüler der Klasse 7A nicht als Individuen erkennbar. Dadurch eignen sich viele Szenen für eine chorische Umsetzung, da dadurch dieser Aspekt sowie das Verhältnis zwischen der Klasse und Pierre Anthon veranschaulicht werden können. In Gruppen erarbeiten die Schülerinnen und Schüler anhand von Zitaten eine eigene Szene und finden dazu geeignete chorische Elemente wie Sprache, Bewegung oder Position.[1] Die Situation kann den Schülern folgendermaßen vorgestellt werden:

■ *Stellen Sie eine typische Konfrontation zwischen der Klasse und Pierre Anthon zu Beginn des Romans als Bühnenfassung dar. Dabei spielt ein Schüler Pierre Anthon, die anderen verkörpern im Chor seine ehemaligen Mitschüler. Proben Sie mehrere Versionen der Szene, die verschiedene Gefühlszustände ausdrücken.*

Dazu wird die Klasse in Großgruppen à 8–10 Schülerinnen und Schüler eingeteilt. Die Lehrperson hängt zuvor eine Auswahl von Zitaten Pierre Anthons im Klassenraum auf, und die Gruppen erhalten zunächst den Arbeitsauftrag, sich auf drei Zitate zu einigen. Als Auswahl bieten sich folgende Zitate an:

- „Nichts bedeutet irgendetwas. [...] Deshalb lohnt es sich nicht, irgendetwas zu tun." (S. 9)
- „Alles ist egal." (S. 11)
- „In demselben Moment, in dem ihr geboren werdet, fangt ihr an zu sterben." (S. 11)
- „Die Erde ist vier Milliarden sechshundert Millionen Jahre alt, aber ihr werdet höchstens hundert!" (S. 11)
- „Das Leben ist der Mühe überhaupt nicht wert." (S. 11)
- „Das Ganze ist nichts weiter als ein Spiel, das nur darauf hinausläuft, so zu tun als ob – und eben genau dabei der Beste zu sein." (S. 11)
- „Wenn es etwas gibt, [...] worüber es sich lohnt sich zu freuen, gibt es auch etwas, was etwas bedeutet. Aber das gibt es nicht." (S. 12)
- „In wenigen Jahren seid ihr alle tot und vergessen und nichts, also könnt ihr genauso gut sofort damit anfangen, euch darin zu üben." (S. 12)
- „Falls ihr achtzig werdet, habt ihr dreißig Lebensjahre verschlafen, habt ihr neun Jahre die Schule besucht und Hausaufgaben gemacht und knapp vierzehn Jahre lang gearbeitet." (S. 21)

---

1 Vgl. Schultheater 5 – Raum, Karteikarte „Nichts". Seelze: Friedrich Verlag. 2011.

- „Warum tun alle so, als sei alles, was nicht wichtig ist, sehr wichtig, während sie gleichzeitig unheimlich damit beschäftigt sind, so zu tun, als wenn das wirklich Wichtige überhaupt nicht wichtig ist?" (S. 21)
- „Ich frage mich, warum es so wichtig sein soll, sich fürs Essen zu bedanken und für den Besuch und Danke gleichfalls zu sagen und Guten Tag und Wie geht es [?]" (S. 21 f.)
- „Aber du wirst feststellen, dass du ein Clown in irgendeinem Zirkus bist, wo alle versuchen, sich gegenseitig vorzumachen, es sei lebensnotwendig, in einem Jahr auf diese Weise gekleidet zu sein und im nächsten auf eine andere." (S. 23)
- „Und du wirst feststellen, dass der Ruhm und die große Welt außerhalb von dir sind, dass aber innen nichts ist und dass es auch so bleiben wird, egal was du tust." (S. 23)

Aus: Janne Teller, Nichts. Was im Leben wichtig ist. Aus dem Dänischen von Sigrid C. Engeler © 2010 Carl Hanser Verlag München

Nun bringen die Gruppen die drei ausgewählten Zitate in eine sinnvolle Reihenfolge und überlegen sich Erwiderungen auf Pierre Anthons Provokationen. In einer nächsten Phase proben die Gruppen die Dialoge und testen dabei verschiedene Sprechweisen, z.B. laut, leise, langsam, stockend, flehend, verzweifelt, drohend, stolz oder selbstbewusst.
Nachdem die Gruppen dann mehrere Versionen vorgespielt haben, werden diese anschließend im Plenum diskutiert:

- *Überlegen Sie, inwieweit sich die Bedeutung der Sätze durch die jeweilige Sprechweise ändert.*
- *Welche Sätze passen nicht zu welcher Sprechweise? Welche Gründe gibt es dafür?*
- *Welche Charaktereigenschaften der Figuren werden deutlich?*

Die Funktion des Baumes, auf den sich Pierre Anthon zurückzieht, sollte ebenfalls thematisiert werden. Hierzu können die Schülerinnen und Schüler in einer kurzen Partnerarbeit Ideen sammeln, die im Anschluss in einem Tafelbild festgehalten werden.

- *Überlegen Sie, welche Funktion der Pflaumenbaum in dem Roman einnimmt.*

Die Funktion des Baumes

- verändert Pierre Anthons Blickwinkel
- erzeugt eine kritische Distanz
- eine Zwischenwelt – zwischen Erde und Himmel
- erhöhte Position als Symbol für Pierre Anthons moralische Überlegenheit

Die äußere Situation auf dem Baum symbolisiert Pierre Anthons innere Situation in dem Roman.

Abschließend bietet es sich hier an, in einer Reflexionsphase über das Verhalten der Figuren zu diskutieren. In der Regel beschäftigen Pierre Anthons Aussagen die Schülerinnen und Schüler. Deshalb sollten sie an dieser Stelle Raum bekommen, ihre eigene Meinung zu äußern. Da es sich um grundlegende Aussagen zur menschlichen Existenz handelt und da es sich dabei um eine sehr pessimistische Sichtweise handelt, sollte die Lehrperson darauf achten, dass die Schülerinnen und Schüler offen und konstruktiv damit umgehen. So kann nochmals darauf verwiesen werden, welchen Zweck Pierre Anthon mit seinen Provokationen erreichen möchte, und man kann überlegen, wie die Schülerinnen und Schüler selbst

Pierre Anthon widersprechen könnten. Sollte dies von der Klasse gewünscht sein, kann es durchaus auch hilfreich sein, wenn die Lehrperson hier ihren eigenen Standpunkt darlegt.

- *Wie bewerten Sie an dieser Stelle Pierre Anthons Verhalten? Sehen Sie seine Rolle negativ oder positiv? Wie bewerten Sie das Verhalten seiner ehemaligen Mitschüler? Begründen Sie Ihre Meinung.*
- *Überlegen Sie sich, was Sie persönlich Pierre Anthon entgegnen würden.*

Wie in den Vorüberlegungen zum Einsatz des Romans im Untertitel erwähnt, kann an dieser Stelle der Comic-Strip in Zusatzmaterial 3, S. 145, verwendet werden.

2.4 Tæring und die Schule

Durch die Analyse des Schauplatzes wird deutlich, wie sehr die Protagonisten des Romans von ihrem Umfeld beeinflusst sind. So bilden die Schule und die kleine dänische Stadt Tæring nicht nur den äußeren Rahmen für die Handlung des Romans, sondern fungieren auch als Symbol für die Geisteshaltung der Charaktere. Dies wird schon in einem der ersten Sätze des Romans deutlich, wenn die Lehrer nach Pierre Anthons Verlassen der Schule „sowohl im Klassenzimmer als auch in [den] Köpfen" (S. 8) aufräumen. Die äußere Ordnung des Zimmers, das als makellos und klinisch rein dargestellt wird, entspricht hier dem Ideal, dem auch die innere Haltung der Schüler entsprechen soll. Pierre Anthon stört mit seinem Verhalten diese Ordnung und bringt einzelne Schüler bald dazu, eine kritischere Wahrnehmung zu entwickeln. So nimmt Agnes eines Morgens das graue und hässliche Schulgebäude zum ersten Mal bewusst wahr und führt dies auf Pierre Anthons Einfluss zurück (vgl. S. 13).
Um die Schüler auf die Wirkung von Gebäuden auf Menschen aufmerksam zu machen, betrachten sie auf **Arbeitsblatt 10**, S. 48, ein Schulgebäude, das der Beschreibung der Schule in „Nichts" stark ähnelt. Zunächst setzen sie sich mit der Wirkung des Gebäudes auseinander. Dazu bietet es sich an, dass die Schüler ihre ersten Eindrücke mit ihren Banknachbarn austauschen, um eine größere Schüleraktivierung zu erreichen. Sie notieren diese dabei auf dem Arbeitsblatt und reflektieren die Eindrücke anschließend im Plenum.

- *Beschreiben Sie die Wirkung, die das Schulgebäude auf dem Foto auf Sie hat.*

Davon ausgehend untersuchen die Schülerinnen und Schüler, wie groß der Einfluss von Architektur auf Menschen ist.

- *Überlegen Sie, wie stark die Architektur eines Gebäudes sich auf das Leben darin auswirkt.*

Hierzu kann auch die eigene Schule als Beispiel herangezogen werden und überlegt werden, wie stark sie den Alltag der Schülerinnen und Schüler beeinflusst, was als positiv gewertet wird und was den Schülern als verbesserungswürdig erscheint.
Sollte es die Unterrichtsplanung zeitlich zulassen, kann die Lehrperson diesen Punkt hier vertiefen, indem die Schüler vor folgende fiktive Situation gestellt werden.

- *Stellen Sie sich vor, Ihr Schulträger hat beschlossen, Ihr bisheriges Schulgebäude durch einen Neubau zu ersetzen. Damit möglichst alle Seiten zufriedengestellt werden können, hat die Schulleitung die Schülervertretung damit beauftragt, ein Konzept zu entwickeln, das die Wünsche der Schülerinnen und Schüler an das neue Gebäude beinhaltet. Auf folgende Punkte können Sie Einfluss nehmen:*

- *Schulhofgestaltung*
- *Aufenthaltsräume*
- *Farbgestaltung im Innern*
- *Gestaltung der Klassenräume*

Erarbeiten Sie dieses Konzept in Gruppenarbeit. Überlegen Sie sich dabei für jeden Punkt drei Elemente, die Ihnen wichtig sind, z. B. Anzahl, Größe und Möblierung der Aufenthaltsräume. Wichtig ist dabei, dass Ihre Vorstellungen umsetzbar sind und Sie diese nicht nur beschreiben, sondern auch die erhofften Effekte erläutern.

■ *Stellen Sie Ihr Konzept in geeigneter Form vor.*

Um den Einfluss der Schule auf die Klasse in dem Roman zu analysieren, eignet sich die Methode des Ortswechsels[1]. Dabei verlegen die Schülerinnen und Schüler die Handlung in ihren eigenen Ort und in ihre eigene Schule. Wichtig ist dabei, die Figurenkonstellation und die Handlungsabläufe möglichst originalgetreu zu gestalten. In einem ersten Schritt müssen zunächst die Handlungsschritte erarbeitet werden, die im Folgenden die Grundlage für den Ortswechsel bilden. Dabei sollten die Textstellen auf S. 8 und S. 13, die die Schule beschreiben, beachtet werden. Die Parallelhandlung an dem neuen Ort entsteht dann folgendermaßen:
Die Schülerinnen und Schüler werden in Gruppen eingeteilt. Dann schreibt jeder Schüler einen ersten Satz auf ein Blatt. Daraufhin werden die Blätter an den Nachbarn weitergereicht, welcher den Text fortsetzt. Nach drei Minuten werden die Blätter erneut weitergereicht etc. Die Ergebnisse können entweder so präsentiert werden, dass jede Gruppe, nachdem sie sich auf den besten Text geeinigt hat, diesen vorträgt, oder sie werden präsentiert, indem die Texte ausgehängt werden und in einem Galeriegang bewertet und besprochen werden.
Im Fokus der Besprechung sollte der Vergleich zu dem Originaltext liegen und deutlich gemacht werden, wie einengend die Schule in Tæring dargestellt wird und wie sehr dies dem Weltbild der Schüler entspricht. Interessant ist dabei sicherlich auch die Diskussion, ob Pierre Anthon in der Lebenswelt der Schülerinnen und Schüler eine ähnlich provokante Wirkung erzielen würde.
Eine ähnliche Rolle wie die Schule spielt der Ort Tæring. Der fiktive Ort wird als „Vorort einer mittelgroßen Provinzstadt" (S. 10) beschrieben. Auf den ersten Blick scheint er idyllisch zu wirken mit „ordentlich gemauerten" bunten Häusern, Gärten und ehemaligen Bauernhöfen. Jedoch sind die sozialen Gruppen räumlich klar getrennt, und es fällt auf, dass es keinen Ortskern oder sonstige Plätze zu geben scheint, an denen sich die Menschen treffen. So entsteht das Bild eines zwar gepflegten, aber seelenlosen und kalten Ortes, der die gleichen Eigenschaften aufweist wie seine Bewohner: die Oberflächlichkeit, das Fehlen von inneren Werten und die Fokussiertheit auf den äußeren Schein.
Dazu passt auch, dass Tæring auf Deutsch „rosten, korrodieren"[2] bedeutet, was nochmals verdeutlicht, dass Teller hier eine Gesellschaft beschreibt, die sich im Niedergang befindet, die ihre moralischen Grundsätze verloren hat und nur noch von äußeren Faktoren zusammengehalten wird.
Deshalb kann die Klasse Pierre Anthon auch inhaltlich nichts entgegensetzen, da ihr bisheriges Weltbild keine Antworten liefert, und dies macht sie so empfänglich für seine Provokationen.
Als Einstieg in die Analyse des Schauplatzes Tæring ist es sinnvoll, den Schülerinnen und Schülern zunächst ein genaues Bild des Ortes zu vermitteln. Dazu erhalten sie den Auftrag, die Beschreibung von Tæring auf S. 10 zu lesen und anhand der Textstelle eine Skizze des Ortes zu zeichnen.

---

1 Vgl. Brenner, Gerd. Fundgrube Methoden II – Für Deutsch und Fremdsprachen. Berlin 2007. S. 136

2 Janne Teller, zit. nach Gaschke, Susanne (2010): „Lehrer sagten, dieses Buch ist schädlich." In: Zeit online. http://www.zeit.de/kultur/literatur/2010-08/janne-teller [23.08.2012].

- *Lesen Sie die Darstellung von Tæring auf Seite 10 und fertigen Sie eine Skizze des Ortes an.*

Danach vergleichen die Schülerinnen und Schüler mehrere Skizzen und erläutern die Wirkung, die diese Beschreibung auf sie hat.

- *Vergleichen Sie mehrere Skizzen und überlegen Sie, welche Wirkung diese Beschreibung von Tæring auf Sie hat.*

Alternativ kann die Textstelle auch vorgelesen werden und direkt im Anschluss in einem Unterrichtsgespräch die Wirkung erörtert werden.

- *Beschreiben Sie, welche Wirkung diese Beschreibung auf Sie hat.*

Dabei werden vermutlich einige positive Attribute genannt, wobei auch Eigenschaften wie langweilig, bieder oder provinziell hier schon vorstellbar sind.
In einem zweiten Schritt sollen die Schülerinnen und Schüler deshalb diese Darstellung hinterfragen und Aspekte sammeln, die eine Stadt sonst noch ausmachen, hier aber nicht genannt werden. Dazu erhalten sie den Auftrag, eine ähnlich kurze Beschreibung ihres Heimatortes zu verfassen.

- *Verfassen Sie eine kurze Beschreibung Ihres Heimatortes. Ziel ist es, einem Fremden deutlich zu machen, was diesen Ort ausmacht.*

Hierbei kann man erwarten, dass die Schülerinnen und Schüler bei ihren Beschreibungen auch Orte nennen, an denen sich Menschen treffen (z. B. Stadtzentren, Einkaufsstraßen, Kinos etc.). So können im Anschluss diese Beschreibungen mit der von Tæring verglichen werden und es kann herausgearbeitet werden, welche typischen Aspekte einer Stadt Teller nicht nennt. Die Ergebnisse werden in einem Tafelanschrieb festgehalten. An dieser Stelle bietet es sich auch an, den Schülern die deutsche Übersetzung von Tæring zu nennen, um die symbolhafte Verwendung des Ortes zu verdeutlichen.

- *Sammeln Sie die Eigenschaften, die Tæring ausmachen, und typische Plätze einer Stadt, die in der Darstellung von Tæring fehlen.*
- *Überlegen Sie, was diese Art der Darstellung über den Schauplatz Tæring aussagt.*

Die Darstellung von Tæring

Eigenschaften von Tæring

- gepflegt, ordentlich
- idyllisch
- ländlich und traditionell
- klare Trennung der sozialen Gruppen

was fehlt

- ein Zentrum
- Begegnungsorte
- individuelle Merkmale

➜ Tæring als seelenloser Ort, der nur auf den ersten Blick positiv wirkt
➜ Schauplatz als Symbol für den Verlust von Wertvorstellungen

Die Ich-Erzählerin Agnes

- *Wählen Sie von den folgenden Adjektiven fünf aus, die Ihrer Meinung nach am besten auf Agnes zutreffen. Sie können Ihre Auswahl auch durch eigene Adjektive ergänzen.*
- *Begründen Sie mit Zitaten (S. 8–24) Ihre Wahl.*

• unsicher	• tatkräftig
• erwachsen	• unehrlich
• aktiv	• unvorsichtig
• angepasst	• grob
• selbstkritisch	• selbstgefällig
• kindlich	• hilflos
• selbstsicher	• vorsichtig
• mutig	• unangepasst
• sensibel	• ehrlich
• passiv	• nachdenklich

Zitate

Die Ich-Erzählerin – „Zwischen den Zeilen lesen"

Ganz ruhig bückte er sich und packte die Sachen, die er gerade herausgenommen hatte, wieder in seine Ta-

Erzählerin spricht für die ganze Klasse

sche. Mit gleichgültiger Miene nickte er uns zum Abschied zu und ging hinaus, ohne die Tür hinter sich zu

Personifikation: Wirkt zunächst freundlich

Kommentar der Erzählerin

schließen. Die Tür lächelte. Es war das erste Mal, dass ich sie das tun sah. Mir kam die angelehnte Tür wie ein breit grinsendes Maul vor, das mich verschlingen würde, wenn ich mich dazu verlocken ließ, Pierre Anthon nach draußen zu folgen. Wem lächelte es zu? Mir, uns allen. Ich sah mich in der Klasse um, und die ungemütliche Stille sagte mir, dass die anderen es auch bemerkt hatten. Aus uns sollte etwas werden. Etwas werden bedeutete jemand werden, aber das wurde nicht laut gesagt. Es wurde auch nicht leise gesagt. [...] Ich wusste es nicht. Pierre Anthons lächelnde Tür erzählte es mir. Mit dem Kopf wusste ich es immer noch nicht, aber trotzdem wusste ich es. Ich bekam Angst. Angst vor Pierre Anthon. Angst. Mehr Angst. Am meisten Angst.

Janne Teller, Nichts. Was im Leben wichtig ist. Aus dem Dänischen von Sigrid C. Engeler © 2010 Carl Hanser Verlag München, S. 9

- *Untersuchen Sie die Textstelle und fügen Sie weitere eigene Kommentare hinzu. Wie könnte man den Erzählstil beschreiben?*
- *Finden Sie weitere Beispiele, die die besondere Erzählweise veranschaulichen (S. 8–24).*
- *Diskutieren Sie die Rolle der Erzählerin. Was trifft am ehesten auf sie zu: Kommentator, Figur, Manipulator, neutraler Erzähler oder Zeuge?*

Die Konzeption der Figuren

Der Autor legt die Figuren nach einem bestimmten Grundmuster an. Dieses Konzept bewegt sich zwischen folgenden Gegensätzen:

1. Statisch oder dynamisch
- Bleibt die Figur gleich und ändert sich im Verlauf der Handlung nicht oder macht sie eine deutliche Veränderung durch?
- Verändern sich einzelne Charakterzüge oder nicht?

2. Typisiert oder komplex
- Besitzt die Figur wenige Merkmale oder ist es eine Figur, die viele individuelle Eigenschaften hat?
- Entsteht das Bild einer individuellen Persönlichkeit, die klar von anderen zu unterscheiden ist?
- Ist die Figur auf eine bestimmte Stereotype festgelegt? (z. B. der strahlende Held, der kaltblütige Herrscher)

3. Geschlossen oder offen
- Kann man den Charakter der Figur nachvollziehen oder wirkt sie rätselhaft?
- Ist das Handeln, Denken und Fühlen einer Figur verständlich oder bleiben die Motive ungeklärt?

Vgl. Marquaß, Reinhard: Duden Abiturhilfen – Prosatexte analysieren. Mannheim 2006, S. 39

- *Lesen Sie die Erläuterungen aufmerksam durch und diskutieren Sie in Ihrer Gruppe, welche Merkmale auf Jan-Johan, Sofie, Ole und Marie-Ursula zutreffen.*
- *Auf welche Absicht der Autorin lässt diese Konzeption schließen?*

Das Verhalten der Schulklasse

- *Ordnen Sie die folgenden Zitate in den Textzusammenhang ein.*
- *Analysieren Sie sie mithilfe der Tabelle.*
- *Zeichnen Sie ein Strukturbild, das die Personenkonstellation in dem Roman darstellt. Dies sollte sowohl die Struktur innerhalb der Klasse als auch deren Verhältnis zu Pierre Anthon und dem Umfeld (Lehrer, Eltern) beinhalten.*

Zitat	Erklärung für das Verhalten	Charaktereigenschaften/Merkmale der Schüler	Position der Schüler innerhalb der Klasse
„Halt die Klappe", zischte Ole und kniff den frommen Kai, bis der fromme Kai nicht mehr die Klappe halten konnte, sondern quiekte wie ein Schwein beim Schlachter und wir anderen Ole dazu bringen mussten, aufzuhören, damit das Quieken nicht den Hausmeister auf den Plan rief.			
Als wir gerade gehen wollten, weil uns ja doch nichts einfiel, trat Sofie hervor. „Wir müssen Pierre Anthon eben beweisen, dass es etwas gibt, was etwas bedeutet." Mehr sagte sie nicht, aber das war auch genug, denn sofort wussten wir alle, was zu tun war.			
Mich packte ein unbändiger Drang, zum Tæringvej 25 zu laufen und zu Pierre Anthon in den Pflaumenbaum zu klettern und in den Himmel zu schauen, bis ich ein Teil von draußen und von nichts geworden wäre und nie mehr über etwas nachdenken müsste. Aber aus mir sollte ja etwas und jemand werden [...].			
„Wir müssen etwas unternehmen", flüsterte Jan-Johan leise, sodass es die aus der Parallelklasse, die ein Stück vor uns gingen, nicht hören konnten.			

Zitat	Erklärung für das Verhalten	Charaktereigenschaften/Merkmale der Schüler	Position der Schüler innerhalb der Klasse
Auf Ole wollten wir nicht mehr hören, und wenn er nicht der stärkste in der Klasse gewesen wäre […], hätte er Prügel bekommen.			
„Zwei für jeden, mindestens", kommandierte Jan-Johan.			
„Warum sich nicht sofort eingestehen, dass nichts etwas bedeutet und dann das Nichts, das ist, genießen?" Ich zeigte ihm den Finger.			
„Wir können uns nicht beschweren, weder bei Eskildsen noch beim Rektor oder irgendwelchen anderen Erwachsenen, denn wenn wir uns über Pierre Anthon im Pflaumenbaum beschweren, müssen wir erzählen, warum wir uns beschweren."			

Aus: Janne Teller, Nichts. Was im Leben wichtig ist. Aus dem Dänischen von Sigrid C. Engeler © 2010 Carl Hanser Verlag München

Das Verhalten der Schulklasse (Lösung)

- *Ordnen Sie die folgenden Zitate in den Textzusammenhang ein.*
- *Analysieren Sie sie mithilfe der Tabelle.*
- *Zeichnen Sie ein Strukturbild, das die Personenkonstellation in dem Roman darstellt. Dies sollte sowohl die Struktur innerhalb der Klasse als auch deren Verhältnis zu Pierre Anthon und dem Umfeld (Lehrer, Eltern) beinhalten.*

Zitat	Erklärung für das Verhalten	Charaktereigenschaften/Merkmale der Schüler	Position der Schüler innerhalb der Klasse
„Halt die Klappe", zischte Ole und kniff den frommen Kai, bis der fromme Kai nicht mehr die Klappe halten konnte, sondern quiekte wie ein Schwein beim Schlachter und wir anderen Ole dazu bringen mussten, aufzuhören, damit das Quieken nicht den Hausmeister auf den Plan rief. (S. 16)	Die Klasse berät, wie sie mit Pierre Anthon umgehen soll; Kai macht den Vorschlag, zu beten – dies löst bei Ole eine gewalttätige Reaktion aus; die Angst der Klasse, dass Außenstehende von den Vorgängen erfahren, wird erkennbar.	– andere Meinungen werden nicht akzeptiert (Ole) – grob, aggressiv – Gewalt als Mittel, um andere Meinung zu unterdrücken und Gruppenzwang auszuüben	Ole steht in der Hierarchie der Klasse über Kai, da er physisch stärker ist.
Als wir gerade gehen wollten, weil uns ja doch nichts einfiel, trat Sofie hervor. „Wir müssen Pierre Anthon eben beweisen, dass es etwas gibt, was etwas bedeutet." Mehr sagte sie nicht, aber das war auch genug, denn sofort wussten wir alle, was zu tun war. (S. 24)	Nachdem es der Klasse nicht gelungen ist, Pierre Anthon mit Gewalt von dem Baum zu holen, ist sie ratlos; Sofie hat als einzige eine neue Idee, die die Klasse überzeugt.	Sofie: einfallsreich, sie wirkt reifer als ihre Mitschüler und ist aktiv, da sie das Geschehen beeinflusst	Sonderstellung von Sofie, die Mitschüler akzeptieren ihren Vorschlag
Mich packte ein unbändiger Drang, zum Taeringvej 25 zu laufen und zu Pierre Anthon in den Pflaumenbaum zu klettern und in den Himmel zu schauen, bis ich ein Teil von draußen und von nichts geworden wäre und nie mehr über etwas nachdenken müsste. Aber aus mir sollte ja etwas und jemand werden [...]. (S. 14)	Kurz nachdem Pierre Anthon die Schule verlassen hat, scheint Agnes von seinen Aussagen beeinflusst zu sein.	Innerer Konflikt zwischen Erziehung/eigenen Erwartungen und Pierre Anthons Provokationen, die einen Reiz auf Agnes ausüben.	–
„Wir müssen etwas unternehmen", flüsterte Jan-Johan leise, sodass es die aus der Parallelklasse, die ein Stück vor uns gingen, nicht hören konnten. (S. 14)	Pierre Anthons Verhalten bewirkt bei seinen Mitschülern eine Reaktion.	Jan-Johan: tatkräftig, aktiv, überlegt	Jan-Johan als Anführer

Zitat	Erklärung für das Verhalten	Charaktereigenschaften/Merkmale der Schüler	Position der Schüler innerhalb der Klasse
Auf Ole wollten wir nicht mehr hören, und wenn er nicht der stärkste in der Klasse gewesen wäre [...], hätte er Prügel bekommen. (S. 24)	Oles Plan, Pierre Anthon mit Steinen zu bewerfen, ist fehlgeschlagen; die Klasse sucht eine neue Idee.	Gewalt als dominierendes Element in der Diskussion	Ole verliert an Ansehen, seine körperliche Stärke schützt ihn aber.
„Zwei für jeden, mindestens", kommandierte Jan-Johan. (S. 19)	Die Klasse bewirft Pierre Anthon mit Steinen.	Jan-Johan: autoritär	Jan-Johan als Anführer
„Warum sich nicht sofort eingestehen, dass nichts etwas bedeutet und dann das Nichts, das ist, genießen?" Ich zeigte ihm den Finger. (S. 24)	Pierre Anthon provoziert Agnes.	Agnes: respektlos, sprachlos	Distanz zwischen Pierre Anthon und Agnes
„Wir können uns nicht beschweren, weder bei Eskildsen noch beim Rektor oder irgendwelchen anderen Erwachsenen, denn wenn wir uns über Pierre Anthon im Pflaumenbaum beschweren, müssen wir erzählen, warum wir uns beschweren." (S. 17)	Die Klasse ist sich bewusst, dass Pierre Anthon das Weltbild der Erwachsenen infrage stellt und dass diese deswegen keine Hilfe sind.	Klasse: selbstständig, auf sich gestellt, überlegt	Abgrenzung der Klasse gegenüber Außenstehenden

Aus: Janne Teller, Nichts. Was im Leben wichtig ist. Aus dem Dänischen von Sigrid C. Engeler © 2010 Carl Hanser Verlag München

Textvergleich: „Nichts" und „Der Baron auf den Bäumen"

- *Sowohl in Italo Calvinos Roman „Der Baron auf den Bäumen" als auch in Janne Tellers Roman „Nichts" geht es um einen Jungen, der auf einem Baum lebt. Vergleichen Sie, wie dies in den Textbeispielen dargestellt wird.*
- *Welche Aspekte stehen bei Calvino im Vordergrund, was betont Teller?*
- *Beschreiben Sie, welche Wirkung dadurch jeweils erzielt wird.*

Cosimo lüpfte eine der Zeltwände und ließ mich eintreten. Ich sah mich in einer Art Kämmerchen, das eine Laterne erleuchtete; es war überall von Vorhängen und Teppichen umschlossen, wurde vom Stamm der Buche durchzogen und hatte Bretter als Fußboden; dicke Äste verliehen dem Ganzen Halt. Zunächst kam es mir königlich vor, aber bald musste ich feststellen, wie unstabil der Bau war, denn schon dadurch, dass wir uns zu zweit darin befanden, wurde das Gleichgewicht infrage gestellt, und Cosimo musste sich sogleich mit der Ausbesserung von Ritzen und Senkungen befassen. Er spannte auch die beiden Schirme auf, die ich mitgebracht hatte, um zwei Löcher über unseren Köpfen zu verdecken; doch das Wasser rann an verschiedenen anderen Stellen herein, und so wurden wir alle beide durchnässt; was die Temperatur anging, so war es genauso kühl wie im Freien. Freilich hatte er so viele Decken aufgestapelt, dass man sich ganz unter ihnen verkriechen konnte und nur den Kopf draußen ließ. Die Laterne spendete ein schwankendes, flimmerndes Licht, und Zweige und Blätter warfen auf die Wände und die Decke dieses seltsamen Gemachs verworrene Schatten. Cosimo trank in großen Zügen den Apfelsirup, wobei er „Puh, puh!" machte.
„Ein schönes Haus ist das", sagte ich.

Aus: Italo Calvino, Der Baron auf den Bäumen Aus dem Italienischen von Oswalt von Nostitz © 1984 Carl Hanser Verlag, S. 97

Im Vorgarten dicht an der Straße stand ein Pflaumenbaum. Der Baum war groß und alt und krumm und neigte sich über die Hecke und lockte mit bereift-staubigen Victoria-Pflaumen, die für uns unerreichbar waren. In vergangen Jahren waren wir hochgesprungen, um sie zu erwischen. Damit hörten wir auf. Pierre Anthon war von der Schule abgegangen, um im Pflaumenbaum zu sitzen und mit unreifen Pflaumen zu werfen.

„Sobald es Winter wird, kommt der schon runter", sagte die hübsche Rosa.
Das half nicht so viel.
Denn erstens stand die Sonne am Himmel und verhieß uns noch einige Monate bis zum Winter. Und zweitens gab es keinen Grund, warum Pierre Anthon im Winter nicht auf dem Pflaumenbaum sitzen sollte, selbst wenn keine Pflaumen mehr da waren. Er konnte sich doch einfach dicker anziehen.

Aus: Janne Teller, Nichts. Was im Leben wichtig ist. Aus dem Dänischen von Sigrid C. Engeler © 2010 Carl Hanser Verlag München, S. 10f. u. S. 15f.

Pierre Anthons Pflaumenbaum

- *Tragen Sie auf die Wurzeln des Baumes stichwortartig ein, was Sie bereits über Pierre Anthon wissen.*
- *Tragen Sie in die Linien an den Pflaumen markante Zitate von Pierre Anthon ein. Benutzen Sie dazu seine Aussagen auf den Seiten 9, 11, 12, 21 f. und 23.*
- *Beschriften Sie die Äste mit Kritikpunkten von Pierre Anthon.*
- *Ziehen Sie im Laubdach stichwortartig ein Fazit über Pierre Anthons Verhalten.*

Das Umfeld

- *Beschreiben Sie die Wirkung, die das Schulgebäude auf dem Foto auf Sie hat.*
- *Überlegen Sie, wie stark die Architektur eines Gebäudes sich auf das Leben darin auswirkt.*

Baustein 3

Der Berg aus Bedeutung

Der Berg aus Bedeutung steht im Mittelpunkt des Romans. Er symbolisiert die Suche der Schulklasse nach Bedeutung im Leben, und auch auf der Handlungsebene ist er elementar. Der Wunsch nach seiner Fertigstellung treibt die Handlung voran. Nachdem dies gelungen ist, bleibt er weiterhin ein wichtiges Element, da durch ihn das Interesse der Medien an den Vorgängen in Tæring geweckt wird.
Deshalb wird in Punkt 3.1 zunächst die Struktur des Berges analysiert. Ist er zu Beginn ein harmlos wirkender Versuch, Dinge von Bedeutung zu finden, so kommt es während seiner Entstehung bald zu einer zunehmenden Eskalation von Gewalt. In diesem Teil des Romans müssen verschiedene Mitschüler Persönliches opfern. Da jeweils ein Schüler das Opfer des nächsten bestimmen darf, hat dies zur Folge, dass bald der Wunsch nach Rache entsteht. Dabei wird auch aufgezeigt, welche Bedeutung einzelne Teile für die gesamte Identität eines Menschen haben. Marie-Ursula ist nicht mehr sie selbst, als sie ihre Zöpfe opfern muss, der Moslem Hussein wirkt vernichtet, als er seinen Gebetsteppich abgeliefert hat. Schlussendlich eskaliert die Situation bis zur Vergewaltigung von Sofie und dem Abtrennen von Jan-Johans Zeigefinger. Da diese Entwicklung einer klaren Logik folgt, kann man den Berg in verschiedene Schichten einteilen, was wiederum im Unterricht mit beschrifteten Karten anschaulich umgesetzt werden kann.
In Kapitel 3.2 (Analyse des Berges) werden diese Schichten anhand einzelner Charaktere exemplarisch untersucht. Der Schwerpunkt liegt hierbei auf der Entstehung des Rachemotivs, dem Aspekt Identität und der Frage, wie es zu der Vergewaltigung von Sofie kommen konnte.
Der nächste Punkt (3.3: Der Verkauf und die Vernichtung des Berges) behandelt den letzten Teil des Romans nach Bekanntwerden des Berges aus Bedeutung. Hier liegt der Fokus auf der sich verändernden Bedeutung des Berges und auf Sofies Entwicklung bis hin zu ihrem Zusammenbruch. Mit diesen Zusammenhängen beschäftigen sich die Schülerinnen und Schüler, indem sie sich in die Rolle von Ärzten versetzen, die ein psychologisches Gutachten über Sofie schreiben. Dabei untersuchen die Schülerinnen und Schüler einzelne Textstellen, strukturieren diese, beschäftigen sich mit Sofies Sichtweise und vergleichen ihre Darstellung mit einem Text des Neurobiologen Joachim Bauer zur Entstehung von Aggression.
Punkt 3.4 (Das Ende des Romans) stellt Pierre Anthons Tod in den Vordergrund und die Frage, ob die Ereignisse eine Veränderung bei der Schulklasse bewirkt haben.
Da der Roman als Parabel für die Entstehung von Gewalt und Extremismus, Erwachsenwerden und noch weitere Aspekte gelesen werden kann, beschäftigt sich der letzte Punkt (3.5) dieses Bausteins mit verschiedenen Deutungsmöglichkeiten.

3.1 Die Struktur des Berges

Der Berg aus Bedeutung, das zentrale Element des Romans, besteht aus Gegenständen, die den Schülern aus Pierre Anthons Klasse bedeutsam erscheinen und die diese für den Berg opfern. Damit möchten sie Pierre Anthon davon überzeugen, dass es eben doch Dinge gibt, die etwas bedeuten, und somit seine Thesen widerlegen.

Da die Klasse von der Idee angetrieben ist, den Berg zu erschaffen, steht er im Mittelpunkt der Handlung. Jeder Schüler, der einen Gegenstand zu dem Berg beigetragen hat, darf den nächsten Schüler und auch dessen Opfer bestimmen. Dabei entwickeln die Jugendlichen die Logik, dass die Bedeutung eines Gegenstandes größer ist, wenn auch der Verlust für den jeweiligen Besitzer größer ist. So entsteht eine verhängnisvolle Eigendynamik.
Während zu Beginn noch einfache Dinge wie eine Angelrute oder ein Fußball geopfert werden, endet es mit der Vergewaltigung von Sofie und Jan-Johans Verlust seines Zeigefingers.
Dies hat zur Folge, dass sich die Klasse in dem Maße verändert, wie sich auch der Berg verändert. Je höher er wächst, je mehr Bedeutung er für die Schüler besitzt, desto stärker entfernen sich diese von ihrem Ursprungsgedanken. Das Rachemotiv wird zunehmend wichtiger, die Gewalt eskaliert und die Entscheidungen der Klasse werden zunehmend unmenschlicher. Da dies schrittweise geschieht, lässt sich die Entwicklung genau analysieren, und analog dazu kann man den Berg in verschiedene Schichten einteilen. Im Folgenden werden diese Schichten anhand einzelner Beispiele analysiert.
Die **erste Schicht** besteht aus Gegenständen, die ihre Bedeutung verloren haben, z. B. ein kaputter Kamm, eine Kassette ohne Ton oder eine Rose aus einem Brautstrauß. Teilweise stammen die Gegenstände von den Schülern selbst, teilweise von anderen Bewohnern Tærings. Anhand der Rose wird der Klasse jedoch bewusst, dass die Bedeutung der Gegenstände noch zu gering ist. Denn die Ehe ist inzwischen geschieden worden, und so hat die Blume der Besitzerin zwar früher etwas bedeutet, durch die Scheidung ging diese Bedeutung jedoch verloren. Ähnlich verhält es sich auch mit den anderen Dingen, welche die Klasse zunächst sammelt.
Nach dieser Erkenntnis sucht die Klasse nun persönlichere Gegenstände, die für den Besitzer noch von aktuellem Wert sind, z. B. einen Fußball oder Ohrringe. Diese markieren die **zweite Schicht**. Darunter fallen auch die Lieblingsschuhe der Erzählerin Agnes. Der Verlust macht sie so wütend, dass sie sich an Gerda, welche die Schuhe ausgesucht hat, rächen will. Sie tut dies kaltblütig, indem sie sich mit Gerda anfreundet und mehrere Tage damit verbringt herauszufinden, was diese am schlimmsten treffen würde. Hier wird sehr deutlich die Entstehung von Rache als Motivation beschrieben, die von nun an den Fortgang der Handlung beeinflusst. Schlussendlich bestimmt Agnes Gerdas Hamster Klein Oskar, der den Beginn der nächsten Schicht markiert. Dass sich der Hamster von den anderen Gegenständen abhebt, wird durch die größere Bedeutung, die er für die Klasse hat, ersichtlich (vgl. S. 35). Auch geht damit einher, dass die Schüler, die möglichst grausame Entscheidungen treffen, in der Achtung der Klasse steigen (vgl. S. 38).
Die Opfer dieser **dritten Schicht** zeichnet aus, dass deren Verlust für den jeweiligen Besitzer verletzend ist, wie beispielsweise Dame Werners Tagebuch oder Anna-Lis Adoptionsurkunde, und dass damit auch der Verlust von Wertvorstellungen einhergehen kann. Dies ist z. B. bei der dänischen Nationalflagge, dem Dannebrog, der Fall, die Frederik opfern muss. Er wächst in einer streng patriotischen und konservativen Familie auf und wird dementsprechend erzogen. So betrachtet er es als stolze „Pflicht" und „Vergnügen" (S. 37), diese Flagge, die für „Dänemark und das Königshaus" (S. 37) steht, regelmäßig hissen zu dürfen. Indem er die Flagge opfert und auf das Ritual verzichtet, widersetzt er sich der Erziehung seiner Eltern und begeht zugleich einen Verrat an den Werten, auf die er stolz ist. Ähnlich wie Agnes reagiert auch er mit dem Wunsch nach Rache.
Eine weitere Veränderung des Berges findet mit Marie-Ursulas blauen Haaren statt. Für sie sind die Haare identitätsstiftend, und mit dem Verlust dieser Haare verliert sie genau das, was sie als Person ausmacht. So argumentiert die Erzählerin, dass Marie-Ursula ohne die Haare „nicht mehr die Marie-Ursula mit den sechs blauen Zöpfen sein [würde], und das würde bedeuten, dass sie überhaupt nicht mehr Marie-Ursula war." (S. 67)
Ähnlich verhält es sich mit dem Moslem Hussein, der seinen Gebetsteppich opfern muss. Als Konsequenz wird er von seinem Vater „windelweich geschlagen" (S. 69). Schwerer wirkt jedoch, dass er durch den Verlust des Gebetsteppichs „kein guter Moslem" mehr ist und „vernichtet" (S. 69) wirkt. Wie Marie-Ursula hat also auch Husseins Opfer Auswirkungen auf

seine Identität. Agnes veranschaulicht dies durch den Klimax: „Schlechter Moslem! Kein Moslem! Niemand!" (S. 69)
So gewinnen diese beiden Elemente der **vierten Schicht** ihre Bedeutung dadurch, dass sie elementar für die Persönlichkeit ihres Besitzers waren. Zwar besitzt das gelbe Fahrrad, das von Hussein im Anschluss bestimmt wird, diese Qualität nicht, jedoch löst es in Hans, seinem Besitzer, einen so großen Wunsch nach Rache aus, dass eine letzte Schicht des Berges entsteht, die sich in ihrer Grausamkeit und Endgültigkeit von den bisherigen Opfern unterscheidet.
Diese **fünfte Schicht** besteht in chronologischer Reihenfolge aus Sofies Unschuld, einer Jesusfigur, dem Kopf des Hundes Aschenputtel und Jan-Johans rechtem Zeigefinger. Die Bedeutung der jeweiligen Opfer wird für die Klasse dadurch ein letztes Mal gesteigert, dass das Opfer nun unwiederbringlich verloren geht. Die Jesusfigur wird so stark beschädigt und beschmutzt, dass es unmöglich ist, sie in die Kirche zurückzubringen (vgl. S. 79ff.), der Hund verliert sein Leben (vgl. S. 85ff.) und sowohl Jan-Johan als auch Sofie ihre körperliche und auch geistige Unversehrtheit. Mit diesen letzten Opfern finden die Eskalation der Gewalt, der Wunsch nach Rache und der Verlust von Moralvorstellungen ihren Höhepunkt.
Ähnlich wie bei dem Gebetsteppich und den blauen Haaren haben die Verluste, die Sofie und Jan-Johan erleiden müssen, Auswirkungen auf ihre jeweilige Identität. Jan-Johan verliert seine Autorität und hervorgehobene Stellung in der Klasse, da seine bisher starken, positiven Charakterzüge durch sehr schwache ersetzt werden. Agnes führt dafür jämmerlich, ordinär und feige statt mächtig, fein und mutig an (vgl. S. 95).
Sofie wird durch die Vergewaltigung traumatisiert und ihrer Zukunft beraubt. Laut Agnes wird sie „an einen Ort [gebracht], wo Menschen wie sie vor sich selbst geschützt werden." (S. 140) Während Marie-Ursulas Haare nachwachsen und Hussein auch die Möglichkeit hat, wieder ein guter Moslem zu werden, sind Sofies und Jan-Johans Opfer von Dauer. Da sie in ihrer Grausamkeit sicherlich auch noch über der Tötung des Hundes und der Schändung einer christlichen Figur einzuordnen sind, bilden diese beiden Elemente die Spitze des Berges. An der Figur von Sofie lassen sich wichtige Aspekte des Romans wie die Entstehung von Gewalt oder die Bedeutung des Berges für die Klasse zeigen. Deshalb wird auf sie in den Punkten 3.2 (Analyse des Berges) und 3.3 (Der Verkauf und die Vernichtung des Berges) detailliert eingegangen.
Diese Struktur des Berges mit verschiedenen Schichten lässt sich im Unterricht grafisch gut darstellen. Dazu erhalten die Schülerinnen und Schüler den Auftrag, die einzelnen Elemente des Berges auf Zetteln zu sammeln, die später geordnet werden.
Dies kann in Gruppen geschehen. Eine Gruppe erhält den Auftrag, die Gegenstände auf den Seiten 26 und 27 zu notieren, welche die erste Schicht des Berges bilden. Die anderen Gruppen notieren die 21 Elemente, aus denen der restliche Berg besteht. Diese finden sich auf den Seiten 28 bis 98. Es sollte jeweils der Name der Figur, sein Opfer, der Name desjenigen, der es bestimmt hat, und die dazugehörende Seitenzahl notiert werden. Dabei muss beachtet werden, jeder Gruppe Figuren verschiedener Schichten zuzuweisen, damit das spätere Ordnen der Blätter nicht vorweggenommen wird. Am einfachsten ist es, wenn die Lehrperson Blätter mit den Namen der Figuren beschriftet und diese austeilt, sodass die Schülerinnen und Schüler nur noch die fehlenden Informationen ergänzen müssen.

GA

Hinweis: Karteikarten!

■ *Fertigen Sie für jede Figur ein Übersichtsblatt an. Notieren Sie dazu auf Karten den Namen der Figur, ihren Beitrag zu dem Berg der Bedeutung, den Namen desjenigen, der dies bestimmt hat, und die dazugehörige Seitenzahl. Beschriften Sie pro Figur ein Blatt.*

Diese Blätter werden im Anschluss an eine freie Wand im Klassenzimmer geheftet. Es bietet sich an – sollte es die Raumsituation in der Schule ermöglichen –, die sortierten Blätter an der Wand zu belassen, da sie für die restliche Behandlung des Romans eine gut strukturierte Übersicht bieten und das Auffinden von Textstellen erleichtern.
Sind die Blätter aller Figuren zunächst ungeordnet an der Wand, erhalten zwei Schüler den Auftrag, sie auf sinnvolle Art zu ordnen. Ob dies chronologisch, aspektorientiert oder auf

andere Art und Weise geschieht, bleibt zunächst den Schülern überlassen. Währenddessen erhält die restliche Klasse den Auftrag, in Partnerarbeit eine eigene Version auf einem Blatt Papier zu erstellen.

- *Ordnen Sie die Übersichtsblätter auf eine Weise, die Ihnen sinnvoll erscheint.*

Im Anschluss vergleichen die Schülerinnen und Schüler ihre Versionen des Berges mit der an der Wand und diskutieren die verschiedenen Möglichkeiten, wie man den Berg ordnen kann.

- *Vergleichen Sie Ihre Version des Berges mit der an der Wand. Was sollte Ihrer Meinung nach geändert werden?*

Von diesen Ideen ausgehend, sollte dabei die Lehrperson auf die Momente aufmerksam machen, in denen Veränderungen stattfinden, um so schrittweise die Schichten herauszuarbeiten. Je nachdem, wie die Schüler den Berg strukturiert haben, kann mit den Zitaten auf **Arbeitsblatt 11**, S. 68, auf die noch nicht erkannten Aspekte aufmerksam gemacht werden.

- *Benutzen Sie die folgenden Zitate, um zu überlegen, wie sich der Charakter des Berges an diesen Stellen der Handlung ändert.*

- „Der Berg wuchs und wuchs. Im Laufe des Tages war er schon fast so groß wie die kleine Ingrid. Allerdings fehlte es ihm an tatsächlicher Bedeutung. Schließlich wussten wir doch alle, dass nichts von dem Eingesammelten einem von uns etwas bedeutete. Wie also sollten wir Pierre Anthon damit überzeugen?" (S. 27)
- „Und hätten wir nicht eben besprochen, dass das, was uns am meisten bedeutete, auf den Berg müsse, wenn der in der Lage sein sollte, Pierre Anthon zu überzeugen, von seinem Pflaumenbaum herabzusteigen?" (S. 28)
- „Es war, als stellte Klein Oskar irgendetwas mit dem Berg aus Bedeutung an, was weder meine grünen Sandalen noch Sebastians Angelrute oder Richards Fußball vermocht hatte." (S. 35)
- „Ohne die Haare würde Marie-Ursula nicht mehr die Marie-Ursula mit den sechs blauen Zöpfen sein, und das würde bedeuten, dass sie überhaupt nicht mehr Marie-Ursula war." (S. 67)
- „Eine angepinkelte Jesusfigur konnten wir niemals mehr in der Kirche abliefern." (S. 83)

Aus: Janne Teller, Nichts. Was im Leben wichtig ist. Aus dem Dänischen von Sigrid C. Engeler © 2010 Carl Hanser Verlag München.

Im Anschluss daran sollten noch die Entwicklung, die die Klasse durchläuft, und die Eigenschaften der verschiedenen Schichten schriftlich festgehalten werden. Dies kann mittels Pfeilen und weiteren Blättern an den Rändern des Berges geschehen.

- *Fassen Sie zusammen, wie sich die Klasse hinsichtlich ihres Verhaltens und ihrer ursprünglichen Absicht bis zur Vollendung des Berges verändert.*

Da diese Vorgehensweise sehr viel Platz im Klassenraum benötigt, kann die Struktur des Berges alternativ auch mit **Arbeitsblatt 12**, S. 69f., erarbeitet werden. Ähnlich den Zetteln, die an der Wand geordnet werden, beschriften dort die Schülerinnen und Schüler ein Schaubild. Lediglich das Sortieren der einzelnen Elemente ist bei dieser Methode nicht möglich.

- *Tragen Sie für jede Figur den Namen ein, ihren Beitrag zu dem Berg der Bedeutung, den Namen desjenigen, der dies bestimmt hat, und die dazugehörige Seitenzahl. Für die erste Schicht reicht es, nur die Gegenstände zu notieren.*
- *Fassen Sie zusammen, was die Elemente einer Schicht gemeinsam haben.*
- *Beschriften Sie die Pfeile mit Veränderungen, die die Klasse während des Erstellens des Berges durchläuft. Was nimmt zu? Was nimmt ab?*

Das Ergebnis kann folgendermaßen aussehen:

Die Struktur des Berges aus Bedeutung

Bedeutung des Berges, Rache, Gewalt, Grausamkeit, Risikobereitschaft, Ansehen in der Klasse

ursprüngliches Ziel, Bedenken, Moral, Verhältnismäßigkeit, Kontrolle

5. Schicht

Sofies Unschuld Von: Sofie Wegen: Hans Seite: 72 ff.	**rechter Zeigefinger** Von: Jan-Johan Wegen: Rosa Seite: 88 ff.	**Jesus am Kreuz** Von: frommer Kai Wegen: Sofie Seite: 75 ff.	**Aschenputtels Kopf** Von: Rosa Wegen: Kai Seite: 85 ff.

4. Schicht

blaue Zöpfe Von: Marie-Ursula Wegen: Elise Seite: 66 f.	**Gebetsteppich** Von: Hussein Wegen: Marie-Ursula Seite: 69 f.	**gelbes Fahrrad** Von: Hans Wegen: Hussein Seite: 70

3. Schicht

neue Krücken Von: kleine Ingrid Wegen: Anna-Li Seite: 40	**Schlange in Formalin** Von: Henrik Wegen: kleiner Ingrid Seite: 40 ff.	**Boxhandschuhe** Von: Ole Wegen: Henrik Seite: 44	**Toter kleiner Bruder** Von: Elise Wegen: Ole Seite: 45 ff.	
Hamster (Klein Oskar) Von: Gerda Wegen: Agnes Seite: 31 ff.	**Teleskop** Von: Maike Wegen: Gerda Seite: 36	**Dannebrog** Von: Frederik Wegen: Maike Seite: 36 ff.	**Tagebuch** Von: Dame Werner Wegen: Frederik Seite: 38 f.	**Adoptionsurkunde** Von: Anna-Li Wegen: Dame Werner Seite: 39 f.

2. Schicht

				grüne Sandalen Von: Agnes Wegen: Gerda Seite: 29 f.
Dungeons & Dragons Bücher Von: Dennis Wegen: Ole Seite: 28	**Angelrute** Von: Sebastian Wegen: Dennis Seite: 28	**Schwarzer Fußball** Von: Richard Wegen: Sebastian Seite: 28	**Afrikanische Papageienohrringe** Von: Laura Wegen: Richard Seite: 28	

1. Schicht

Beatles-Kassette ohne Ton	ehemalige Lieblingskleidungsstücke, die kaputt sind	altes Spielzeug von Erwachsenen	Rose aus dem Brautstrauß einer inzwischen geschiedenen Frau	
leicht beschädigte Porzellanhunde	Fotografien von Eltern, die schon lange tot sind	kaputter Perlmuttkamm	unvollständiges Gesangsbuch	alte Puppe ohne Kopf

5. Schicht: Physisches und Ideelles, das unwiederbringlich verloren geht.
4. Schicht: Dinge, die identitätsstiftend für die jeweilige Person sind.
3. Schicht: Dinge, deren Verlust verletzt und deren Bedeutung offensichtlicher ist. Verlust von Wertvorstellungen.
2. Schicht: Persönliche Gegenstände, Dinge, die nur für ihren Besitzer Bedeutung haben.
1. Schicht: Dinge, die ihre Bedeutung verloren haben.

3.2 Analyse des Berges

Im Folgenden werden einzelne Elemente des Berges genauer analysiert, um herauszuarbeiten, wie aus einer ursprünglich nachvollziehbaren und harmlos wirkenden Idee – der Suche nach Bedeutung – so grausame Handlungen wie eine Vergewaltigung oder das Abtrennen eines Fingers entstehen können.
Der erste Punkt ist hierbei die Entstehung des Rachemotivs. Wie zuvor schon erwähnt, spielt dabei Agnes eine entscheidende Rolle, als sie sich an Gerda für den Verlust ihrer Lieblingsschuhe rächen will. Ab diesem Punkt wird das Verhalten der Schüler immer mehr von Rache dominiert. Frederik bestimmt „gehässig", dass Dame Werner sein Tagebuch opfern muss, und wird dafür von der Klasse geachtet (vgl. S. 38). Marie-Ursula bestimmt nach dem Verlust ihrer Haare zornig Husseins Gebetsteppich, und auch Hans, der die Idee zum Opfern von Sofies Unschuld hat, wird als sehr wütend dargestellt (vgl. S. 70). Dies veranschaulicht, dass immer mehr Emotionen wie Wut und Rache anstelle von rationalen Überlegungen die Entscheidungen der Schüler beeinflussen und so zur Eskalation beitragen.
Vor der Analyse des Rachemotivs in dem Roman ist es sinnvoll, sich zunächst Gedanken über den Begriff „Rache" zu machen. Dazu überlegen sich die Schülerinnen und Schüler Situationen, in denen der Drang nach Rache entstehen könnte. Anhand dieser Situationen können dann im Unterrichtsgespräch erste Eigenschaften erarbeitet werden, wie z. B. die Reaktion auf ein erlittenes Unrecht oder Wut als Auslöser.

- *Stellen Sie sich eine Situation vor, in der bei Ihnen der Drang nach Rache entstehen könnte, und beschreiben Sie diese Situation.*

In einem weiteren Schritt formulieren die Schülerinnen und Schüler nun eigene Definitionen von Rache. Als Hilfsmittel dienen dazu mehrere Begriffserläuterungen aus verschiedenen Lexika, zu finden auf **Arbeitsblatt 13**, S. 71. Hierbei ist es wichtig hervorzuheben, dass Rache immer eine Reaktion auf (vermeintlich) erlittenes Unrecht ist, eine Form von Selbstjustiz darstellt, die zum Ziel hat, dem anderen Schaden zuzufügen, und auf geplantem Handeln basiert, womit sie sich von Affekthandlungen unterscheidet.

- *Benutzen Sie die vorliegenden Definitionen von Rache, um eine eigene zu formulieren.*

Wie der Rachegedanke bei Agnes entsteht, lässt sich anhand der Textstelle S. 28–30 detailliert nachvollziehen. Dazu unterstreichen die Schülerinnen und Schüler auf **Arbeitsblatt 14**, S. 72, zunächst alle relevanten Passagen. Dann stellen sie den Entstehungsprozess dar, indem sie die inneren und äußeren Reaktionen von Agnes und der Klasse benennen.

- *Unterstreichen Sie die Stellen, die den Entstehungsprozess von Agnes' Rachewunsch verdeutlichen.*
- *Benennen Sie die äußeren und inneren Reaktionen, die damit einhergehen.*

Die Ergebnisse des Arbeitsblattes lassen sich dann in einem Tafelbild zusammenfassen.

- *Fassen Sie zusammen, welche Aspekte den Rachewunsch bei Agnes auslösen.*

Agnes' Rachewunsch entsteht durch:

- den Zwang, dem sie ausgesetzt ist
- ihre Machtlosigkeit gegen diesen Zwang
- die Demütigung, die sie erfährt
- die Frustration und den Ärger über den Verlust der Schuhe

Im Anschluss überprüfen die Schülerinnen und Schüler, ob Gerdas Verhalten mit den Definitionen von Rache, die sie zuvor formuliert haben, übereinstimmt. Dazu können zwei weitere Textstellen hinzugezogen werden. Diese verdeutlichen, dass Agnes geplant vorgeht (vgl. S. 31) und dass sie zwar Mitleid empfindet, die negativen Gefühle, die durch den Verlust der Schuhe ausgelöst werden, jedoch überwiegen (vgl. S. 33).

- *Diskutieren Sie, ob Agnes' Verhalten Ihren eigenen Definitionen von Rache entspricht. Beziehen Sie dabei auch folgende Textstellen mit ein:*

„Drei Tage brauchte ich, um Gerdas wunden Punkt herauszufinden, und in diesen drei Tagen war ich total nett zu ihr." (S. 31)

„Da musste Gerda noch viel mehr weinen, und sie sagte, ich sei die abscheulichste Person, die sie kennt. Und als sie zwei Stunden lang geweint hatte und immer noch untröstlich war, hätte ich es fast bereut und dachte, sie hätte vielleicht recht. Aber dann sah ich wieder meine halbhohen grünen Sandalen oben auf dem Berg und gab nicht nach." (S. 33)

Aus: Janne Teller, Nichts. Was im Leben wichtig ist. Aus dem Dänischen von Sigrid C. Engeler © 2010 Carl Hanser Verlag München.

Abschließend kann nun auf andere Stellen der Handlung eingegangen werden, an denen die Mitschüler von Agnes aus ähnlichen Motiven handeln. Oft werden diese Momente jedoch nur sehr knapp dargestellt. Typisch dafür ist Maikes Entscheidung, dass Frederik den Dannebrog opfern muss. Agnes notiert dazu lediglich zwei Sätze: „Da war Maike schon boshafter. Ohne lang zu überlegen, sah sie Frederik an und sagte: ‚Dannebrog.'" (S. 36)
Diese sehr knappen Darstellungen bieten Leerstellen für kreative Schreibaufträge, in denen auf das Rachemotiv eingegangen werden kann. Dazu sollen sich die Schülerinnen und Schüler in einen der Charaktere versetzen und deutlich machen, wie dieser Charakter zu seiner jeweiligen Entscheidung kommt und welche Beweggründe dabei eine Rolle spielen. Dies kann in Dialogen zwischen dem Charakter und seinen Eltern geschehen, die – chronologisch gesehen – nach dem Bekanntwerden des Berges aus Bedeutung stattfinden könnten. Folgende Stellen eignen sich dazu: S. 36 (Maike), S. 38 (Frederik), S. 44 (Ole), S. 68 (Marie-Ursula) und S. 84 (frommer Kai). Sicherlich würde dazu auch Hans' Entscheidung passen, dass Sofie ihre Unschuld opfern muss (vgl. S. 70). Allerdings würde dies bedeuten, dass sich die Schülerinnen und Schüler in einen Charakter versetzen müssen, der die Idee zur Vergewaltigung eines Menschen hat, und dies sollte aus ethischen und pädagogischen Gesichtspunkten unterlassen werden.

- *Gehen Sie von folgender Situation aus: Nachdem die Eltern der Schüler von dem Berg aus Bedeutung erfahren haben, möchten sie von ihrem Kind wissen, welche Rolle es bei der Entstehung des Berges gespielt hat und welches Opfer eines anderen es bestimmt hat.*
  Verfassen Sie einen Dialog zwischen einem Elternteil und der entsprechenden Figur. Dabei sollten Sie auf die jeweilige Situation eingehen und deutlich machen, welche Beweggründe bei der Entscheidung der Figur eine Rolle gespielt haben.

- *Sprechen und spielen Sie den Dialog.*

Die Dialoge werden im Anschluss in Rollenspielform vorgestellt und von den Mitschülern kommentiert. Dabei sollte das Hauptaugenmerk darauf liegen, ob das Rachemotiv und die Gründe dafür deutlich werden.
Alternativ dazu können, z. B. als Hausaufgabe, auch innere Monologe zu dem gleichen Thema verfasst werden und diese mit der Methode „Galeriegang" ausgestellt und besprochen werden.

- *Versetzen Sie sich in eine Figur der Schulklasse aus „Nichts". Überlegen Sie sich, welche Rolle diese Figur bei der Entstehung des Berges gespielt hat, welches Opfer eines anderen sie bestimmt hat und welche Beweggründe dabei von Bedeutung waren. Verfassen Sie darüber einen inneren Monolog, der die Gedanken der Figur zu dem Zeitpunkt widerspiegelt, an dem sie das nächste Opfer bestimmt.*

Nach der Untersuchung des Rachemotivs wird nun auf den Aspekt Identität eingegangen, der für die vierte Schicht des Berges von grundlegender Bedeutung ist. Dies zeigt sich, wie zuvor schon erwähnt, an den Beispielen von Marie-Ursula und Hussein.
Um die Rolle von Marie-Ursulas blauen Zöpfen für ihre Identität zu analysieren, eignet sich der Vergleich mit einem Songtext der Künstlerin Lady Gaga, in dem eine Situation dargestellt wird, die der Marie-Ursulas sehr stark ähnelt. In dem Lied „Hair" wird aus der Perspektive eines Teenagers beschrieben, wie seine Haare und seine Frisur einen Teil seiner Identität ausmachen. Durch den Konflikt mit den Eltern wird deutlich, wie wichtig diese äußerlichen Merkmale für die Persönlichkeit des Teenagers sind und dass der Verlust dieser Merkmale auch einen Verlust von Identität bedeuten würde. Am deutlichsten wird dies in der Textzeile „I am my hair!"
Auf **Arbeitsblatt 15**, S. 74, übersetzen die Schülerinnen und Schüler zunächst einen Auszug des Textes und vergleichen diesen mit der Textstelle auf S. 67, in der Marie-Ursulas Verlust der Haare und die damit einhergehende Veränderung der Persönlichkeit beschrieben werden.

- *Übersetzen Sie den Songtext. Vergleichen Sie dann Ihre Versionen.*

- *Vergleichen Sie die Situation, die in dem Songtext dargestellt ist, mit der von Marie-Ursula (S. 67). Erläutern Sie dabei, welche Rolle die Haare jeweils für die Identität der Figuren haben.*

Im Anschluss untersuchen die Schülerinnen und Schüler genauer, welche Auswirkungen der Verlust der Haare und des Gebetsteppiches für Marie-Ursulas und Husseins Identität haben. Dazu vervollständigen sie das Schaubild auf dem Arbeitsblatt mit Zitaten und Erläuterungen.

- *Ordnen Sie dem Aspekt Identität aussagekräftige Zitate zu, die sich bei Marie-Ursulas Verlust der Haare (S. 67) und Husseins Verlust des Gebetsteppiches (S. 69) finden lassen.*
- *Überlegen Sie, wodurch die Identität der beiden Figuren definiert wird und welche Auswirkungen der Verlust der Haare und des Gebetsteppiches jeweils haben. Fügen Sie diese Erläuterungen den Zitaten hinzu.*

Die Figuren definieren ihre Identität hier jeweils über ein markantes Merkmal. Verlieren sie dieses, ist davon direkt ihre Identität betroffen. Marie-Ursula verändert nicht nur ihr Aussehen, sondern ihr ganzes Wesen durch den Verlust ihrer Haare. Ähnlich ergeht es auch Hussein oder an anderer Stelle Jan-Johan.
Das Ergebnis kann folgendermaßen aussehen:

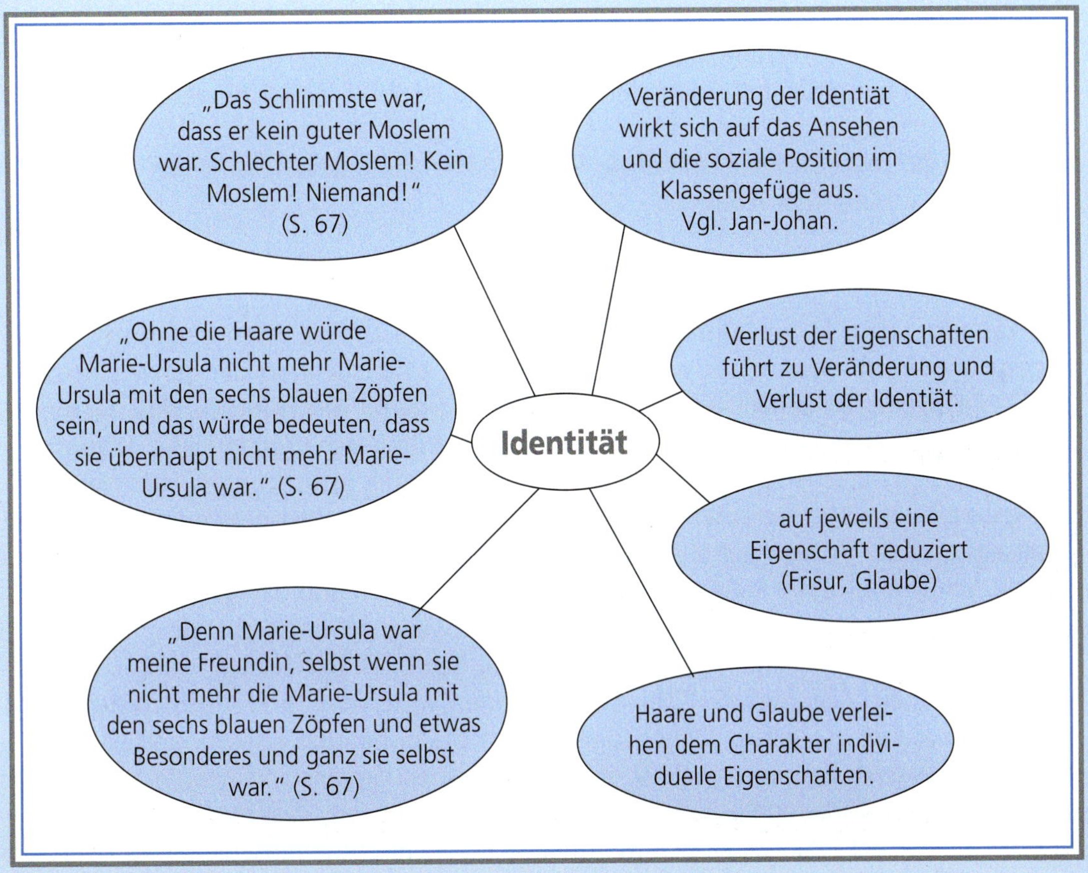

Abschließend kann noch auf Jan-Johan eingegangen werden.

- *Analysieren Sie, was der Verlust des Zeigefingers für Jan-Johans Identität bedeutet und wie sich das auf seine Position im Klassengefüge auswirkt.*

Kurz bevor Sofie ihm den Finger abschneidet, durchläuft er auf ähnliche Weise eine Veränderung. Er offenbart zum ersten Mal Schwäche, indem er jammert und um Gnade fleht (vgl. S. 94 f.). Dies bewirkt, dass er seine Autorität und hervorgehobene Position in der Klasse einbüßt. Auch hier bedeutet die Veränderung nicht, dass neue Facetten derselben Person offenbart werden, sondern dass die bisherigen Eigenschaften durch neue – in diesem Fall negative – ersetzt werden (vgl. S. 95). Gegebenenfalls kann das Schaubild nun noch durch diese Aspekte (Veränderung des Ansehens und der Position im Klassengefüge) ergänzt werden.

Auch Sofies Erfahrungen, der Verlust der Unschuld, haben große Auswirkungen auf ihre Persönlichkeit und Identität als Siebtklässlerin. Da ihr Schicksal jedoch endgültiger und sicherlich auch grausamer ist als alle anderen Opfer zu diesem Zeitpunkt, stellt es eine letzte Steigerung des Berges aus Bedeutung dar.
Die Handlung, die Sofie betrifft, lässt sich in zwei Teile unterscheiden. Zum einen Sofies Reaktion auf Hans' Idee und das Verhalten, das die Klasse dabei zeigt (vgl. S. 72–74). Zum anderen Sofies Entwicklung nach der Vergewaltigung: ihr Weg von einem Opfer zu einer Täterin, die Jan-Johan den Finger abtrennt und letztendlich den Verstand verliert. Da dieser zweite Handlungsstrang eng mit dem Wesen der Bedeutung des Berges und dem Ausbruch der Gewalt verknüpft ist, werden diese Aspekte in einem getrennten Punkt (3.3) behandelt. An dieser Stelle liegt das Hauptaugenmerk auf dem Opfer, das Sofie erbringen muss.
Dabei ist es zunächst wichtig herauszuarbeiten, dass Sofie zu der sexuellen Handlung gezwungen wird, d. h., dass sie vergewaltigt wird. Sie weigert sich eindeutig, indem sie „Nein und Nein und Nein" (S. 72) wiederholt und den Kopf schüttelt. Wie sehr sie von der Idee entsetzt ist, verdeutlicht ihre Darstellung als „leichenblass" und „am ganzen Körper" (S. 72) zitternd. Diese unmissverständlich abwehrende Haltung und die Tatsache, dass es sich um eine Vergewaltigung handelt, sollte den Schülern als Erstes verdeutlicht werden.

- *Lesen Sie noch einmal die Seiten 72–74 und arbeiten Sie heraus, wie Sofie auf Hans' Idee reagiert.*
- *Finden Sie eine Bezeichnung für das, was Sofie widerfährt.*

Dies kann in einem kurzen Unterrichtsgespräch, in dem auf die oben genannten Punkte eingegangen wird, besprochen werden. Was bei der Untersuchung der ganzen Textstelle (S. 72–74) weiterhin auffällt, ist Sofies Passivität und damit der Eindruck, dass sie die geplante Tat nach einer anfänglichen Weigerung klaglos über sich ergehen lässt. Warum dies so ist, zeigt sich bei einer genaueren Betrachtung von Agnes' Argumenten. Hier werden für die Klasse typische Mechanismen wie Gruppenzwang, Angst, fehlendes Verantwortungsbewusstsein und der Verweis auf das bisherige Geschehen sichtbar. Somit wird erklärbar, wie sehr die Schüler, inklusive Sofie, diesen Zwängen unterliegen und davon gesteuert sind.
Der Gruppenzwang zeigt sich, wenn Agnes zwar Zweifel an der Verhältnismäßigkeit der Idee äußert, sich aber gegen Hans und andere Jungen nicht durchsetzen kann. Trotz „äußerst gemischte[r] Gefühle" (S. 72) leistet sie keinen Widerstand und fügt sich der Anordnung, nach Hause zu gehen. Dabei spielen auch die bisherigen Erfahrungen eine große Rolle, da zu diesem Zeitpunkt viele Schüler bereits einen Gegenstand geopfert haben und sie somit in einer stärkeren Position sind. Als Hans argumentiert, dass ihm sein Fahrrad „genauso viel bedeutet" (S. 72), kann ihm Agnes nichts mehr entgegensetzen. Dabei verdeutlicht der Vergleich zwischen einem ersetzbaren Gegenstand und Sofies sexueller Unberührtheit, wie sehr den Schülern der Sinn für Verhältnismäßigkeit abhandengekommen ist.
Ein weiterer typischer Mechanismus ist Angst. Von Beginn an befürchtet die Klasse, dass Außenstehende wie Lehrer, Eltern oder Schüler aus Parallelklassen von den Vorgängen um Pierre Anthon erfahren (vgl. S. 14, S. 17). Mit der zunehmenden Eskalation wächst auch der Druck, das Geschehen geheim zu halten, und die Angst vor möglichen Konsequenzen. Sehr deutlich wird dies beispielsweise bei der Handlung um Elises toten Bruder (vgl. S. 65). Damit lässt sich auch erklären, warum die Klasse „[a]us Angst, vor dem, was mit Sofie geschehen solle" (S. 72f.), wie gelähmt erscheint.
Schlussendlich zeigt Agnes zwar Verständnis für Sofie und empfindet Mitleid, fühlt sich darüber hinaus jedoch nicht verpflichtet, ihr zu helfen, sodass man von fehlendem Verantwortungsbewusstsein sprechen kann. Die Suche nach Bedeutung sieht sie als wichtiger an und kommt so zu dem Schluss, dass es sich bei der geplanten Tat um ein notwendiges Übel handelt, das Sofie über sich ergehen lassen müsse.

Die Schülerinnen und Schüler erarbeiten nun zunächst Agnes' Sichtweise im Vorfeld der Tat und sammeln dann Argumente, mit denen sie ihr Verhalten begründet.

- *Unterstreichen Sie auf den Seiten 72–74 Textstellen, in denen Agnes' Sichtweise deutlich wird.*
- *Sammeln Sie nun die Argumente, mit denen Agnes ihre Rolle im Vorfeld der Tat erläutert.*

Die Ergebnisse werden in einem Tafelbild gesichert, das folgendermaßen aussehen kann:

Agnes begründet ihr Verhalten, indem sie …

- die Verantwortung auf die Jungen in der Klasse schiebt.
- die Argumente von Hans als stärker darstellt und so rechtfertigt, dass sie sich mit ihren Bedenken nicht durchsetzen kann.
- auf die Hierarchie in der Klasse verweist.
- ihre Angst erläutert, die sie daran hindert zu handeln.
- Verständnis für Sofie zeigt, die Suche nach Bedeutung jedoch als wichtigeres Ziel einordnet.

→ Agnes empfindet Hans' Idee zwar als grausam, betrachtet die geplante Tat jedoch als notwendiges Übel

- *Überlegen Sie, welche Mechanismen innerhalb der Klasse durch diese Argumentation offenbart werden.*

Diese Mechanismen werden zunächst an der Tafel festgehalten. Dabei sollten die Punkte Angst, Gruppenzwang, fehlendes Verantwortungsbewusstsein und Verweise auf die bisherigen Opfer genannt werden. Abschließend überlegen die Schülerinnen und Schüler nun, inwiefern Sofie davon betroffen ist, und stellen dies in einem Schaubild dar.

- *Sofie, als Teil der Klasse, ist diesen Mechanismen ausgesetzt. Wie wirken sich diese auf sie aus?*
- *Stellen Sie dies in einem Schaubild dar.*

Dies kann auf diese Weise dargestellt werden:

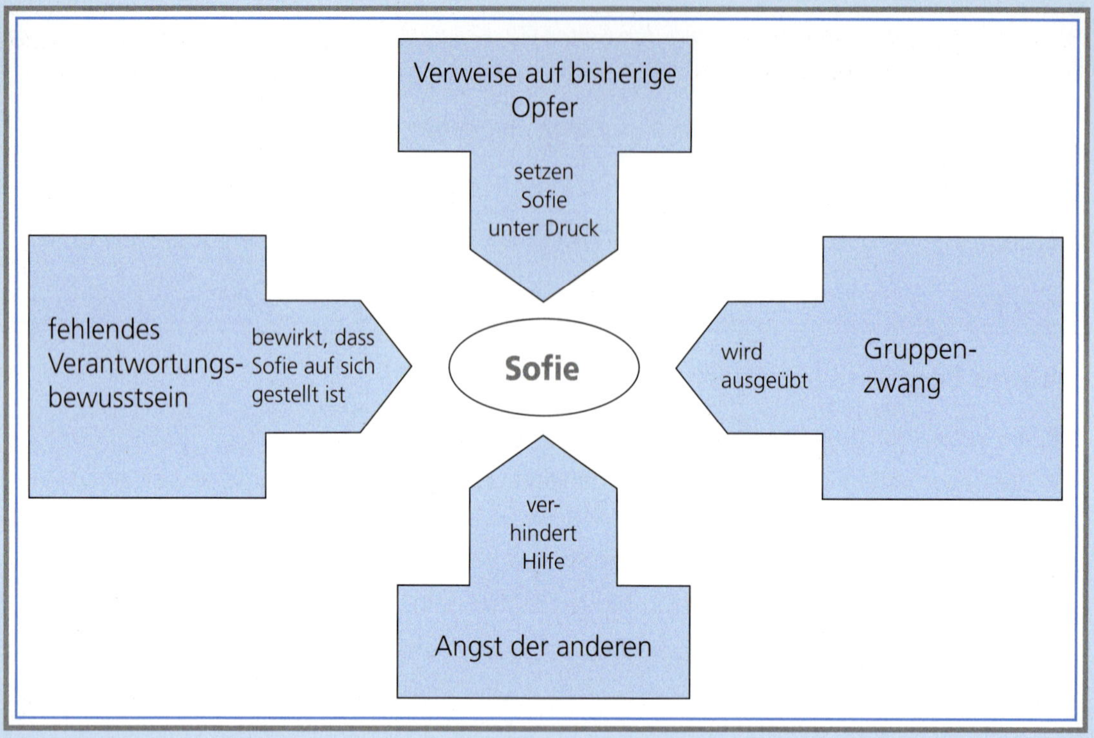

So verdeutlicht das Geschehen um Sofie die Sichtweise der Klasse, dass bei der Suche nach Bedeutung Grausamkeit und das Leid eines Einzelnen in Kauf genommen werden müssen. Dadurch kann auch erklärt werden, wie es zu den anderen Opfern dieser Schicht kommt und warum es der Klasse nicht möglich ist, die Eskalation zu stoppen.

3.3 Der Verkauf und die Vernichtung des Berges

Nachdem in dem vorhergehenden Punkt behandelt wurde, was Sofie angetan wird und wie es zu dieser Tat kommen kann, wird nun untersucht, was dies in ihr auslöst und wie es schlussendlich dazu kommt, dass sie den Verstand verliert (vgl. S. 125).
Diese Entwicklung ist sehr eng mit dem Geschehen nach dem Bekanntwerden des Berges verwoben. Die Handlungsstränge, die das Medieninteresse und den Verkauf des Berges betreffen, sowie Sofies weitere Entwicklung verlaufen parallel und finden ihren Höhepunkt in dem Ausbruch der Gewalt. Deshalb bietet es sich an, diese drei Aspekte – d.h. (1) die Gewaltfrage, (2) den geplanten Verkauf und die daraus resultierende Vernichtung des Berges und (3) Sofies Entwicklung – zusammen zu behandeln.
Dies geschieht mittels eines fiktiven Szenarios, in dem die Schülerinnen und Schüler sich in die Rolle von Ärzten versetzen, die ein psychologisches Gutachten über Sofie erstellen. Erarbeitet wird dieses Gutachten in kooperativen Lerngruppen. Nachdem die Klasse in gleichgroße Gruppen eingeteilt ist, sammelt jede Gruppe zunächst Textstellen. Diese bilden die Grundlage für drei Aufgabenstellungen (1. Sofies Entwicklung, 2. Sofies Aggression, 3. fiktives Interview), welche die Schülerinnen und Schüler arbeitsteilig bearbeiten. Im Anschluss informieren sich die Schülerinnen und Schüler über die Ergebnisse ihrer Gruppenmitglieder und bestimmen einen Schüler, der die Gruppe in einer nun folgenden Diskussion vertritt. Die Diskussion dient dazu, die zuvor erarbeiteten Ergebnisse zu bewerten.

Diese schülerzentrierte Vorgehensweise setzt voraus, dass die Lerngruppe in der Lage ist, eigenständig zu arbeiten, und auch komplexere Sachverhalte selbstständig durchdringen kann. Gerade in Klassen der Mittelstufe könnte dies problematisch sein, deswegen ist es auch möglich, die nächsten Schritte (vom Sammeln der Textstellen bis zum Verfassen eines fiktiven Interviews) unabhängig von dem Gutachten mit der gesamten Lerngruppe im Unterricht zu behandeln.
Sollte sich die Lehrperson für die erste Variante entscheiden, dann werden das Szenario und die Aufgabenstellung den Schülerinnen und Schülern folgendermaßen vorgestellt:

- *Stellen Sie sich vor, Sie arbeiten in der psychiatrischen Klinik, in die Sofie eingeliefert wird. Jan-Johans Eltern haben Strafanzeige gegen Sofie wegen Körperverletzung an ihrem Sohn gestellt. Ihre Aufgabe ist es nun, ein Gutachten über Sofies psychologische Situation zu erstellen, das vor Gericht verwendet werden kann und Aussagen über Sofies Verhalten und eventuell auch ihre Zurechnungsfähigkeit trifft. Als Hilfsmittel dient Ihnen die Schilderung einer Mitschülerin Sofies – Agnes –, die der Klinik von den Geschehnissen und ihren Empfindungen darüber berichtet hat.*
  Sie arbeiten dabei in einem Team, in dem Sie zunächst verschiedene Aspekte, die Sofie betreffen, analysieren. Die Ergebnisse werden im Anschluss in einer Diskussion zusammengetragen, in der Ihr Team durch einen Arzt vertreten wird.

Da das Ende des Romans deutlich macht, dass Agnes die Handlung aus einem Abstand von acht Jahren berichtet, kann sich dieses Szenario nicht direkt auf den Text beziehen. Jedoch macht sich Agnes an verschiedenen Stellen der Handlung Sorgen um Sofie (vgl. S. 116), und so ist die Vorstellung plausibel, dass sie ihr hilft, indem sie der Klinik direkt nach Sofies Einlieferung von den Geschehnissen berichtet. Als Grundlage können deshalb Textstellen verwendet werden, in denen Agnes über Sofie Auskunft gibt. Diese tragen die Schülerinnen und Schüler zunächst zusammen.

- *Sammeln Sie Textstellen, die Aufschluss über Sofies Entwicklung geben. Notieren Sie dabei jeweils die Seitenzahl und stichwortartig den Inhalt der Textstelle.*

Als Hilfestellung können Schülern, vor allem aus Klassen der Mittelstufe, Seitenzahlen genannt werden. Dabei sind folgende Stellen geeignet:
S. 24 (Sofie hat die Idee zu dem Berg aus Bedeutung), S. 25 (Beschreibung von Sofies Haus), S. 26 (Sofie „rettet" die ratlose Klasse), S. 74f. (der Tag nach Sofies Vergewaltigung), S. 83 (Sofie wirkt unbeeindruckt), S. 89 (Rosa fordert Jan-Johans Zeigefinger, Sofie wirkt „kalt"), S. 96f. (Sofie schneidet Jan-Johans Zeigefinger ab), S. 100f. (Sofie nach dem Bekanntwerden des Berges), S. 102f. (autoritäres Verhalten), S. 116 (Agnes macht sich Sorgen um Sofie), S. 121 (Sofie hat als Einzige in der Klasse keine Zweifel), S. 124f. (Dialog Pierre Anthon – Sofie), S. 126ff. (Sofies Zusammenbruch und der Ausbruch der Gewalt).
Nun bearbeiten die Schülerinnen und Schüler arbeitsteilig die folgenden drei Aufgabenstellungen:
Aufgabe 1 besteht darin, Sofies Weg bis zu ihrem Zusammenbruch nachzuzeichnen. Dazu tragen die Schülerinnen und Schüler die einzelnen Stationen ihrer Entwicklung in das **Arbeitsblatt 16**, S. 75, ein.

- *Zeichnen Sie Sofies Weg bis zu ihrem Zusammenbruch nach, indem Sie die einzelnen Stationen in die Grafik eintragen.*

Betrachtet man die einzelnen Stationen, wird deutlich, wie wichtig der Berg für Sofie ist. Durch den Verlust ihrer Unschuld erlangt er größere Bedeutung als für alle anderen Mitschüler. Folgende Szene veranschaulicht, welcher Logik sie nach der Vergewaltigung folgt: Nachdem das Umfeld der Klasse von dem Berg aus Bedeutung erfahren hat und die Schüler bestraft worden sind, diskutieren diese darüber, ob sie ihren Eltern und Lehrern alle Hintergründe mitteilen sollen. Würde dies geschehen, würde der Berg seine Bedeutung verlieren, so die Schüler selbst. Während dieser Diskussion sagt Sofie folgenden Satz: „Wenn wir die Bedeutung aufgeben, ist nichts übrig!" (S. 103) Dies zeigt zweierlei. Zum einen haben die Opfer – in Sofies Fall der Verlust ihrer Unschuld – den Zweck erfüllt und die Klasse glaubt, ihr Ziel, die Bedeutung zu finden, erreicht zu haben. Zum anderen wird durch diese Aussage ersichtlich, dass es Sofie nicht möglich ist, den Glauben an die Bedeutung aufzugeben und damit die Grausamkeit, die ihr angetan wurde, zu akzeptieren. Je stärker diese im weiteren Verlauf angezweifelt wird, desto mehr klammert sich Sofie an sie und verteidigt sie nach außen. Ihre funkelnden Augen und das innere Brennen, das mehrmals erwähnt wird, symbolisieren, mit welcher Leidenschaft und letztendlich auch mit welchem Fanatismus Sofie dies tut.

Die Entscheidung, den Berg zu verkaufen, bedeutet schließlich, dass die Klasse die Bedeutung des Berges aufgibt. Schon zuvor dämmert es Agnes, dass der kurze Ruhm, den die Klasse erfährt, die eigentliche Tatsache überdeckt, weder wirklich eine tiefgründige Bedeutung gefunden zu haben noch Pierre Anthon davon überzeugt zu haben.

Für Sofie bedeutet der Verkauf des Berges, dass das Opfer ihrer Unschuld umsonst war und sie diese im übertragenen Sinne nun sogar verkauft hat. Schlussendlich muss sie sich das eingestehen, als Pierre Anthon sie mit diesen Tatsachen konfrontiert (vgl. S. 124f.). Daran zerbricht sie und verliert, wie die Erzählerin es formuliert, den Verstand.

Nachdem die Schülerinnen und Schüler zuvor die einzelnen Stationen dieser Entwicklung in das Arbeitsblatt eingetragen haben, sollten sie sich nun damit auseinandersetzen, welche Erklärungen sich dafür finden lassen. Dazu überlegen sie zunächst, was der „Verlust der Unschuld" für Sofie genau bedeutet – unter anderem der Verlust ihrer körperlichen und seelischen Unversehrtheit, ihres Mitgefühls und schlussendlich ihres Verstandes –, und analysieren dann ihre weitere Entwicklung.

- *Agnes bezeichnet das, was Sofie angetan wurde, als „Verlust der Unschuld". Überlegen Sie, was dies in Sofies Fall genau bedeutet, und bringen Sie dies mit ihrer weiteren Entwicklung in Zusammenhang.*

Aufgabe 2 hat zum Inhalt, die Figur Sofie nicht nur textimmanent, sondern auch unter dem Gesichtspunkt der Entstehung von Gewalt zu betrachten. So lassen sich viele Parallelen zwischen ihrer Entwicklung und modernen Theorien zum Ursprung von Gewalt finden.

Lange war die Meinung vorherrschend, dass Gewalt einem angeborenen „Aggressionstrieb" entspringt, der im Innersten jedes Menschen zu finden ist und zu seiner Natur gehört. Entwickelt wurde dieses Konzept von Siegmund Freud und Konrad Lorenz. Es beeinflusst bis heute den Diskurs zum Thema Gewalt maßgeblich, und Gewalttaten wie Amokläufe oder Tötungsdelikte werden häufig als unergründliche und kaum zu vermeidende Phänomene gesehen. Eine für diese Sichtweise typische Aussage lässt sich auch in einem Aufsatz von Rüdiger Safranski finden: „Die Gewalt ist nicht Ersatz für irgend etwas, sondern umgekehrt: die Zivilisation, wenn sie denn gelingt, vermag die Gewalt zu „ersetzen", die stets im seelischen und gesellschaftlichen Untergrund lauert. Zivilisationen sind Versuche, das Böse zu domestizieren, und Freud hat immer davor gewarnt, die Verlässlichkeit der Sicherungen zu überschätzen"[1].

[1] Safranski, Rüdiger: Die Wiederkehr des Bösen. In: Frankfurter Allgemeine Zeitung, 299/92 vom 24.2.1992.

Moderne neurobiologische Untersuchungen widersprechen jedoch diesem Konzept. Sie betrachten den Menschen als „ein in seinen Grundmotivationen primär auf soziale Akzeptanz, Kooperation und Fairness ausgerichtetes Wesen."[1] Aggressiv handle er nur dann, wenn diese Ziele bedroht seien. Der Neurobiologe Prof. Dr. med. Joachim Bauer erklärt in seinem Buch „Schmerzgrenze" Aggression als ein „reaktives Verhaltensprogramm", d.h. ein Verhalten, das nur auftritt, um auf äußere Faktoren zu reagieren und diese zu verändern. Als Ausnahmen davon nennt er psychisch Kranke und Psychopathen bzw. antisoziale Persönlichkeiten. Diese teilt er in zwei Varianten ein. Für Variante 1 – heiße Aggression – sind spontan auftretende Gewalt wie impulsive Straftaten typisch.
Zur Variante 2 – kalte Aggression – gehören berechnende Menschen ohne zu erkennende Gefühlsregung. Sie empfinden kaum Angst und sind frei von Empathie, Schuldgefühlen oder Reue. Als Grund, warum ein Mensch zu einem Psychopathen wird, vermutet Bauer „traumatisierende biografische Erfahrungen".
Überträgt man dies auf Sofie, so kann man die Vergewaltigung als eine solche traumatisierende Erfahrung sehen und ihr darauffolgendes Verhalten als kalte Aggression einordnen. Auf **Arbeitsblatt 17**, S. 77f., finden die Schülerinnen und Schüler Auszüge aus Joachim Bauers Buch, anhand derer sie untersuchen können, inwieweit Sofie als antisoziale Persönlichkeit bezeichnet werden kann.

- *Erläutern Sie, wie J. Bauer „antisoziale Persönlichkeiten" definiert und wie sich diese Definitionen von bisherigen Erklärungen unterscheiden.*
- *Bauer spricht von zwei verschiedenen Varianten von Menschen mit einer antisozialen Persönlichkeitsstörung.*
  Arbeiten Sie die Merkmale beider Varianten heraus.
- *Überlegen Sie, ob man Sofie einer dieser Varianten zuordnen kann, und begründen Sie Ihre Meinung.*

[1] Bauer, Joachim: Schmerzgrenze – Vom Ursprung alltäglicher und globaler Gewalt. © 2011 Karl Blessing Verlag München in der Verlagsgruppe Random House GmbH.

Die Ergebnisse können, sollte diese Phase schrittweise unterrichtet werden, in einem Tafelbild bzw. auf Folie festgehalten werden:

Antisoziale Persönlichkeiten

Neurobiologie:
- Menschen, die an einer „Gewalt-Krankheit" leiden
- antisoziale Persönlichkeiten spiegeln nicht die wahre Natur des Menschen wider
- Traumatisierung als Ursache

neue Erkenntnisse widersprechen

bisherige Erklärungsansätze:
- in jedem Menschen ist ein Aggressionstrieb vorhanden
- Menschen haben dadurch im Innern das Bedürfnis, andere zu quälen und zu töten
- Zivilisation (Moral, Religion) verhindert den Ausbruch von Gewalt

zwei Varianten

heiße Aggression:
- niedrige Hemmschwelle
- unfähig, nach einer Provokation die Aggression zu kontrollieren
- leicht reizbar, impulsiv
- schwaches Selbstbewusstsein

kalte Aggression:
- berechnend
- ohne erkennbare Gefühlsregung
- scheinbar ohne Empathie
- in der Lage, ein normales Verhalten vorzutäuschen

Sofie entspricht dieser Variante:
- die Vergewaltigung als Traumatisierung
- sie wird danach als gefühlskalt dargestellt
- sie ist die treibende Kraft bei dem Abtrennen von Jan-Johans Zeigefinger; dabei wirkt sie sehr grausam und berechnend

In **Aufgabe 3** wird Sofies Innensicht erarbeitet, wozu die Schülerinnen und Schüler ein fiktives Interview mit ihr verfassen. Dabei sollte der Schwerpunkt darauf liegen, wie sie selbst zu den Geschehnissen steht, wie sie zu ihren Mitschülern und Pierre Anthon steht und welche Bedeutung der Berg für sie hatte. Die Schüler können das Interview entweder völlig frei gestalten oder auf die Fragen auf **Arbeitsblatt 18**, S. 79, zurückgreifen.
Obwohl die Schülerinnen und Schüler in den Gruppen die Aufgaben getrennt bearbeiten, sollte es ihnen dennoch ermöglicht werden, währenddessen Informationen auszutauschen bzw. den anderen zu helfen, wenn die eigenen Aufgaben vollständig bearbeitet sind.

Nach dieser Erarbeitungsphase informieren sich die Schülerinnen und Schüler nun über die Ergebnisse ihrer anderen Gruppenmitglieder und bestimmen, wie oben schon erwähnt, einen Schüler, der die Gruppe in der Diskussion vertritt. Die Lehrperson sollte dabei auch einen dieser Schüler zum Leiter der Diskussion ernennen, der die Aufgabe erhält, diese zu strukturieren und zu moderieren. In leistungsstärkeren Klassen kann hierbei auch die Frage erörtert werden, inwiefern man Sofie als zurechnungsfähig einschätzen kann, als sie Jan-Johans Zeigefinger abtrennt.

- *Stellen Sie in einer abschließenden Diskussion Ihre Ergebnisse vor und bewerten Sie die der anderen Gruppen. Ziel ist es hier, zu einer möglichst einheitlichen Einschätzung von Sofies psychologischem Zustand zu kommen.*

Nachdem die Diskussion durchgeführt wurde, bietet es sich als Hausaufgabe an, das in dem Ausgangsszenario erwähnte Gutachten als zusammenhängenden Text zu verfassen.

- *Verfassen Sie auf Grundlage der eben durchgeführten Diskussion das psychologische Gutachten über Sofie.*

3.4 Das Ende des Romans

Die Handlung des Romans endet mit Pierre Anthons Beerdigung. Zuvor brennt das Sägewerk, in dem sich der Berg aus Bedeutung befindet, vollständig nieder. Nach der Beerdigung trifft sich die Klasse ein letztes Mal bei den Resten des Berges aus Bedeutung, jeder Schüler sammelt einen Teil der Asche ein und nimmt diesen mit.
Durch seine Zerstörung erfährt der Berg aus Bedeutung eine letzte Veränderung. Der Verkauf kann dadurch nicht mehr stattfinden und den Schülerinnen und Schülern wird bewusst, dass sie durch den Verzicht auf das Geld einen Teil der Bedeutung zurückerlangen, die der Berg ursprünglich für sie gehabt hat. So sagt die Erzählerin dazu: „Wir weinten, weil wir etwas verloren hatten und etwas anderes bekommen hatten. Weil beides wehtat, verlieren und bekommen. Und weil wir wussten, was wir verloren hatten, während wir das, was wir bekommen hatten, noch nicht benennen konnten." (S. 137)
Dieses Zitat verdeutlicht, wie die Relativität von Bedeutung in diesem Roman dargestellt wird. Erst durch den Verlust erkennen die Charaktere die Bedeutung von etwas. So erlangt der Berg für sie zunächst wirkliche Bedeutung, diese geht aber durch das Medieninteresse und den kurzen Ruhm der Klasse verloren. Denn in dieser Phase, die von Oberflächlichkeit geprägt ist, spielt der eigentliche Berg keine Rolle, sondern nur das Interesse der Öffentlichkeit und der Ruhm, den die Klasse erfährt. Nur durch den erneuten Verlust – Pierre Anthons Tod und die Zerstörung des Berges – beginnt die Klasse dies zu erkennen und wertzuschätzen, was durch das Einsammeln der Asche symbolisiert wird.
Die verschiedenen Veränderungen, die der Berg und seine Bedeutung für die Klasse durchlaufen, lassen sich mit der Vier-Ecken-Methode behandeln. Dazu bringt die Lehrperson in jeder Ecke des Klassenraums ein Plakat an, auf dem jeweils eines der folgenden Zitate abgedruckt ist. Die Klasse verteilt sich nun in vier gleich große Gruppen. Jede ist einer Ecke zugeordnet, und die Schülerinnen und Schüler notieren ihre Ideen auf dem jeweiligen Plakat. Nach ca. drei Minuten wechselt jede Gruppe zu einem weiteren Plakat, notiert wieder die eigenen Gedanken und ergänzt die schon existierenden. Dies wird so lange fortgeführt, bis jede Gruppe jedes Zitat bearbeitet hat, und abschließend präsentiert ein Schüler jeder Gruppe die wichtigsten Aspekte des jeweiligen Plakats.

■ *Überlegen Sie, was diese Zitate darüber aussagen, wie Bedeutung entsteht und wieder verloren geht. Notieren Sie dann Ihre Gedanken dazu auf dem Plakat. Ergänzen und kommentieren Sie anschließend die Ideen Ihrer Mitschüler.*

1. „‚Das macht nichts', sagt sie. ‚Oder besser, das macht eine Menge. Aber das ist doch auch der Sinn, denn sonst bekommt der Berg aus Bedeutung keine Bedeutung, und dann bekommt Pierre Anthon ja recht, dass nichts etwas bedeutet.'" (S. 39)
2. „Aber noch viel schlimmer war, dass sich dadurch ein leises Misstrauen in mir breitmachte, ob Pierre Anthon vielleicht etwas erkannt hatte: Bedeutung war relativ und deshalb bedeutungslos." (S. 116)
3. „Aber das Schlimmste war, dass mit diesem Schrei alles auseinanderzubrechen schien. Als habe der Berg aus Bedeutung tatsächlich keine Bedeutung mehr, und damit verlor auch alles andere seine Bedeutung.
   Frühling, Sommer, Herbst, Winter, Freude, Traurigkeit, Liebe, Hass, Geburt, Tod.
   Es war ja doch alles dasselbe.
   Dasselbe. Das Gleiche. Nichts." (S. 127 f.)
4. „Ich habe immer noch die Streichholzschachtel mit der Asche vom Sägewerk und dem Berg aus Bedeutung. Dann und wann hole ich sie vor und schaue sie an. Und wenn ich vorsichtig die abgenutzte Pappschachtel öffne und auf die graue Asche blicke, bekomme ich dieses merkwürdige Gefühl im Bauch. Und selbst wenn ich nicht erklären kann, was das ist, weiß ich doch, dass es etwas ist, was Bedeutung hat." (S. 140)

Aus: Janne Teller, Nichts. Was im Leben wichtig ist. Aus dem Dänischen von Sigrid C. Engeler © 2010 Carl Hanser Verlag München.

Vergleicht man das Verhalten der Klasse am Ende des Romans mit dem zu Beginn, so wird deutlich, dass die Klasse nun die Welt anders und weniger oberflächlich wahrnimmt. Somit kann man die Meinung vertreten, dass Pierre Anthon sein Ziel erreicht hat und der Klasse bewusst geworden ist, wie problematisch ihr bisheriges Weltbild war. Dies deutet auch Agnes' oben erwähntes Zitat an. Um diese Entwicklung zu veranschaulichen, formulieren die Schülerinnen und Schüler aus der Perspektive von Agnes einen Nachruf für Pierre Anthon.

■ *Verfassen Sie aus Agnes' Sicht einen Nachruf für Pierre Anthon. Drücken Sie darin aus, welche Rolle er für Agnes' Leben gespielt hat und was sie nun vermissen wird.*

Abschließend kann im Plenum die Frage diskutiert werden, ob man das Ende des Romans positiv oder negativ sehen kann.

■ *Diskutieren Sie das Ende des Romans. Werten Sie es als positiv oder negativ?*

In diesem Zusammenhang kann auch die persönliche Perspektive der Schülerinnen und Schüler miteinbezogen werden:

■ *Überlegen Sie, ob es Personen oder Dinge (z. B. Romane, Filme, Zitate etc.) in Ihrem Leben gibt, die eine ähnliche Funktion für Sie haben wie Pierre Anthon für seine Mitschüler.*

3.5 Der Roman als Parabel

In dem Klappentext des Romans wird „Nichts" als „eine erschütternde Parabel über die Suche nach dem Sinn des Lebens" bezeichnet. Radio Bremen[1] nennt den Roman „eine erschütternde Parabel über das Erwachsenwerden, die Suche nach dem Sinn des Lebens und

[1] http://www.radiobremen.de/funkhauseuropa/serien/luchs/luchs266_version-print.html [05.01.2012]

den Verlust von Grenzen", das Feuilleton des Deutschlandradios Kultur[1] beschreibt ihn als „eine psychologisch spannende Parabel über Mut und Feigheit, über den Sog und die Faszination von Grausamkeit, über die Verführbarkeit durch Ideologien und die Suche nach dem Sinn des Lebens" und die Zeitung „Die Welt" schreibt, dass Janne Teller deutlich macht, „wie Fundamentalismus entsteht und funktioniert."[2]
Allein diese kleine Auswahl an Pressestimmen zeigt die vielfältigen Deutungsmöglichkeiten des Romans. Seine Lesart als Parabel kann mit **Arbeitsblatt 19**, S. 80, behandelt werden. Zunächst erarbeiten die Schülerinnen und Schüler anhand einer kurzen Definition die wesentlichen Merkmale dieser Gattung. Im Anschluss vervollständigen sie das Schaubild einer Parabel zur Entstehung von Gewalt, um abschließend eigene Parabeln zu weiteren Deutungsmöglichkeiten zu zeichnen. Dazu können den Schülerinnen und Schülern auch die oben stehenden Pressestimmen auf Folie präsentiert werden.

- *Erläutern Sie, welche Funktion der Bildteil und der Sachteil in einer Parabel erfüllen und in welchem Verhältnis sie zueinander stehen.*
- *Vervollständigen Sie die Parabel zur Entstehung von Gewalt.*
- *Zeichnen Sie eine eigene Parabel zu einer weiteren Deutungsmöglichkeit.*

Eine mögliche Lösung kann folgendermaßen aussehen:

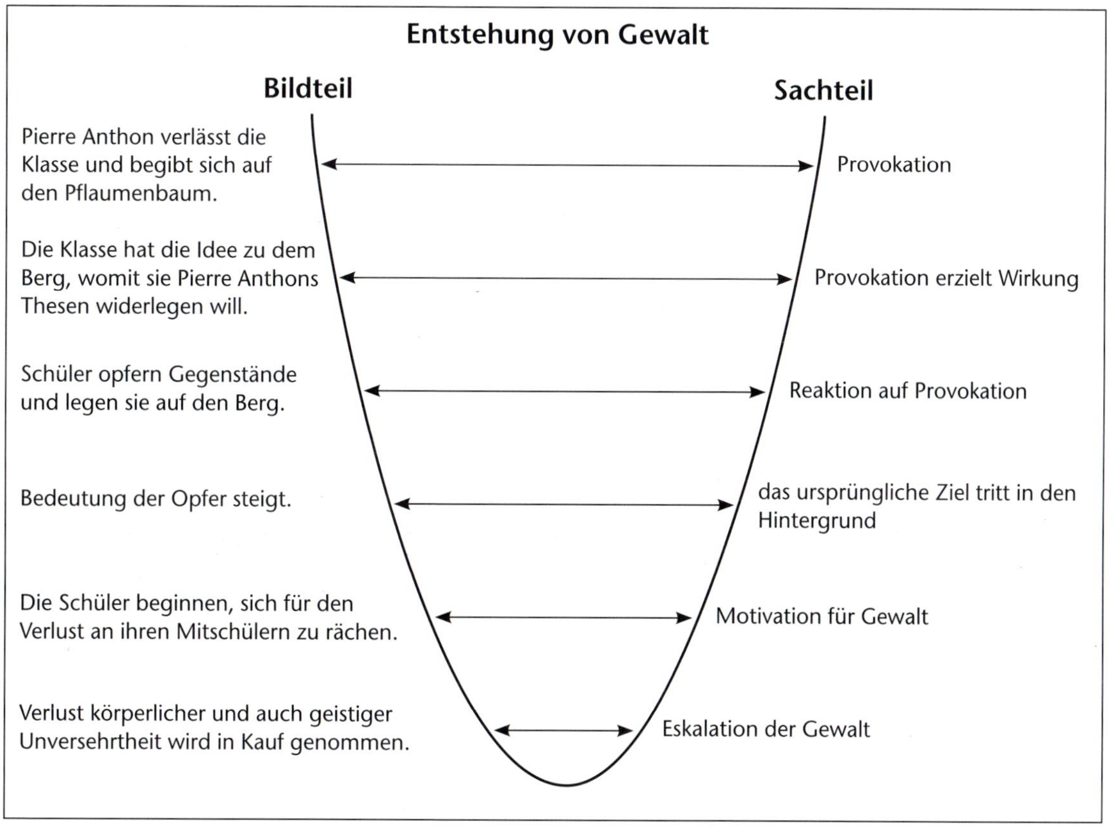

1 http://www.dradio.de/dkultur/sendungen/kritik/1255038/ (letzter Aufruf: 05.01.2012)
2 Die Welt vom 07.08.2010

Der Berg aus Bedeutung

Seite 27: „Der Berg wuchs und wuchs. Im Laufe des Tages war er schon fast so groß wie die kleine Ingrid. Allerdings fehlte es ihm an tatsächlicher Bedeutung. Schließlich wussten wir doch alle, dass nichts von dem Eingesammelten einem von uns etwas bedeutete. Wie also sollten wir Pierre Anthon damit überzeugen?“

Seite 28: „Und hätten wir nicht eben besprochen, dass das, was uns am meisten bedeutete, auf den Berg müsse, wenn der in der Lage sein sollte, Pierre Anthon zu überzeugen, von seinem Pflaumenbaum herabzusteigen?“

Seite 35: „Es war, als stellte Klein Oskar irgendetwas mit dem Berg aus Bedeutung an, was weder meine grünen Sandalen noch Sebastians Angelrute oder Richards Fußball vermocht hatte.“

Seite 67: „Ohne die Haare würde Marie-Ursula nicht mehr die Marie-Ursula mit den sechs blauen Zöpfen sein, und das würde bedeuten, dass sie überhaupt nicht mehr Marie-Ursula war.“

Seite 83: „Eine angepinkelte Jesusfigur konnten wir niemals mehr in der Kirche abliefern.“

Aus: Janne Teller, Nichts. Was im Leben wichtig ist. Aus dem Dänischen von Sigrid C. Engeler © 2010 Carl Hanser Verlag München.

- *Benutzen Sie die folgenden Zitate, um zu überlegen, wie sich der Charakter des Berges an diesen Stellen der Handlung ändert.*

Die Struktur des Berges aus Bedeutung

5. Schicht

		Von: Wegen: Seite:	Von: Wegen: Seite:
Von: Wegen: Seite:	Von: Wegen: Seite:		

4. Schicht

Von: Wegen: Seite:	Von: Wegen: Seite:	Von: Wegen: Seite:

3. Schicht

Von: Wegen: Seite:	Von: Wegen: Seite:	Von: Wegen: Seite:	Von: Wegen: Seite:

Von: Wegen: Seite:	Von: Wegen: Seite:	Von: Wegen: Seite:	Von: Wegen: Seite:	Von: Wegen: Seite:

2. Schicht

				Von: Wegen: Seite:
Von: Wegen: Seite:	Von: Wegen: Seite:	Von: Wegen: Seite:	Von: Wegen: Seite:	

1. Schicht

5. Schicht:

4. Schicht:

3. Schicht:

2. Schicht:

1. Schicht:

- *Tragen Sie für jede Figur den Namen ein, ihren Beitrag zu dem Berg der Bedeutung, den Namen desjenigen, der dies bestimmt hat, und die dazugehörige Seitenzahl. Für die erste Schicht reicht es, nur die Gegenstände zu notieren.*
- *Fassen Sie zusammen, was die Elemente einer Schicht gemeinsam haben.*
- *Beschriften Sie die Pfeile mit Veränderungen, die die Klasse während des Erstellens des Berges durchläuft. Was nimmt zu? Was nimmt ab?*

Definitionen von Rache

Benutzen Sie die vorliegenden Definitionen von Rache, um eine eigene zu formulieren.

- **Rache** ist eine Handlung, die den Ausgleich zuvor erlittenen Unrechts bewirken soll. Sie ist immer eine physische oder psychische Gewalttat. Vom Verbrechen wird sie im archaischen Recht nur durch die Rechtmäßigkeit unterschieden.

  Aus: www.wikipedia.de [23.04.2012]

- **Rache, die:** persönliche, oft von Emotionen geleitete Vergeltung einer als böse, besonders als persönlich erlittenes Unrecht empfundenen Tat

  Aus: Duden Deutsches Universalwörterbuch © 2003 Bibliographisches Institut, Mannheim

- **Rache**, archaische, dem modernen Rechtsempfinden nicht mehr entsprechende Extremform der Vergeltung für nach subjektivem Empfinden vermeintlich oder tatsächlich erlittenes Unrecht; die R. lehnt die Inanspruchnahme gesetzlich geregelter Mittel zur Wiedergutmachung i.d.R. ab und ist als Handlungsmotivation im privaten und sozialen Bereich durchaus noch anzutreffen.

  Aus: Meyers Neues Lexikon © 1994 Bibliographisches Institut, Mannheim

- Gewaltsame Rechtsverfolgung als Form der Selbsthilfe einer Person, der vermeintliches oder wirkliches Unrecht angetan wurde (daher häufig Verzicht auf Rache in Urfehdeformeln); als Ausübung von Gewalt setzt Rache Wehrhaftigkeit voraus und ist daher Frauen, Geistlichen usw. verwehrt; eine Bedeutungsverschiebung zu Strafe ergibt sich aus der Ausübung der Rechtsverfolgung durch eine andere Instanz als den Geschädigten (Obrigkeit, Gott); die rechtliche Bewertung der Rache wandelt sich mit der Inanspruchnahme des Monopols legitimer Gewaltausübung durch den werdenden Staat.

  Aus: Deutsches Rechtswörterbuch (DRW), hrsg. von der Heidelberger Akademie der Wissenschaften, Bd. 10, Sp. 1539; online unter www.deutsches-rechtswoerterbuch.de

- **Rache** ist eine Handlung, mit der wir Vergeltung üben möchten an einem anderen, von dem wir uns betrogen oder seelisch verletzt und zutiefst gekränkt fühlen. Wir fühlen uns angegriffen, ungerecht behandelt, erniedrigt oder ausgenutzt und wollen mit der Rache für Gerechtigkeit sorgen. Hinter der Rache stehen Motive wie etwa Hass, Eifersuchtsgefühle und Kränkung.
  Häufige Anlässe für Rachegedanken und Racheakte sind: Fremdgehen, Verlassenwerden vom Partner, Vertrauensmissbrauch, Sexuelle Lieblosigkeit, Gewalttätigkeiten, Desinteresse, Abwertung der eigenen Person, Kündigung. Um unsere Achtung uns selbst gegenüber zu wahren und die „Gerechtigkeit“ wiederherzustellen, planen wir einen Racheakt.
  Durch die Vergeltung oder Revanche wollen wir den Anderen bestrafen und ihm zu verstehen geben: „Mit mir nicht“. Die Racheakte erfolgen selten impulsiv. Meist sind sie sehr gut geplant und durchdacht.

  Aus: Lebenshilfe Psychologie Lexikon, abrufbar unter: http://www.lebenshilfe-abc.de

Eigene Definition

Die Entstehung des Rachemotivs

Seite 28–30	innere Reaktion	äußere Reaktion
Wir hätten aufhören sollen, bevor es soweit gekommen war. Jetzt war es irgendwie zu spät, auch wenn ich tat, was ich konnte.	Befürchtung	
„Das funktioniert doch nicht", wandte ich ein.		vermeintlicher Einwand
„Ha!", lachte Gerda und zeigte auf meine halbhohen grünen Sandalen. Ich hatte den ganzen Sommer gebraucht, um meine Mutter zu überzeugen, sie mir zu kaufen, und das hatte sie erst vor Kurzem getan, als Schlussverkauf war und die Schuhe nur noch die Hälfte kosteten. Ich hatte es geahnt. Und wenn ich ganz ehrlich sein soll, war es bestimmt auch deshalb, weshalb ich versuchte, das Einsammeln zu stoppen. Es war nur eine Frage der Zeit gewesen, bis jemand auf meine Sandalen deutete. Dass es ausgerechnet die blöde doofe Gerda war, machte es nur noch schlimmer. Ich versuchte erst gleichgültig zu tun, als hätte ich nicht gesehen, wohin Gerda zeigte, aber Laura wollte mich nicht entkommen lassen. „Die Sandalen, Agnes", sagte sie, und dann gab es kein Entkommen mehr. Ich hockte mich hin, um die Spangen zu öffnen, konnte mich aber nicht dazu durchringen und stand wieder auf. „Das kann ich nicht", sagte ich. „Meine Mutter wird fragen, wo sie sind, und dann werden die Erwachsenen alles herausfinden." Ich glaubte, ich sei schlau. War ich aber nicht. „Glaubst du denn, du bist besser als wir anderen?", heulte Sebastian auf. „Was glaubst du wohl, was mein Vater denkt, wo meine Angelrute hingekommen ist?" Wie um seine Worte zu unterstreichen, packte er die Angelschnur und den Haken, der inmitten des Stapels baumelte. „Und was hab ich mit meinen Büchern gemacht?" „Und ich mit meinem Fußball?" „Und meine Ohrringe?" Ich hatte verloren und wusste es und bat nur noch um einige Tage Aufschub. „Nur bis der Sommer ganz vorbei ist." Es gab keine Gnade. Ich durfte aber von Sofie Turnschuhe leihen, damit ich nicht barfuß nach Hause gehen musste. Sofies Turnschuhe waren zu klein. Mein großer Zeh war eingeklemmt, und der Weg vom Sägewerk nach Hause war viel weiter als sonst. Ich weinte, als ich in meine Straße einbog, und ging das letzte Stück zum Haus allein. Ich ging nicht hinein, sondern setzte mich in den Fahrradschuppen, wo man mich weder von der Straße noch vom Haus aus sehen konnte. Ich zog Sofies Turnschuhe aus und schleuderte sie in eine Ecke. Vor meinem inneren Auge leuchtete das Bild von meinen halbhohen grünen Sandalen ganz oben auf dem Berg aus Bedeutung. Es wollte nicht verschwinden. Ich schaute auf meine nackten Füße und beschloss, dafür müsse Gerda bezahlen. Aus: Janne Teller, Nichts. Was im Leben wichtig ist. Aus dem Dänischen von Sigrid C. Engeler © 2010 Carl Hanser Verlag München.		

- *Unterstreichen Sie die Stellen, die den Entstehungsprozess von Agnes' Rachewunsch verdeutlichen.*
- *Benennen Sie die äußeren und inneren Reaktionen, die damit einhergehen.*

Die Entstehung des Rachemotivs (Lösung)

Seite 28–30	innere Reaktion	äußere Reaktion
Wir hätten aufhören sollen, bevor es soweit gekommen war. Jetzt war es irgendwie zu spät, auch wenn ich tat, was ich konnte.	Befürchtung	
„Das funktioniert doch nicht“, wandte ich ein. „Ha!“, lachte Gerda und zeigte auf meine halbhohen grünen Sandalen.		vermeintlicher Einwand, Verhöhnung durch Gerda
Ich hatte den ganzen Sommer gebraucht, um meine Mutter zu überzeugen, sie mir zu kaufen, und das hatte sie erst vor Kurzem getan, als Schlussverkauf war und die Schuhe nur noch die Hälfte kosteten.	Bedeutung der Sandalen wird vergegenwärtigt	
Ich hatte es geahnt. Und wenn ich ganz ehrlich sein soll, war es bestimmt auch deshalb, weshalb ich versuchte, das Einsammeln zu stoppen. Es war nur eine Frage der Zeit gewesen, bis jemand auf meine Sandalen deutete.	Befürchtung wird bestätigt	
Dass es ausgerechnet die blöde doofe Gerda war, machte es nur noch schlimmer.	Ärger über drohenden Verlust entsteht	
Ich versuchte erst gleichgültig zu tun, als hätte ich nicht gesehen, wohin Gerda zeigte, aber Laura wollte mich nicht entkommen lassen.		Täuschungsversuch
„Die Sandalen, Agnes“, sagte sie, und dann gab es kein Entkommen mehr.	Zwang entsteht;	Bestehen auf Abmachung
Ich hockte mich hin, um die Spangen zu öffnen, konnte mich aber nicht dazu durchringen und stand wieder auf.	beugt sich zunächst dem Zwang	
„Das kann ich nicht“, sagte ich. „Meine Mutter wird fragen, wo sie sind, und dann werden die Erwachsenen alles herausfinden.“ Ich glaubte, ich sei schlau. War ich aber nicht.	versucht sich ihm zu widersetzen	absichtliche Übertreibung
„Glaubst du denn, du bist besser als wir anderen?“, heulte Sebastian auf. „Was glaubst du wohl, was mein Vater denkt, wo meine Angelrute hingekommen ist?“ Wie um seine Worte zu unterstreichen, packte er die Angelschnur und den Haken, der inmitten des Stapels baumelte. „Und was hab ich mit meinen Büchern gemacht?“ „Und ich mit meinem Fußball?“ „Und meine Ohrringe?“	größerer (Gruppen-) Zwang entsteht	Ablehnung von Ausnahmen durch die Klasse
Ich hatte verloren und wusste es und bat nur noch um einige Tage Aufschub. „Nur bis der Sommer ganz vorbei ist.“	Gefühl von Machtlosigkeit	Bitte um Aufschub
Es gab keine Gnade. Ich durfte aber von Sofie Turnschuhe leihen, damit ich nicht barfuß nach Hause gehen musste.		Ablehnung der Bitte
Sofies Turnschuhe waren zu klein. Mein großer Zeh war eingeklemmt, und der Weg vom Sägewerk nach Hause war viel weiter als sonst. Ich weinte, als ich in meine Straße einbog, und ging das letzte Stück zum Haus allein. Ich ging nicht hinein, sondern setzte mich in den Fahrradschuppen, wo man mich weder von der Straße noch vom Haus aus sehen konnte.	Demütigung	
Ich zog Sofies Turnschuhe aus und schleuderte sie in eine Ecke. Vor meinem inneren Auge leuchtete das Bild von meinen halbhohen grünen Sandalen ganz oben auf dem Berg aus Bedeutung. Es wollte nicht verschwinden.	Frustration; Ärger über Verlust bleibt	physische Gewalt
Ich schaute auf meine nackten Füße und beschloss, dafür müsse Gerda bezahlen.	Wunsch nach Rache entsteht	

Aus: Janne Teller, Nichts. Was im Leben wichtig ist. Aus dem Dänischen von Sigrid C. Engeler © 2010 Carl Hanser Verlag München.

Identiät

Lady Gaga – Hair

Whenever I dress cool,
My parents put up a fight
And if I'm hotshot,
Mom will cut my hair at night
In the morning I'm short of my identity
I scream Mom and Dad
Why can't I be who I wanna be?
To be.

I just wanna be myself,
And I want you to love me for who I am
I just wanna be myself,
And I want you to know, I am my hair!

[…]

I don't wanna change,
And I don't wanna be ashamed
I'm the spirit of my hair
It's all the glory that I bare
I am my hair!

Hair. Musik & Text: Nadir Khayat, Stefani Germanotta © Sony/ATV Songs LLC

- *Übersetzen Sie den Songtext. Vergleichen Sie dann Ihre Versionen.*
- *Vergleichen Sie die Situation, die in dem Songtext dargestellt ist, mit der von Marie-Ursula auf S. 67. Erläutern Sie dabei, welche Rolle die Haare jeweils für die Identität der Figuren haben.*

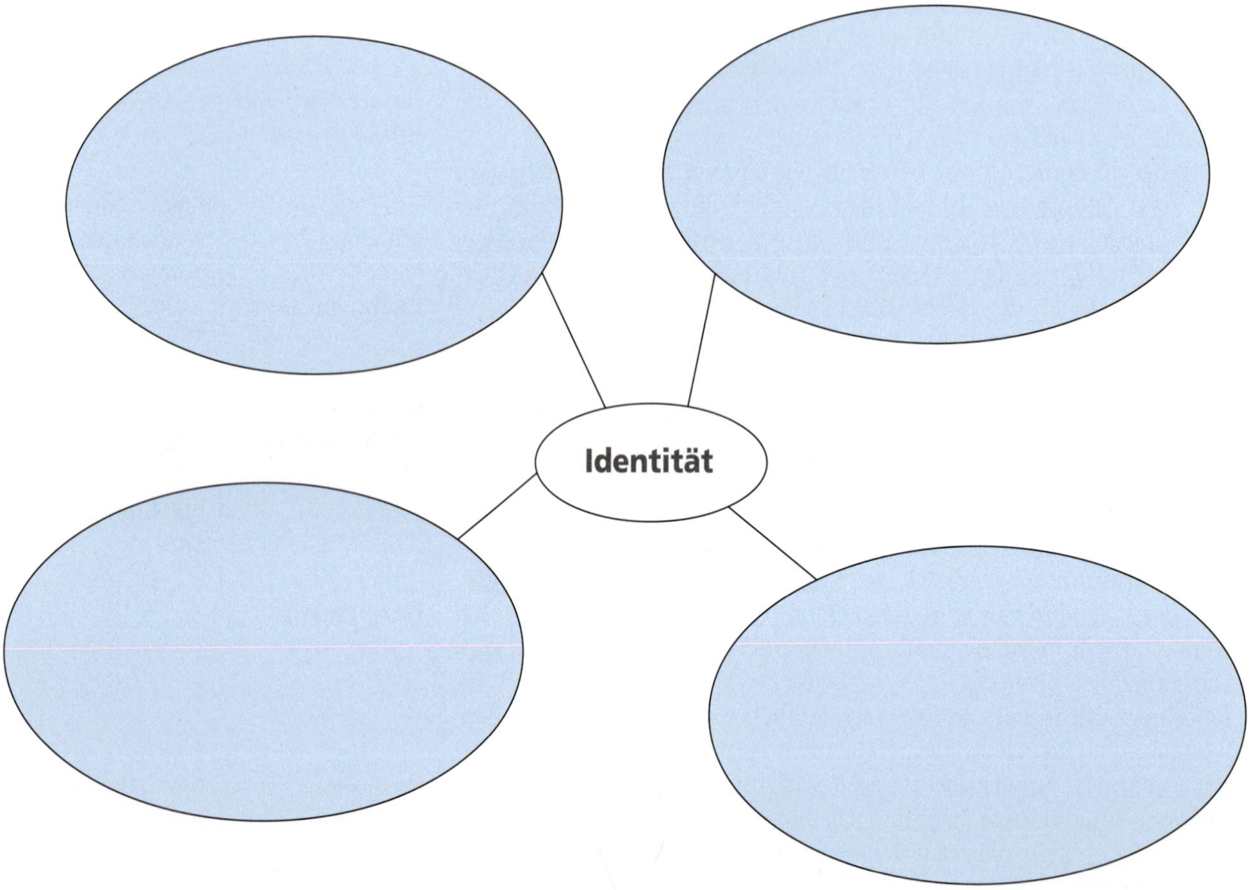

- *Ordnen Sie dem Aspekt Identität aussagekräftige Zitate zu, die sich bei Marie-Ursulas Verlust der Haare (S. 67) und Husseins Verlust des Gebetsteppiches (S. 69) finden lassen.*
- *Überlegen Sie, wodurch die Identität der beiden Figuren definiert wird und welche Auswirkungen der Verlust der Haare und des Gebetsteppiches jeweils haben. Fügen Sie diese Erläuterungen den Zitaten hinzu.*

Sofies Zusammenbruch

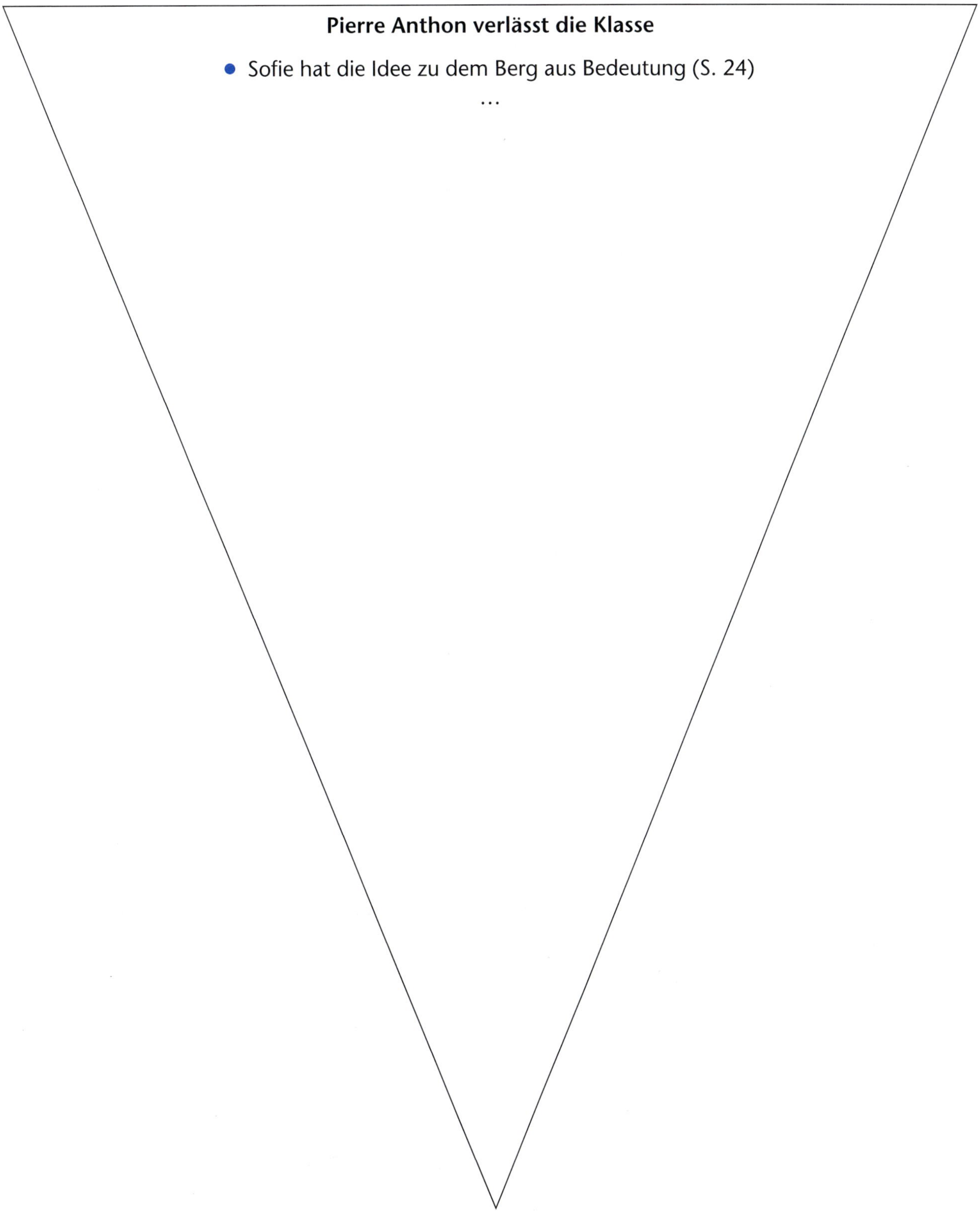

- *Zeichnen Sie Sofies Weg bis zu ihrem Zusammenbruch nach, indem Sie die einzelnen Stationen in die Grafik eintragen.*
- *Agnes bezeichnet das, was Sofie angetan wurde, als „Verlust der Unschuld". Überlegen Sie, was dies in Sofies Fall genau bedeutet, und bringen Sie dies mit ihrer weiteren Entwicklung in Zusammenhang.*

Sofies Zusammenbruch (Lösung)

Pierre Anthon verlässt die Klasse

- Sofie hat die Idee zu dem Berg aus Bedeutung (S. 24)

Sofies „Verlust der Unschuld"

- Sofie wirkt zunächst unbeeindruckt (S. 83)
- handelt im weiteren Verlauf jedoch gefühlskalt (S. 89) und grausam:
- sie schneidet Jan-Johans Zeigefinger ab (S. 96f.)

Bekanntwerden des Berges aus Bedeutung

- Sofie verteidigt die Bedeutung des Berges (S. 100f.) → Sofie „brennt" innerlich
- sie nimmt Jan-Johans dominante Rolle in der Klasse ein, ist sehr autoritär (S. 102ff.)

Medieninteresse entsteht und führt zum Verkauf des Berges

- Zweifel an der Bedeutung des Berges wachsen innerhalb der Klasse, Sofie hält als Einzige Stand (S. 121)
- Sofie gelingt es nicht, Pierre Anthon von der Bedeutung zu überzeugen (S. 124) → Tränen und Sprachlosigkeit
- Sofies Zusammenbruch und der Ausbruch der Gewalt (S. 126ff.)

Joachim Bauer: Schmerzgrenze – Vom Ursprung alltäglicher und globaler Gewalt

Antisoziale Persönlichkeiten und Psychopathen

Personen, die an „Gewalt-Krankheit“ leiden, waren lange Zeit die „letzte Hoffnung“ all jener, welche den **„Aggressionstrieb“** zu retten trachteten und die These verteidigten, dass Menschen gemäß ihrer innersten Natur Bestien mit einem tiefen spontanen Bedürfnis sind, andere zu quälen und zu töten: Antisoziale Persönlichkeiten, auch Psychopathen genannt (der Begriff der „Psychopathie“ bzw. des „Psychopathen“ wird in der deutschsprachigen Literatur vermieden, um keiner Diskriminierung Vorschub zu leisten; in der englischen Fachliteratur sind beide Begriffe, **„Psychopathy“** und „Psychopath“, durchaus üblich). Tatsächlich konnte bis vor wenigen Jahren nicht entschieden werden, ob Psychopathen nicht doch die „wahre Natur des Menschen“ offenbaren.

Lange war der Verdacht nicht zu widerlegen, dass es sich bei der übergroßen Mehrheit relativ friedlicher Menschen lediglich um durch Moral und Religion gezähmte, verbogene Exemplare domestizierten oder gar degenerierten **Menschseins** handeln könnte. Dass Menschen hinter einer zivilisierten Fassade in Wahrheit letztlich doch alle sozusagen **„Krypto[1]-Psychopathen“** seien, also Menschen, in denen tief verborgen eine spontane natürliche Lust auf Gewalt schlummert, war nicht zuletzt auch das Credo des Sozialdarwinismus, der so mancher politischen Strömung – auch dem Nationalsozialismus – als pseudowissenschaftliches[2] Fundament diente. Einsichten, die sich in den letzten Jahren aus neurobiologischen[3] Untersuchungen von Psychopathen ergeben sollten, konnten diesem anthropologischen[4] Spuk ein Ende bereiten.

Zwei Varianten pathologischen antisozialen Verhaltens: „heiße“ und „kalte“ Aggression

Menschen, die an einer „antisozialen **Persönlichkeitsstörung**“ oder „Psychopathie“ leiden, begegnen uns in **zwei Varianten**, die sich nicht nur psychologisch, sondern auch neurobiologisch markant unterscheiden. Impulsive Persönlichkeiten mit sehr niederer Reizschwelle und einer Unfähigkeit, die nach einer Provokation in ihnen auftretende Aggression zu mäßigen („Variante 1“), zeigen spontan auftretende Ausbrüche von eruptiver, „heißer“ Aggression. Nach diesem Muster begangene impulsive Straftaten sind – obwohl ihre Taten **in-adäquat** und nicht zu rechtfertigen sind – Ausdruck reaktiver[5] Gewalt. Bei „Variante 2“ handelt es sich um „kalte“, berechnende Persönlichkeiten ohne erkennbare Gefühlsregungen. Sie scheinen so gut wie keine Angst zu empfinden. Einfühlung, **Empathie**[6], Schuldgefühle und Reue sind ihnen fremd. Viele besitzen jedoch schauspielerische Qualitäten und sind in der Lage, Gefühlsregungen dieser Art vorzuspielen (worauf psychiatrische Gutachter immer wieder einmal hereinfallen). Nach diesem Muster begangene Straftaten sind nicht Ausdruck „heißer“, spontaner Aggression, sondern spiegeln wider, was von Fachleuten als **„instrumentelle“** oder **„proaktive“** Gewalt bezeichnet wird. Gewalt ist für Menschen vom Typ „Variante 2“ ausschließlich Mittel zum Zweck. Während Menschen vom Typ „Variante 1“ also „impulsive **Antisozialität**“ („impulsive antisociality“) zeigen, zeichnet sich „Variante 2“ durch **„angstfreie** Dominanz“ („fearless dominance“) aus.

Sowohl impulsiv-antisoziale als auch gefühllos-berechnende Persönlichkeiten begegnen uns keineswegs nur als **Straftäter** hinter Gittern, sie leben mitten unter uns, auch wenn sie nur eine kleine Minderheit darstellen. Leicht reizbare, impulsive Menschen („Variante 1“) schießen in ihren zornigen Reaktionen immer wieder über das Ziel hinaus. Aufgrund ihres schwachen Selbstbewusstseins, das sie leichter kränkbar und ängstlicher macht, fühlen sie sich durch kleinste Anlässe infrage gestellt und provoziert. Mit übersteigert aggressiven Reaktionen und gelegentlichen Ausbrüchen überkompensieren sie ihre Angst, nicht ernst genommen oder nicht respektiert zu werden. Medizinisch gesehen handelt es sich meistens um Persönlichkeiten mit einer bereits erwähnten narzisstischen Störung oder einer sogenannten **Borderline-Störung**.

Auch gefühllos-berechnende Persönlichkeiten („Variante 2“) können uns gelegentlich im ganz normalen Alltag begegnen. Manche von ihnen sind „erfolgreiche Psychopathen“, denen es gelungen ist, mit ihrer emotionalen Störung nicht aufzufallen. Rücksichtslosigkeit und ein durch oberflächlichen Charme maskiertes **manipulatives** Potenzial lässt diese Menschen nicht selten sogar in **Führungspositionen** landen. Nach außen verstehen sie es, in Be-

---

1 verborgen, geheim
2 nur dem Anschein nach wissenschaftlich
3 Forschungsrichtung, die sich mit dem Nervensystem beschäftigt
4 Wissenschaft vom Menschen und seiner Entwicklung
5 als Reaktion auf einen Reiz
6 Einfühlungsvermögen

trieben und Institutionen, in Wirtschaft, Medien und Gesellschaft einen guten Eindruck zu machen, während ihr destruktiver **Führungsstil** innerhalb der von ihnen geführten Einrichtungen oft großen Schaden anrichtet. Manchmal allerdings unterlaufen auch „erfolgreichen Psychopathen" Fehler, durch die ihr antisoziales Verhalten plötzlich ans Licht gerät. Weder „heiße" noch „kalte" Psychopathen spiegeln die „wahre" Natur des Menschen wider. Sie repräsentieren auch keineswegs das, was die Vertreter unserer Spezies in der Steinzeit einmal waren – entgegen so manchem, was dazu, auch in Lehrbüchern, verkündet wurde. [...]

Kein Mensch wird als Psychopath geboren

Warum wird ein Mensch zum Psychopathen? Psychopathen zeigen – wie dargestellt – eindeutige neurobiologische Veränderungen. Dies bedeutet jedoch keineswegs, dass die Betroffenen damit zur Welt kamen. Auch biologische Merkmale, insbesondere solche des Gehirns, sind keine Konstanten, sondern verändern sich unter dem Einfluss der Interaktionen, die sich zwischen Organismus und Umwelt ereignen. Was wir erleben und wie wir leben, wird vom Organismus wahrgenommen, in biologische Signale übersetzt und hat fortwährend Einfluss auf die Aktivität zahlreicher Gene. Was Menschen erleben, kann die Feinstrukturen des Gehirns zum Guten wie zum Schlechten verändern. Zahlreiche Studien weisen darauf hin, dass Psychopathen in der Regel massive **traumatisierende** biografische Erfahrungen hinter sich haben, die sie meist bereits in jungen Jahren durchlebten. Dies zu betonen ist in keiner Weise ein Plädoyer dafür, sich gegenüber Psychopathen, die Gewalttaten begangen haben, nachsichtig zu verhalten. Jede Gesellschaft hat ein Recht darauf, vor gewalttätigen Psychopathen geschützt zu sein. [...]
Zusammenfassend spricht vieles dafür, dass die Entwicklung eines Menschen zum Psychopathen ein zweiphasiger Prozess ist:

PHASE 1: *Mittelschwere Traumatisierungen* (z.B. häufige körperliche Züchtigungen, lang währende schwere Demütigungen) erzeugen eine Störung mit „heißer" Aggression (junge Frauen zeigen anstatt einer nach außen gerichteten „heißen" Aggression häufig **Depressivität** oder eine impulsive Tendenz zur **Selbstverletzung**). Neurobiologisch zeigen diese Betroffenen eine **Sensibilisierung (Empfindlichkeitserhöhung)** der **Angstzentren** (Mandelkerne). Psychisch fallen sie durch krankhaft erhöhte Reizbarkeit und manchmal zusätzlich durch begleitende Symptome einer posttraumatischen **Belastungsstörung** auf.

PHASE 2: *Schwerste Traumatisierungen* (z.B. schwere emotionale Vernachlässigung, extreme körperliche **Gewalterfahrungen**, evtl. verbunden mit sexuellem Missbrauch, selbst erlebte oder miterlebte schwere Grausamkeiten) haben das Potenzial, eine Psychopathie mit einer Neigung zu „kalter", **„instrumenteller"** bzw. **„proaktiver"** Aggression zu erzeugen. Neurobiologisch zeigen die Betroffenen eine **Desensibilisierung (Empfindlichkeitsverminderung)** der Angstzentren (Mandelkerne) und eine Schädigung im Bereich des Präfrontalen **Cortex**. Psychisch fallen sie durch emotionale Kälte und berechnendes Verhalten auf.

Ein solcher **zweiphasiger** Prozess stünde in Übereinstimmung mit den Grundregeln neuronaler Plastizität: Starke Reize verstärken zunächst die Funktion derjenigen neurobiologischen Strukturen, auf die sie einwirken. Extrem starke und/oder extrem lang anhaltende Reize können zu **Neurodegeneration**[1] führen.

Joachim Bauer: Schmerzgrenze. Vom Ursprung alltäglicher und globaler Gewalt
© 2011 Karl Blessing Verlag, München, in der Verlagsgruppe Random House GmbH

1 Rückbildung, Verfall des Nervensystems

- *Erläutern Sie, wie J. Bauer „antisoziale Persönlichkeiten" definiert und wie sich diese Definitionen von bisherigen Erklärungen unterscheiden.*
- *Bauer spricht von zwei verschiedenen Varianten von Menschen mit einer antisozialen Persönlichkeitsstörung. Arbeiten Sie die Merkmale beider Varianten heraus.*
- *Überlegen Sie, ob man Sofie einer dieser Varianten zuordnen kann, und begründen Sie Ihre Meinung.*

Interview mit Sofie

Verfassen Sie ein Interview mit Sofie, in dem ihr Innenleben deutlich wird. Konzentrieren Sie sich darauf, eine möglichst authentische Sichtweise Sofies darzustellen, d. h., die Antworten dürfen die Handlung des Romans nicht verändern, sondern sollen ihr Verhalten nachvollziehbarer machen.

- Wie heißt du? Wie alt bist du? Wo wohnst du? Mit wem wohnst du dort?
- Wo gehst du zur Schule?
- Wie siehst du dich selbst?
- Wie denkst du, dass andere dich sehen?
- Wovor hast du Angst?
- Welches Gefühl herrscht in letzter Zeit bei dir vor?
- Wer ist auf die Idee gekommen, den Berg aus Bedeutung zu bauen?
- Welche Ziele wolltet ihr damit erreichen?
- Habt ihr diese Ziele erreicht?
- Wodurch hat der Berg für deine Mitschüler Bedeutung erlangt? Wodurch für dich?
- Was denkst du über das große Interesse der Medien?
- Warst du enttäuscht, als das Interesse verschwand?
- Warst du dafür, den Berg zu verkaufen, oder dagegen? Wie hast du deine Meinung begründet?
- Wie denkst du darüber, dass du Jan-Johans Finger abgetrennt hast?
- Wie sehr haben dich Pierre Anthons Aussagen beeinflusst?

Der Roman als Parabel

Die Parabel
Die Parabel ist eine literarische Gattung, die bereits seit der Antike existiert. Ähnlich dem Gleichnis steht sie in der Tradition des veranschaulichenden Erzählens. Das in der Parabel dargestellte Geschehen wird **Bildteil** genannt. Diese metaphorische Ebene muss der Leser mit einer Deutungsebene, dem **Sachteil**, verknüpfen. Diese Übertragung der konkret dargestellten Ereignisse in einen anderen thematischen Bereich muss dabei auf Ähnlichkeiten und Vergleichspunkten beruhen.
Parabeln enthalten oft allgemeine Erkenntnisse und haben einen lehrhaften Charakter.
Typische Vertreter sind Franz Kafka („Vor dem Gesetz", „Auf der Galerie"), Bertolt Brecht („Geschichten von Herrn Keuner") oder Thomas Bernhard („Der junge Mann").

- *Erläutern Sie, welche Funktion der Bildteil und der Sachteil in einer Parabel erfüllen und in welchem Verhältnis sie zueinander stehen.*
- *Vervollständigen Sie die Parabel zur Entstehung von Gewalt.*
- *Zeichnen Sie eine eigene Parabel zu einer weiteren Deutungsmöglichkeit.*

Entstehung von Gewalt

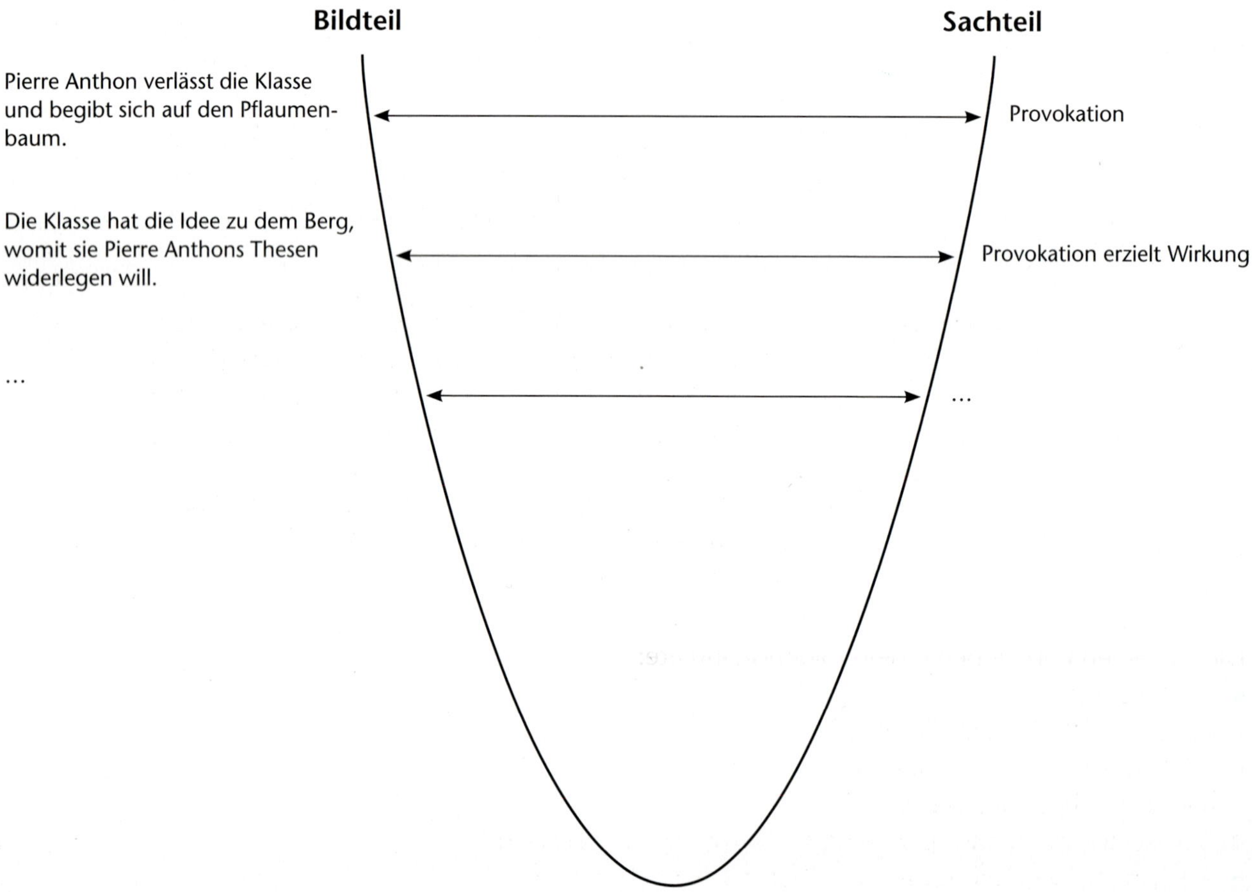

Baustein 4

Der philosophische Hintergrund

Ziel des vierten Bausteines ist es, die Charaktere und deren Handlungen unter philosophischen Gesichtspunkten zu betrachten. Dazu bietet sich eine fächerverbindende Vorgehensweise an – beispielsweise mit den Fächern Philosophie oder Ethik. Die Bearbeitung kann natürlich auch nur im Rahmen des regulären Deutschunterrichts stattfinden. Sollte dieser Baustein fächerverbindend unterrichtet werden, ist darauf zu achten, dass dieser auf die Bausteine 2 und 3 aufbaut.
Die Vorgehensweise dieses Bausteins orientiert sich an der Idee des kontextualisierten Lernens. Ähnlich dem psychologischen Gutachten in Punkt 3.3 wird den Schülerinnen und Schülern ein Szenario vorgestellt, das sich auf Ereignisse in dem Roman bezieht. Auf eine schülerzentrierte, aufgabenorientierte Weise erarbeiten die Schülerinnen und Schüler daraufhin die Inhalte und wenden gleichzeitig eine Vielzahl unterschiedlicher Kompetenzen an. Dies wird ihnen mithilfe der Arbeitsblätter 20–29 ermöglicht.
Zunächst werden die Schülerinnen und Schüler mit der Aufgabenstellung vertraut gemacht:

- *Stellen Sie sich vor, Sie sind in dem amerikanischen Museum, das in dem Roman erwähnt wird, angestellt. Nachdem der Berg aus Bedeutung vernichtet wurde, findet trotzdem eine Ausstellung statt, in welcher eine Replik des Berges gezeigt wird. Ihre Aufgabe ist es, ein Begleitheft zu dieser Ausstellung zu entwerfen, das den Besuchern den philosophischen Hintergrund des Berges näherbringt.*
  Erarbeiten Sie das Heft zusammen in einer Gruppe. Als Hilfsmittel dienen verschiedene Arbeitsblätter, Sie können darüber hinaus aber auch eigene Rechercheergebnisse verwenden und natürlich auf Ihre Lehrerin oder Ihren Lehrer zurückgreifen.

Die Aufgabenblätter enthalten sowohl Originaltexte von Philosophen als auch Sekundärtexte, die oft einen für Schüler angemesseneren Zugang bieten und Zusammenhänge deutlicher darstellen. Zur Vertiefung finden sich im Zusatzmaterial (**Zusatzmaterial 1**, S. 143/ **Zusatzmaterial 2**, S. 144) weitere Texte. Die einzelnen Aufgabenstellungen ermöglichen es den Schülerinnen und Schülern, Inhalte selbstständig zu erarbeiten, und jedes Arbeitsblatt enthält abschließend auch eine kreative Aufgabe, mit der jeweils eine Seite des Begleitheftes gestaltet werden kann. Sollten Schülerinnen und Schüler darüber hinaus eigene Ideen entwickeln, können diese natürlich ebenfalls mit eingebracht werden.

Die einzelnen Punkte behandeln folgende Inhalte:
- 4.1 Erkenntnis
- 4.2 Das Buch Kohelet (Prediger)
- 4.3 Kierkegaard – Verzweiflung
- 4.4 Nietzsche – Nihilismus
- 4.5 Der Begriff Angst bei Heidegger, Kierkegaard und Sartre
- 4.6 Sartre – Der Philosoph als Aufklärer

Die Punkte 4.1 bis 4.4 bauen nicht aufeinander auf und können dadurch parallel erarbeitet werden.
Dies ist bei den den letzten beiden Punkten 4.5 und 4.6 jedoch nicht der Fall, da hier Kenntnisse aus den vorhergehenden Erarbeitungsphasen vorhanden sein sollten. Deshalb ist es sinnvoll, die Gruppenarbeit in zwei Phasen aufzuteilen. Zunächst werden die Punkte 4.1 bis 4.4 an verschiedene Schülerinnen und Schüler in jeder Gruppe verteilt und gleichzeitig bearbeitet. Ist diese Phase abgeschlossen, befasst sich die ganze Gruppe mit den letzten beiden.
Ähnlich wie in 3.3 ist es auch hier möglich, die Materialien sukzessive im Unterricht zu bearbeiten. Dabei bietet es sich jedoch an, die Arbeitsaufträge auf den Arbeitsblättern 21 – 29, die sich auf die Erstellung des Museums-Begleitheftes beziehen, abzuändern oder zu streichen.
Entscheidet sich die Lehrperson für die schülerzentrierte Variante des kontextualisierten Lernens, wird den Schülerinnen und Schülern zunächst das Szenario vorgestellt. Anschließend sollte wie folgt vorgegangen werden: Einteilung der Schüler in Gruppen, Verteilen der Aufgaben, Festlegung eines klaren Zeitrahmens, Erarbeitungsphase und abschließend Präsentation der Ergebnisse.
Zur Präsentation der Begleithefte bietet es sich an, dass diese im Klassenraum ausgelegt werden und die Schülerinnen und Schüler sich in die Rolle von Experten versetzen, deren Aufgabe es ist, das beste Heft für das Museum auszuwählen.
Dazu ist es wichtig, zunächst gemeinsam Kriterien zu überlegen, auf Grundlage derer die Bewertung stattfindet und die Entscheidung getroffen wird. Diese Kriterien sollten sowohl inhaltliche als auch gestalterische Gesichtspunkte miteinbeziehen.

4.1 Erkenntnis

Pierre Anthon provoziert in Janne Tellers Roman seine Mitschüler. Dies gelingt ihm vor allem dadurch, dass er ihnen einfache Tatsachen nennt und Fragen stellt. Da es sich dabei um sehr grundlegende Fragen zur menschlichen Existenz handelt, bietet es sich im Rahmen der Analyse des philosophischen Hintergrundes an, die Frage zu stellen, ob Pierre Anthon in Tellers Roman als Philosoph gesehen werden kann.
Zunächst fallen natürlich seine Kommentare zum Sinn bzw. zur Sinnlosigkeit des Lebens auf. Betrachtet man jedoch seine Vorgehensweise, dann lassen sich im Grunde sogar Parallelen zu Sokrates finden. Beide wenden die Methode an, Gespräche zu führen, beide haben die Absicht, Menschen zu einer Einsicht zu verhelfen, und bleiben sich bis zum Schluss treu, und beide provozieren ihr Umfeld und finden dadurch schlussendlich ihren Tod. So hilft ein Vergleich, die Frage zu diskutieren, ob Pierre Anthon als Philosoph bezeichnet werden kann oder nicht.
Dazu können die Schülerinnen und Schüler entweder eigenständig zu Sokrates recherchieren oder auf **Arbeitsblatt 20**, S. 99 f., zurückgreifen. Darin findet sich ein leicht zugänglicher Text über Sokrates' Leben und Wirken aus dem Roman „Sofies Welt".

- *Informieren Sie sich über den Philosophen Sokrates. Vergleichen Sie seine philosophische Tätigkeit mit Pierre Anthons Verhalten und überlegen Sie, ob man Pierre Anthon auch als Philosophen bezeichnen kann.*

Eine Auflistung der Gemeinsamkeiten beider Figuren kann folgendermaßen aussehen:

Gemeinsamkeiten zwischen Sokrates und Pierre Anthon

- Sowohl Sokrates als auch Pierre Anthon werden von ihrem jeweiligen Umfeld als rätselhaft betrachtet.
- Beide haben das Ziel, ihren Mitmenschen neue Einsichten zu vermitteln.
- Sie wollen dies erreichen, indem sie sie zum Nachdenken bringen.
- Beide versuchen, ihre Mitmenschen durch Gespräche zu erreichen, nicht durch Texte o. ä.
- Irritation und Provokation als Mittel
- Beide finden aufgrund ihres Verhaltens den Tod.

➡ Auch wenn Pierre Anthon provokativer als Sokrates vorgeht und oft nur Parolen benutzt, kann man bei ihm auch von einer philosophischen Tätigkeit sprechen.

In Punkt 2.3 wurde bereits gezeigt, dass Pierre Anthon beabsichtigt, die Klasse zum Nachdenken und zu einer kritischeren Wahrnehmung ihrer Umwelt zu bewegen. Mit anderen Worten ausgedrückt will er der Klasse Erkenntnis vermitteln. In einem philosophischen Kontext ist Erkenntnis ein grundlegender Begriff. Die Erkenntnistheorie befasst sich mit Fragen zum Zustandekommen von Wissen und dem dabei wichtigen Verhältnis zwischen einem Objekt und dessen subjektiver Wahrnehmung.
Eine detaillierte Behandlung erkenntnistheoretischer Inhalte würde an dieser Stelle sicherlich zu viel Zeit in Anspruch nehmen und den Bezug zu Janne Tellers Roman gezwungenermaßen vernachlässigen. Allerdings bietet es sich durchaus an, dass sich die Schülerinnen und Schüler Gedanken über das Wesen der Philosophie machen. Darüber, dass sie aus der Eigenschaft des Menschen entstanden ist, Fragen zu seiner eigenen Existenz und der der Welt zu stellen.
Der deutsche Philosoph Karl Jaspers formuliert den Ursprung philosophischer Überlegung als logischen Prozess: „Aus dem *Staunen* folgt die Frage und die Erkenntnis, aus dem *Zweifel* am Erkannten die kritische Prüfung und die klare Gewissheit, aus der *Erschütterung des Menschen* und dem Bewusstsein seiner Verlorenheit die Frage nach sich selbst."[1]
Auf **Arbeitsblatt 21**, S. 101, finden die Schülerinnen und Schüler einen längeren Auszug aus Jaspers' Text. Zunächst erklären sie, wie Jaspers die Begriffe Anfang und Ursprung unterscheidet.

■ *Formulieren Sie den Unterschied zwischen Anfang und Ursprung der Philosophie.*

Anfang bezieht sich dabei auf den historischen Prozess, bei dem Erkenntnisse aufeinander aufbauen. Als Ursprung der Philosophie bezeichnet Jaspers den Antrieb des Menschen, Antworten auf seine Fragen zu finden. Er bezeichnet also eine persönliche Voraussetzung, die der Einzelne zum Philosophieren benötigt.
Jaspers stellt diesen Ursprung als Kausalkette dar, die sich leicht als Flussdiagramm veranschaulichen lässt.

1 Jaspers, Karl: Anfang und Ursprung der Philosophie. In: Nink Hermann (Hrsg.): Standpunkte der Ethik. Paderborn: Schöningh Verlag. 2005. S. 8.

- *Stellen Sie Karl Jaspers' Überlegung zum Ursprung der Philosophie als Flussdiagramm dar.*

Das Ergebnis kann folgendermaßen aussehen:

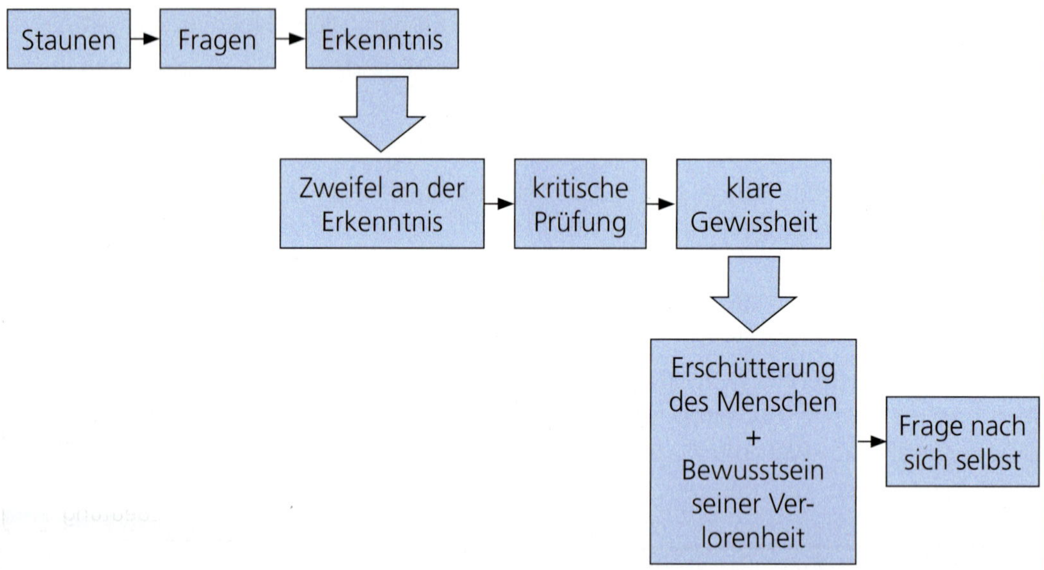

Jaspers: Der Ursprung der Philosophie

Diese Logik lässt sich auf den Prozess anwenden, den die Schulklasse in dem Roman „Nichts" durchläuft. Ausgelöst wird er durch Pierre Anthons Fragen nach der Bedeutung des Lebens und seiner Erkenntnis, dass es keine besitzt. Dies wird von seinen Mitschülern angezweifelt, und der Berg aus Bedeutung kann als kritische Prüfung dieser Erkenntnis betrachtet werden. Das Scheitern dieses Unterfangens, das unter anderem durch den Verkauf des Berges verursacht wird, bringt die Schüler dazu einzusehen, dass sie Pierre Anthons Thesen nicht widerlegen können, und führt letztendlich zu einem neuen Bewusstsein. Dies zeigt sich am Ende des Romans, als die Schüler die Asche des Berges einsammeln. Agnes' Aussage: „Und es war wichtig für uns, sie gut festzuhalten, denn wenn Pierre Anthon auch nicht mehr auf dem Pflaumenbaum […] saß […], war uns trotzdem so, als hörten wir ihn jedes Mal, wenn wir vorbeikamen" (S. 139) veranschaulicht dies. Hier wird ersichtlich, dass sich die Schüler an das Geschehene erinnern wollen, statt Pierre Anthon widerlegen zu wollen, dass sie jetzt seine Aussagen akzeptieren und sich damit auseinandersetzen. Lediglich zu Jaspers letztem Punkt, der Frage nach sich selbst, finden sich am Ende des Romans wenig Anhaltspunkte. Als Flussdiagramm lässt sich dieser Prozess wiederum auf ähnliche Weise wie zuvor darstellen.

- *Vergleichen Sie Jaspers' Überlegungen mit der Entwicklung, die die Schulklasse im Roman „Nichts" durchläuft – angefangen von Pierre Anthons Verlassen der Klasse bis zum Einsammeln der Asche am Ende des Romans –, und stellen Sie dies ebenfalls in einem ähnlichen Flussdiagramm dar. Gestalten Sie damit die erste Seite des Begleitheftes.*

Das Verhalten der Schulklasse in „Nichts" nach Jaspers

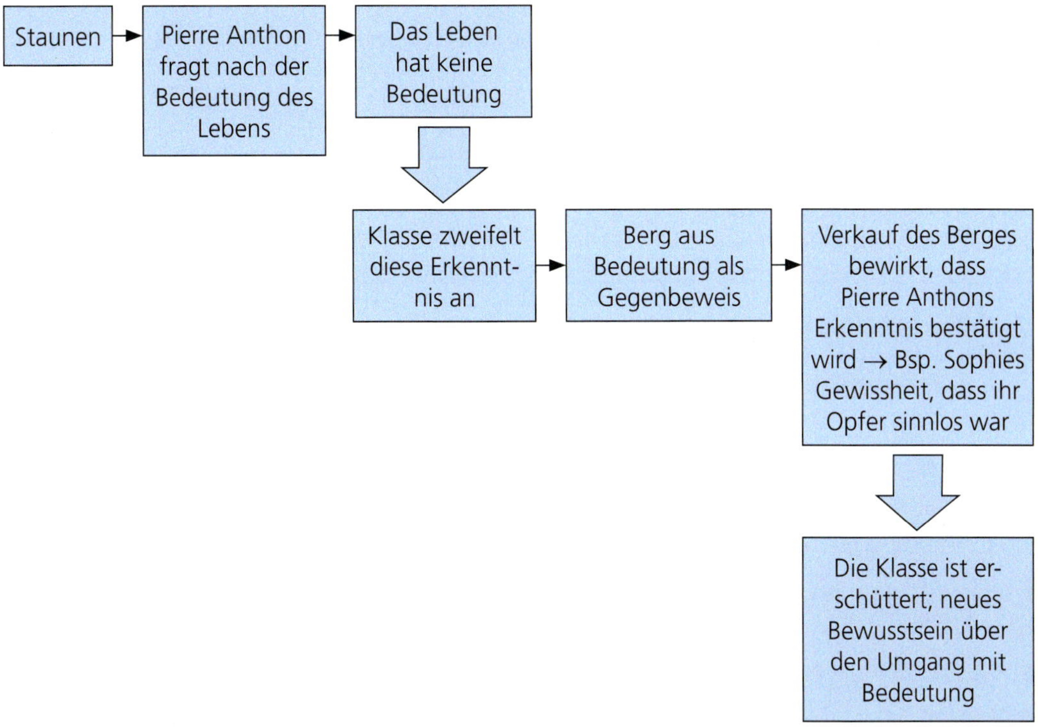

Im Folgenden soll der Prozess philosophischer Erkenntnisgewinnung vertieft werden. Von großer Wichtigkeit ist dabei die Problematik, dass die Wahrnehmung des Menschen begrenzt ist, Philosophie sich jedoch mit Erkenntnissen jenseits dieser Wahrnehmung beschäftigen will, d. h., dass durch die eigene eingeschränkte Perspektive Sinneseindrücke zu falschen logischen Schlussfolgerungen führen können.
Der britische Autor Douglas Adams stellt in seinem Roman „Per Anhalter durch die Galaxis"[1] eine Situation dar, die durch ihre Skurrilität für Schülerinnen und Schüler sicherlich ansprechend ist, gleichzeitig aber anschaulich darstellt, wie man anhand von Sinneseindrücken Erkenntnisse über seine Umwelt und sich selbst erlangen kann und welchen Grenzen diese Methode unterworfen ist.
In dieser Textstelle, welche die Schülerinnen und Schüler auf **Arbeitsblatt 22**, S. 102, finden, wird das kurze Leben eines Wales beschrieben. Seine Existenz beginnt „ein paar Meilen" über einem Planeten, besteht lediglich aus dem Sturz bis zur Oberfläche und endet mit dem Aufprall.
Während dieser Zeit stellt sich das Tier in einem inneren Monolog Fragen zu seiner Identität, Existenz und Umwelt. Seine logischen Schlussfolgerungen basieren auf Sinneseindrücken, und dabei reagiert der Wal auf jede neue Erkenntnis mit Begeisterung. Seine kurze Lebensdauer sowie sein fehlendes Vorwissen und die limitierten Möglichkeiten, seine Situation zu untersuchen, lassen ihn jedoch nicht erkennen, dass er im Begriff ist, in seinen Tod zu stürzen. Dies unterscheidet den Text von Tellers Roman. Während Pierre Anthon die Bedeutungslosigkeit des Lebens mit der Endlichkeit des Menschen begründet, fehlt dieser Aspekt hier.
Die Schülerinnen und Schüler untersuchen diesen inneren Monolog anhand folgender Fragestellungen.

[1] Adams, Douglas: Per Anhalter durch die Galaxis. München: Heyne Verlag. 1981.

- *Beschreiben Sie, welche Möglichkeiten der Wal zum Erlangen von Erkenntnissen hat und wie er auf die neuen Erkenntnisse reagiert.*
- *Analysieren Sie die Fragen, die sich der Wal stellt.*
- *Erörtern Sie, welche Rolle es spielt, dass sich der Wal seines nahen Todes nicht bewusst ist.*

Wenn dieser Baustein nicht mittels des Szenarios behandelt wird, können die Ergebnisse in einem Tafelbild festgehalten werden:

Wahrnehmung und Erkenntnis

Erkenntnis durch Sinneseindrücke und logische Schlussfolgerungen

⇩

löst Begeisterung aus und führt zu neuen Fragen

⇩

Fragen zur eigenen Existenz:
- Was passiert denn hier?
- Warum bin ich hier?
- Was ist der Sinn meines Lebens?

Fragen zur eigenen Identität:
- Wer bin ich?
- Was ist das denn für ein Ding?

Fragen zur Umwelt:
- Was ist das für ein Pfeifen und Brausen?
- Was ist denn das, was da plötzlich so schnell auf mich zukommt?

➡ Erkenntnisgewinn ist auf diese Art und Weise möglich, jedoch begrenzt.
➡ Durch die limitierten Möglichkeiten erkennt der Wal seinen nahenden Tod nicht; er ist sich dadurch seiner Endlichkeit nicht bewusst.

Im Anschluss benutzen die Schülerinnen und Schüler die erarbeiteten Ergebnisse, indem sie eine eigene Version des Romanauszuges schreiben.

- *Verfassen Sie eine eigene Version der Textstelle mit einem Gegenstand oder Lebewesen Ihrer Wahl. Ziel Ihres Monologs sollte es dabei sein, auf ähnliche Weise darzustellen, wie man aufgrund von Sinneseindrücken zu Erkenntnissen über sich und seine Umwelt gelangt. Dieser Text kann auf der nächsten Seite in Ihrem Begleitheft abgedruckt werden.*

Anhand eines zweiten Textes soll nun untersucht werden, wie es zu Fehldeutungen, basierend auf Sinneseindrücken, kommen kann und welche Reaktionen dies verursachen kann.
In Platons Hauptwerk „Politea“ befindet sich das berühmte Höhlengleichnis. Seine Entstehung wird auf das Jahr 370 vor Christus geschätzt. Eine kurze Inhaltsangabe findet sich weiter unten im Text. Mit dem Gleichnis will Platon veranschaulichen, dass eine Trennung des Geistes von der sinnlichen Wahrnehmung notwendig ist, um die wahre Natur der Dinge erkennen zu können. Für Platon symbolisiert der Aufstieg eines Gefangenen ans Tageslicht die Erkenntnis.
Auf den Roman „Nichts“ übertragen, entspricht dieser Gefangene der Figur von Pierre Anthon und die Schulklasse den anderen in der Höhle verbliebenen Gefangenen. In beiden Fällen wird demjenigen, der seine Perspektive verändert (Platon: Verlassen der Höhle, Auf-

stieg ans Tageslicht; Teller: Verlassen der Schule, Leben auf dem Pflaumenbaum), nicht geglaubt, da die neuen Erkenntnisse das alte Weltbild erschüttern, was zu einer weiteren Parallele führt, der Tötung Pierre Anthons bzw. des Gefangenen.
In einem ersten Schritt setzen sich die Schülerinnen und Schüler mit der Handlung und der Aussage von Platons Gleichnis auseinander. Auf **Arbeitsblatt 23**, S. 103f., finden die Schüler eine deutsche Übersetzung des Textes.

- *Lesen Sie Platons Höhlengleichnis. Notieren Sie die wichtigsten Handlungsschritte und geben Sie das Gleichnis möglichst kurz in eigenen Worten wieder.*
- *Formulieren Sie Kernaussagen des Textes.*

Folgende Punkte sollten dabei erwähnt werden:
- Einige Menschen leben seit ihrer Kindheit in einer unterirdischen Höhle.
- Sie sind so gefesselt, dass sie weder ihre Körper noch ihre Köpfe bewegen können.
- Dadurch können sie nur auf eine Höhlenwand blicken, die sich ihnen gegenüber befindet.
- Hinter ihnen brennt ein Feuer, das Licht auf die Wand wirft.
- Von Gegenständen, die zwischen ihnen und dem Feuer vorbeigetragen werden, werden Schatten auf die Wand geworfen.
- Die Menschen können lediglich ihre eigenen Schatten, die ihrer Mitgefangenen und die der Gegenstände sehen.
- Die Stimmen derjenigen, die die Gegenstände tragen, werden von der Wand so reflektiert, dass es so klingt, als ob sie von den Schatten selbst stammen würden.
- Die Gefangenen halten die Schatten für die einzig reale Welt, da sie nicht wissen, was außerhalb ihrer Wahrnehmung passiert.
- Würde man einen dieser Menschen befreien, würde er nach einiger Zeit zwar erkennen, welchem Irrtum er ausgesetzt war, es wäre ihm aber nicht möglich, die anderen darüber aufzuklären.
- Das wird dadurch begründet, dass es außerhalb ihrer Vorstellung liegt.
- Sie würden ihm nicht glauben, ihn verspotten und von da an jeden, der sie erlösen will, umbringen.

Ist sichergestellt, dass die Schülerinnen und Schüler Inhalt und Aussage des Textes richtig verstanden haben, vergleichen sie in einem nächsten Schritt Platons Gleichnis mit dem Roman „Nichts".

- *Überlegen Sie, wie man das Gleichnis auf den Roman „Nichts" übertragen kann. Wer würde der Schulklasse entsprechen, wer Pierre Anthon?*
- *Überlegen Sie dabei auch, wo es es Unterschiede gibt. Gestalten Sie eine entsprechende Gegenüberstellung.*

Die Gegenüberstellung kann auf folgende Weise geschehen:

Vergleich des Romans „Nichts“ mit dem Höhlengleichnis

Nichts	Höhlengleichnis
• Tæring	• unterirdische Höhle
• Schulklasse	• Gefangene
• Pierre Anthon	• Gefangener, der ans Tageslicht geführt wird
• Verlassen der Schule, Leben auf dem Pflaumenbaum	• Verlassen der Höhle, Aufstieg ans Tageslicht
• Pierre Anthon erschüttert das Weltbild der Schulklasse	• bei der Rückkehr des Gefangenen in die Höhle würde er das Weltbild seiner Mitgefangenen erschüttern
• diese akzeptiert Pierre Anthons Aussagen nicht, möchte sie widerlegen und dies führt letztendlich zu seinem Tod	• sie würden ihm nicht glauben, ihn verspotten und ihn schlussendlich umbringen
➡ Bei Platons Höhlengleichnis wird die Trennung des Geistes von der sinnlichen Wahrnehmung stärker betont, in beiden Texten führt eine Veränderung der Perspektive jedoch zu neuen Erkenntnissen und zu der Einsicht, dass bisherige Vorstellungen falsch waren.	

Abschließend werden die Ergebnisse dieser Erarbeitungsphase grafisch umgesetzt. Dabei soll eine Szene des Gleichnisses entweder als Zeichnung, Schaubild, Foto, o.ä. dargestellt werden, jedoch mit Charakteren aus „Nichts“. Das Ziel der grafischen Umsetzung ist also, das Höhlengleichnis zu benutzen, um die Beziehung zwischen Pierre Anthon und seiner ehemaligen Schulklasse symbolisch abzubilden.
Das Ergebnis ergibt eine weitere Seite des Museums-Begleitheftes.

- *Stellen Sie für das Museums-Begleitheft eine Szene des Gleichnisses mit den Charakteren aus dem Roman „Nichts“ grafisch dar (Zeichnung, Schaubild, Foto etc.). Achten Sie dabei darauf, die Figuren möglichst ausdrucksstark abzubilden.*

4.2 Bibel: Das Buch Kohelet (Prediger)

In dem Buch Kohelet (Prediger), einem Text aus dem Alten Testament, werden Fragen erörtert, mit denen sich auch viele existenzphilosophische Texte befassen.
So finden sich in dem Bibeltext praktische Lebensratschläge und Warnungen vor einer falschen Lebensweise. Betont wird dabei die Vergänglichkeit des Lebens, was bei dem Erzähler zu einem Gefühl der Sinnlosigkeit und Verzweiflung führt. Das Leben zu genießen, Reichtum und das Erlangen von Wissen werden als Beispiele angeführt, die alle im Hinblick auf den Tod sinnlos erscheinen. Die Art der Argumentation ähnelt dabei sehr stark der von Pierre Anthon in Janne Tellers Roman. Mit **Arbeitsblatt 24**, S. 105f., erarbeiten die Schülerinnen und Schüler diese Parallelen, indem sie zunächst Zitate aus dem Bibeltext Zitaten aus dem Roman „Nichts“ zuordnen.

- *Ordnen Sie den Begriffen **Vergänglichkeit, Verzweiflung, Sinnlosigkeit** jeweils ein Zitat aus dem Bibeltext zu und stellen Sie diesem Zitat ein Zitat aus dem Roman „Nichts“ gegenüber.*

Das Ergebnis kann folgendermaßen aussehen:

	Buch Prediger	Nichts
Vergänglichkeit	Und ich sagte mir: Auch das ist vergeblich. Der Gebildete muss doch genauso sterben wie der Ungebildete. Und man erinnert sich an den einen nicht länger als an den anderen. Wie bald sind beide vergessen!	„Alles ist egal […]. Denn alles fängt nur an, um aufzuhören. In demselben Moment, in dem ihr geboren werdet, fangt ihr an zu sterben. Und so ist es mit allem. Die Erde ist vier Milliarden sechshundert Millionen Jahre alt, aber ihr werdet höchstens hundert!" (Pierre Anthon, S. 11)
Sinnlosigkeit	Ich entschloss mich, das Leben zu genießen und glücklich zu sein. Aber ich merkte: Auch das ist sinnlos. Das Lachen ist etwas für Narren, und die Freude – was bringt sie schon ein?	„Nichts bedeutet irgendetwas […] Das weiß ich schon lange. Deshalb lohnt es sich nicht, irgendetwas zu tun. Das habe ich gerade herausgefunden." (Pierre Anthon, S. 9)
Verzweiflung	Auch der ganze Ertrag meiner Mühe war mir verleidet. Ich muss ja doch alles einem anderen überlassen, der nach mir kommt. Wer weiß, ob der auch den Verstand hat, es sinnvoll zu gebrauchen. Trotzdem wird er über alles verfügen, was ich mir mit solcher Mühe durch mein großes Wissen erworben habe. Auch das ist sinnlos! Da begann ich zu verzweifeln, verzweifeln, weil ich mich für nichts und wieder nichts geplagt hatte. Aus: Die Bibel im heutigen Deutsch. Die Gute Nachricht des Alten und Neuen Testaments, © 1982 Deutsche Bibelgesellschaft, Stuttgart	„‚Man kann die Bedeutung nicht verkaufen!' Sofie hämmerte mit den Fäusten auf Oles Brust und Bauch […]" (S. 126) „‚Wenn der Berg nichts bedeutet, dann hat Pierre Anthon recht, und nichts bedeutet irgendetwas!', fuhr Sofie fort." (S. 127) Aus: Janne Teller, Nichts. Was im Leben wichtig ist. Aus dem Dänischen von Sigrid C. Engeler © 2010 Carl Hanser Verlag München.

Der Text aus dem Buch Kohelet bleibt jedoch nicht bei dieser negativen Sichtweise, sondern versucht, auch konstruktive Ratschläge zu geben. Dem Dilemma, dass der Mensch sich seiner eigenen Endlichkeit bewusst ist und an dieser Tatsache nichts ändern kann, wird der Ratschlag entgegengesetzt, sich mit seiner Situation abzufinden. Ein erfülltes Leben sei nur dann möglich, wenn man Gott verehre und nicht versuche, seine Lage zu verändern, denn diese sei von Gott bestimmt. Aus heutiger Sicht wirkt dieses Weltbild allerdings befremdlich, da es demokratischen Werten wie dem Gleichheitsgrundsatz oder der Chance auf sozialen Aufstieg widerspricht.
Um sich damit auseinanderzusetzen, erarbeiten die Schülerinnen und Schüler zunächst die Ratschläge, die sich in dem Bibeltext finden lassen, diskutieren diese dann und suchen Beispiele, die die Aussagen des Textes entweder belegen oder ihm widersprechen.
Abschließend sollten Gründe genannt werden, warum das Weltbild in dem Bibeltext mit heutigen Auffassungen schwer zu vereinbaren ist. Dabei sollte erwähnt werden, dass der Text zu einer Zeit entstanden ist, die nicht mit einer modernen demokratischen und aufgeklärten Gesellschaft vergleichbar ist. Einfache Menschen hatten viel weniger Rechte, es gab weniger Möglichkeiten, seine Situation zu verändern, und das Gottesbild im Alten Testament, mit einem Gott, der oft direkt in das Leben der Menschen eingreift, unterscheidet sich stark von dem im Neuen Testament. Ihre Ergebnisse stellen die Schülerinnen und Schüler als Collage, eine weitere Seite des Begleitheftes, dar.

- *Welche Möglichkeiten schlägt der Bibeltext vor, um mit der Vergänglichkeit und Sinnlosigkeit des Lebens umzugehen?*

- *Diskutieren Sie, ob Sie folgendem Zitat zustimmen:*
  „Der Mensch müht sich ständig ab, um sich satt essen zu können. Was hilft's, er wird doch immer wieder hungrig! Darin geht es dem Gebildeten nicht besser als dem Unwissenden. Und was nützt es einem Armen, wenn er Wissen hat? Das macht ihn auch nicht satter! Gib dich zufrieden mit dem, was du hast, und verlange nicht nach allen möglichen anderen Dingen; denn das ist sinnlos und Jagd nach Wind."

- *Finden Sie aktuelle Beispiele (bekannte Persönlichkeiten, heutige Wertvorstellungen etc.), die die Sichtweise des oben stehenden Zitates bestätigen oder widerlegen. Gestalten Sie nun eine Seite des Begleitheftes, indem Sie diese Beispiele als Collage darstellen. Verwenden Sie dabei auch passende Zitate aus dem Bibeltext.*

- *Überlegen Sie sich abschließend Gründe, warum in dem Text aus dem Alten Testament dieses Weltbild dargestellt wird. Ergänzen Sie gegebenenfalls Ihre Collage mit diesen Gründen.*

In die Collage können historische Persönlichkeiten aufgenommen werden, die sich erfolgreich gegen vorherrschende Lebensbedingungen gewehrt haben (Gandhi, Nelson Mandela, Martin Luther King etc.), aktuelle Vorstellungen, z. B. dass Bildung Aufstiegschancen ermöglicht oder Chancengleichheit ein Grundrecht ist, Schlagworte wie „vom Tellerwäscher zum Millionär", Filme, die sich mit diesem Thema beschäftigen (Das Streben nach Glück, American Beauty, Rocky etc.), aber auch Beispiele, die dem gegenüberstehen. So könnte man Probleme anführen, die durch den Fortschritt entstehen (Umweltprobleme, soziale Konflikte), oder Menschen, die im Privatleben gescheitert sind, obwohl sie philosophisch und intellektuell von Bedeutung waren (Nietzsche, Kafka etc.).

4.3 Kierkegaard – Verzweiflung

Der dänische Philosoph Sören Kierkegaard (1813–1855) gilt als Begründer der Existenzphilosophie. Seine Überlegungen zur menschlichen Existenz und zum „Selbst" des Menschen erweitern Hegels Dialektikbegriff. Dieser besagt, dass jede These schon eine Antithese in sich birgt und beide durch eine Synthese aufgehoben werden. Dabei wird das Verb „aufheben" doppeldeutig benutzt: Sowohl als „beenden" als auch als „bewahren". Während Hegel dies jedoch als eine Dialektik des Denkens oder des Geistes versteht, geht Kierkegaard darüber hinaus. Für ihn ist Dialektik eine Frage des Existierens. Diese muss unter christlichen Gesichtspunkten verstanden werden, z. B. wenn er von der Unendlichkeit oder dem Ewigen spricht.

So befindet sich der Mensch in einem Spannungsfeld zwischen der Unendlichkeit und Ewigkeit der Welt sowie der damit einhergehenden Freiheit auf der einen Seite und der Endlichkeit und den Notwendigkeiten des menschlichen Lebens auf der anderen Seite. Die Synthese dieser Gegensätze ist das menschliche Selbst. Jedoch nur unter der Voraussetzung, dass der Mensch sich bewusst mit der Synthese seines Seins auseinandersetzt. D. h., ist sich ein Mensch der Tatsache bewusst, zwischen diesen Gegensätzen zu stehen, dann erwirbt er sein „Selbst".

Tut er dies nicht, dann steht er in einem Missverhältnis zu seiner Synthese und verfehlt – bewusst oder unbewusst – sein Selbst. Den daraus resultierenden Zustand nennt Kierkegaard „Verzweiflung". Diese erläutert er in seinem 1849 erschienenen Werk „Die Krankheit zum Tode". Danach will ein Mensch, der sich in einem Stadium der Verzweiflung befindet, diesem entkommen. Dieses „verzweifelt nicht man selbst sein [zu] wollen" drückt sich in

dem Drang aus, etwas erreichen zu wollen, entweder durch Anerkennung oder durch den Erwerb materieller Güter. Jenes Streben ist jedoch zum Scheitern verurteilt. Wird das Ziel nicht erreicht, dann steigert dies die Verzweiflung sogar noch. Wird es erreicht, kehrt die Verzweiflung nach einiger Zeit zurück, da zwar kurzfristig etwas erreicht wurde, sich das Verhältnis zu dem Sein jedoch nicht geändert hat.
Um Kierkegaards Gedanken zu der Verzweiflung des Menschen nachvollziehen zu können, muss zunächst seine Idee der Existenz-Dialektik verstanden werden. Dazu analysieren die Schülerinnen und Schüler ein Originalzitat von Kierkegaard, zu finden auf **Arbeitsblatt 25**, S. 107, und strukturieren die zentralen Begriffe in einem Schaubild.

- *Tragen Sie die folgenden Begriffe aus Kierkegaards Text in das unten stehende Schaubild ein:* ***Unendlichkeit – Synthesis (oder Verhältnis) – Endlichkeit – Selbst – Zeitliches – Ewiges – Freiheit – Notwendigkeit.***

Das vollständige Schaubild lässt sich wie folgt darstellen:

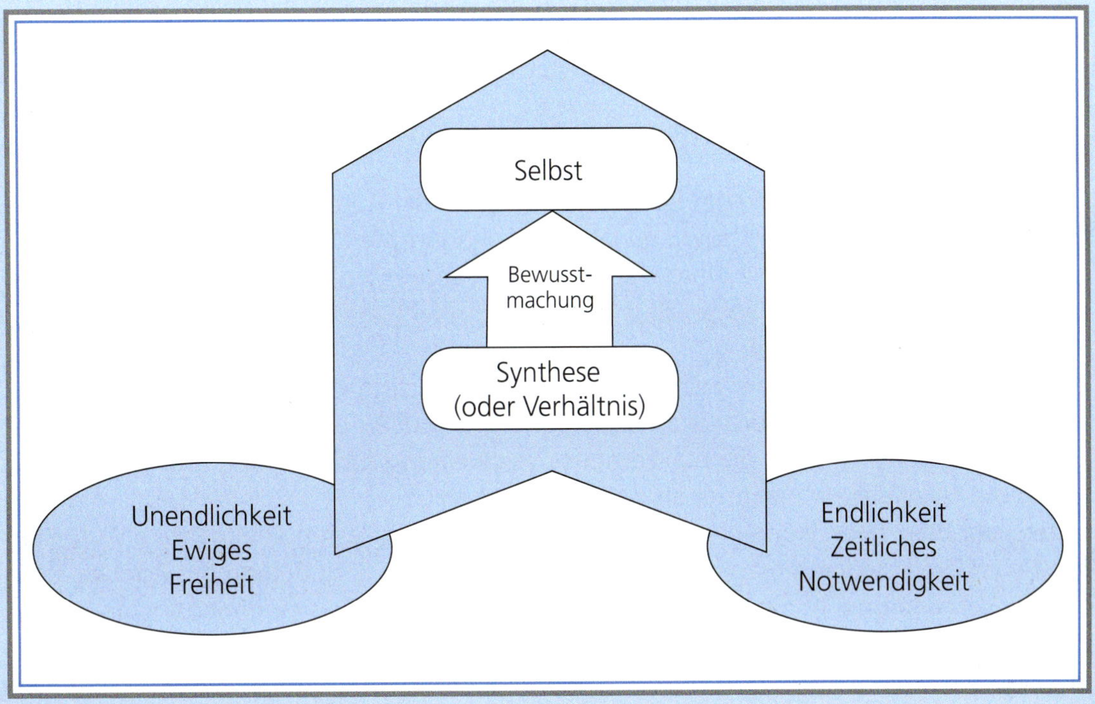

Zur Veranschaulichung dieses theoretischen Gedankenmodells bietet es sich dann an, Beispiele zu suchen, die die dargestellten Gegensätze veranschaulichen.

- *Finden Sie konkrete Beispiele, durch die die Gegensätze veranschaulicht werden.*

Möglichkeiten, die hier genannt werden können, sind:
- die Sterblichkeit des Menschen, wogegen die Idee des ewigen Lebens steht,
- die Freiheit eines selbstbestimmten Lebens (beispielsweise Berufswahl), das durch die Zwänge im Alltag durch Gesetze, das soziales Umfeld (beispielsweise der Zwang, Geld verdienen zu müssen) etc. beschränkt wird,
- die Unendlichkeit der Welt, die für uns durch die Grenzen, innerhalb derer wir uns nur bewegen können, unerreichbar bleibt.

Das Modell der Dialektik kann an dieser Stelle auf den Roman „Nichts" übertragen werden. So stellt Pierre Anthon zu Beginn des Romans mit seiner Äußerung, dass nichts irgendetwas bedeutet, eine These auf. Dazu formulieren die Schülerinnen und Schüler nun eine Antithese und die daraus folgende Synthese.

- *Pierre Anthon stellt die These auf: „Nichts bedeutet irgendetwas". Formulieren Sie dazu, analog zu Kierkegaards System, eine Antithese und eine Synthese.*

Diese können folgendermaßen lauten: Antithese: *Es gibt Dinge, die etwas bedeuten. Synthese: Gegenstände oder Eigenschaften können für einen Menschen Bedeutung besitzen, diese kann jedoch verloren gehen.*
Den Begriff der Verzweiflung analysieren die Schülerinnen und Schüler anhand eines Theorietextes über Kierkegaard auf **Arbeitsblatt 26**, S. 108f.. Zunächst setzen sie sich mit dem Grund auseinander, warum Menschen in den Zustand der Verzweiflung geraten, und fassen dann die Kernaussagen des Textes zusammen.

- *Thomas Seibert definiert in seinem Text die Verzweiflung nach Kierkegaard als* ***„die umfassende Resignation des Selbstes, die aus der – nicht notwendig bewusst vollzogenen – Erfahrung der Paradoxie des Selbstseins resultiert."*** *Erläutern Sie, was mit „Paradoxie des Selbstseins" gemeint ist, und formulieren Sie eine eigene Definition.*
- *Fassen Sie die Kernaussagen des Textes zusammen.*

Unter dem Begriff „Paradoxie des Selbstseins" versteht der Autor die unbewusste Erkenntnis eines Menschen, sich in dem zuvor erwähnten Spannungsfeld, das auch in dem Schaubild auf Arbeitsblatt 25 dargestellt wurde, zu befinden. Diese Erkenntnis löst das Gefühl der Verzweiflung aus und hat zur Folge, dass der Mensch nicht mehr er selbst sein will, um die Verzweiflung zu überwinden.
Weitere wichtige Punkte, die Seibert nennt – und die eingangs schon genauer erläutert wurden –, sind das Missverhältnis zu sich selbst als Grund für die Verzweiflungen, die Reaktion des Menschen darauf, die nur zu neuer Verzweiflung führen kann, und die Tatsache, dass diese Verzweiflung nicht nur als negativ zu sehen ist.
Untersucht man Tellers Roman unter diesem Gesichtspunkt, lassen sich mehrere Verhaltensmuster erklären. So kann man die Lage, in der sich die Klasse zu Beginn des Romans befindet, als Verzweiflung im Sinne von Kierkegaard bezeichnen. Das eindimensionale Weltbild der Klasse, dieses fast mantraartige „Aus uns sollte etwas werden", zeigt, dass die Charaktere nicht den Grad an Reflexion besitzen, um sich des Spannungsfelds, wie es Kierkegaard beschreibt, bewusst werden zu können. Dies wird in einem Dialog zwischen Agnes und Pierre Anthon veranschaulicht, der sich auf Seite 23 befindet. Darin geht es um den Wunsch der Erzählerin, weltberühmt zu werden. Pierre Anthon demaskiert dieses Ziel als oberflächlich und inhaltsleer, woraufhin Agnes' Reaktion hier genau Kierkegaards Logik entspricht: Konfrontiert mit der „Endlichkeit" ihrer Möglichkeiten setzt sie sich nicht bewusst damit auseinander, sondern reagiert mit dem Drang, etwas erreichen zu wollen. Pierre Anthons Vorhersage, dass sie feststellen werde, „dass der Ruhm und die große Welt außerhalb von [ihr] sind, dass aber innen nichts ist und dass es auch so bleiben wird, egal was [sie tut]", zeigt, dass dieses Streben sinnlos ist und Agnes, selbst wenn sie ihr Ziel erreicht, immer noch ein bedeutungsloser Mensch bleibt.
Auch bei der Entstehung des Berges aus Bedeutung lässt sich diese Art von Verzweiflung erkennen. Nun ersetzen die Schüler ihr individuelles Streben, etwas erreichen zu wollen, durch das gemeinschaftliche Ziel, Pierre Anthon zu widerlegen. Die Auswirkungen, die der Drang, den Berg zu vollenden, hat, wurden bereits in Baustein 3 dargestellt. Vordergründig erreicht die Klasse hier ihr Ziel, indem der Berg fertiggestellt wird. Das eigentliche Ziel, die Bedeutung des Lebens zu finden, verlieren sie allerdings durch das Medieninteresse, das an ihnen entsteht, aus den Augen, und der kurze Ruhm lässt sie die aufkommenden Zweifel am

Erreichen ihres Ziels ignorieren. Mit dem Verschwinden des Medieninteresses können sie diese Tatsache jedoch nicht länger ignorieren und geraten Schritt für Schritt wieder in einen Zustand der Verzweiflung. Besonders deutlich wird dies, wie ebenfalls in Baustein 3 gezeigt, am Beispiel von Sofie.
Nach der Eskalation der Gewalt und Pierre Anthons Tod lässt sich jedoch ein verändertes Bewusstsein erkennen (siehe 3.1). Die Klasse scheint sich nun der Gegensätze, die Kierkegaard beschreibt, bewusster zu sein und befindet sich in einem anderen Stadium der Existenz. Um Kierkegaards Gedanken zur Verzweiflung in dem Begleitheft darzustellen, analysieren die Schülerinnen und Schüler zunächst diese drei Aspekte des Romans.

- *Übertragen Sie Kierkegaards Thesen auf den Roman „Nichts":*
  - *Lesen Sie den Dialog zwischen Pierre Anthon und Agnes auf S. 23 und erklären Sie diese Stelle mit Kierkegaards Verständnis von Verzweiflung.*
  - *Überlegen Sie, ob man das Streben der Klasse, den Berg aus Bedeutung fertigzustellen, ebenfalls mit Kierkegaard erläutern kann.*
  - *Überlegen Sie, ob die Klasse nach Pierre Anthons Tod einen Schritt zum Überwinden der Verzweiflung gemacht hat.*

Als Tafelbild können die Ergebnisse wie folgt festgehalten werden:

Kierkegaards Verzweiflung in dem Roman „Nichts"

Kierkegaard	Verzweiflung →	Drang, etwas erreichen zu müssen →	neue Verzweiflung
Agnes	Pierre Anthon konfrontiert Agnes mit der Endlichkeit ihrer Möglichkeiten. →	Agnes reagiert darauf mit dem Wunsch, weltberühmt zu werden. →	Der mögliche Ruhm ist oberflächlich, führt zu neuer Verzweiflung, da keine innere Veränderung stattfindet.
Die Schulklasse	Verzweiflung, ausgelöst durch Pierre Anthon →	Drang, den Berg zu vollenden; das eigentliche Ziel wird aus den Augen verloren →	Zweifel nach Fertigstellung führen zu neuer Verzweiflung; der Ruhm durch das Medieninteresse erweist sich als Illusion von Bedeutung. ↓
			Verhalten der Klasse nach Pierre Anthons Tod weist auf ein verändertes Bewusstsein hin; neues Stadium der Existenz

Im Anschluss formulieren die Schülerinnen und Schüler ihre Ergebnisse als Kommentare von Kierkegaard über die Ereignisse in Tæring. Diese tragen die Schülerinnen und Schüler dann jeweils in die Sprechblase auf der zweiten Seite von **Arbeitsblatt 26**, S. 108f., ein, wovon jede Gruppe drei Kopien benötigt.

- *Gestalten Sie drei Seiten für Ihr Museums-Begleitheft, auf denen Kierkegaard Ereignisse in Tæring kommentiert. Formulieren Sie jeweils eine Sprechblase mit dem folgenden Beginn:*
  - *Agnes will weltberühmt werden, weil …*
  - *Die Klasse will den Berg aus Bedeutung um jeden Preis fertigstellen, weil …*
  - *Nach Pierre Anthons Tod …*

Mögliche Sätze der Schüler könnten lauten:

- Agnes will weltberühmt werden, weil sie vor ihrer eigenen Verzweiflung flieht.
- Agnes will weltberühmt werden, weil sie mit ihrem jetzigen Leben nicht zufrieden ist.
- Agnes will weltberühmt werden, weil der Drang, vor ihrem eigenen Selbst zu fliehen, ihr keine Wahl lässt.
- Die Klasse will den Berg aus Bedeutung um jeden Preis fertigstellen, weil sie verzweifelt ist.
- Die Klasse will den Berg aus Bedeutung um jeden Preis fertigstellen, weil sich die Schüler nicht bewusst mit ihrer eigenen Endlichkeit auseinandersetzen.
- Nach Pierre Anthons Tod verändert sich das Bewusstsein der Schüler.
- Nach Pierre Anthons Tod haben die Schüler eine innere Veränderung durchlaufen.

Kierkegaard beschreibt weiterhin drei Stadien, die der Mensch durchlaufen muss, bis er sich in einem richtigen Verhältnis zu seinem Selbst befindet. Zunächst das ästhetische Stadium, darauf folgt das ethische Stadium und schlussendlich, als Ziel, das religiöse Stadium. An dieser Stelle soll nicht weiter auf diesen Punkt in Kierkegaards Werk eingegangen werden. Zur Vertiefung findet sich in **Zusatzmaterial 1**, S. 143, jedoch eine Übersicht über die drei Stadien der Existenz, die gegebenenfalls in der Gruppenarbeit mit eingesetzt werden kann. Vor allem für lernstarke Gruppen bietet sich dies an.

4.4 Nietzsche – Nihilismus

Der Philosoph, auf den sich Pierre Anthons Parolen am stärksten beziehen, ist Friedrich Nietzsche (1844–1900). Allein schon der Titel „Nichts" stellt einen Bezug zu dem deutschen Philosophen her, der den Begriff Nihilismus geprägt hat. So steht in diesem Unterkapitel ein Vergleich zwischen Pierre Anthon und Nietzsches Überlegungen im Mittelpunkt. Dazu formulieren die Schülerinnen und Schüler zunächst eigene Definitionen des Begriffes „Nihilismus". Als Grundlage für diese Definitionen dient **Arbeitsblatt 27**, S. 110f., auf dem sich ein Lexikoneintrag und drei Textstellen aus Nietzsches Werk finden.

- *Formulieren Sie eine eigene Definition des Begriffes Nihilismus.*

Etymologisch geht der Begriff „Nihilismus" auf das lateinische Wort „nihil" (deutsch: nichts) zurück und bezeichnet, vor allem im Hinblick auf Nietzsche, die Verneinung christlicher Moralvorstellungen und Werte. Nietzsche benutzt den Begriff, um die, seiner Meinung nach, vorherrschende Dekadenz der abendländischen Kultur zu beschreiben. Veranschaulicht wird dies in der Textstelle aus „Über Wahrheit und Lüge im außermoralischen Sinne". Darin stellt Nietzsche die kurze und vergängliche Existenz der Menschen – „nur eine Minu-

te" – den zeitlichen und räumlichen Dimensionen der Welt gegenüber. Im Angesicht dieser Relationen erscheine das menschliche Leben als so unbedeutend, dass die Erkenntnis, derer sich die Menschen, und im Speziellen die Philosophen, rühmten, „zwecklos", „kläglich" und „beliebig" sei.
Die letzte Textstelle auf dem Arbeitsblatt verdeutlicht diese von Pessimismus und Skeptizismus geprägte Sichtweise.
Zur Vertiefung bietet das **Zusatzmaterial 2**, S. 144, einen Text aus Wilhelm Weischedels „Die philosophische Hintertreppe", in dem die drei Hauptaspekte, auf die sich Nietzsches Nihilismus bezieht, – allgemeingültige Wahrheiten, Moral und Religion – genauer erläutert werden und auch die Tatsache erwähnt wird, dass Nietzsche den Nihilismus als Übergang sieht, als Mittel, mit dem eine neue und bessere Gesellschaft erreicht werden kann.
In einem zweiten Schritt erörtern die Schülerinnen und Schüler nun, ob man Pierre Anthon als Nihilisten bezeichnen kann.

- *Überlegen Sie, ob man Pierre Anthon, gemessen an seinem Handeln und seinen Aussagen, als Nihilisten bezeichnen kann.*

Dies sollte wenig Probleme bereiten, betrachtet man die Häufigkeit, mit der Pierre Anthon die Sinnlosigkeit des Lebens betont und die Welt als oberflächlich und ohne Moral darstellt. Zur Veranschaulichung dieser Parallelen stellen die Schülerinnen und Schüler Aussagen von Pierre Anthon passenden, den Nihilismus betreffenden Nietzsche-Zitate gegenüber. Dies ist gleichzeitig Inhalt einer weiteren Seite des Museums-Begleitheftes.

- *Gestalten Sie eine Seite des Begleitheftes, indem Sie den Nietzsche-Zitaten über den Nihilismus passende Aussagen von Pierre Anthon gegenüberstellen. Als Hilfsmittel kann Ihnen folgende Tabelle dienen. Recherchieren Sie nach den fehlenden Nietzsche-Zitaten im Internet.*

Ein mögliches Ergebnis kann inhaltlich folgendermaßen aussehen:

Nietzsche	**Pierre-Anthon**
„Der philosophische Nihilist ist der Überzeugung, dass alles Geschehen sinnlos und umsonstig ist." Nietzsche, Kritische Studienausgabe in 15 Bänden – 13, Berlin/New York 1980ff. S. 45.	„Nichts bedeutet irgendetwas. […] Deshalb lohnt es sich nicht, irgendetwas zu tun." (Seite 9)
„In irgendeinem abgelegenen Winkel des in zahllosen Sonnensystemen flimmernd ausgegossenen Weltalls gab es einmal ein Gestirn, auf dem kluge Tiere das Erkennen erfanden. Es war die hochmütigste und verlogenste Minute der ‚Weltgeschichte': aber doch nur eine Minute. Nach wenigen Atemzügen der Natur erstarrte das Gestirn, und die klugen Tiere mussten sterben." Ebd. Band 1, S. 875.	„Die Erde ist vier Milliarden sechshundert Millionen Jahre alt, aber ihr werdet höchstens hundert!" (Seite 11)
„[E]s fehlt das Ziel; es fehlt die Antwort auf das ‚Warum'?" Nietzsche, zit. nach Picht, Georg, Rudolph, Enno. Vorlesungen und Schriften: Nietzsche – Band 4. Stuttgart 1993. S. 330.	„Das Leben ist der Mühe überhaupt nicht wert." (Seite 11)
„[…] wie kläglich, wie schattenhaft und flüchtig, wie zwecklos und beliebig sich der menschliche Intellekt innerhalb der Natur ausnimmt." Nietzsche, Kritische Studienausgabe in 15 Bänden – 1, Berlin/New York 1980ff. S. 875.	„In wenigen Jahren seid ihr alle tot und vergessen und nichts, also könnt ihr genauso gut sofort damit anfangen, euch darin zu üben." (Seite 12)

Nietzsche	Pierre-Anthon
„Die Arbeit ist eine Schmach, weil das Dasein keinen Wert an sich hat.“ Nietzsche, Friedrich. Werke in drei Bänden. München 1982. S. 276.	„Falls ihr achtzig werdet, habt ihr dreißig Lebensjahre verschlafen, habt ihr neun Jahre die Schule besucht und Hausaufgaben gemacht und knapp vierzehn Jahre lang gearbeitet.“ (Seite 21)
„Der Selbstmord der Moral ist ihre letzte moralische Forderung.“ Nietzsche, zit. nach Weischedel, Wilhelm. Die philosophische Hintertreppe, München 1975, S. 261.	„Das Beste, was wir für die Zukunft der Erde tun können, ist sterben!“ (Seite 74)
„Die Eitelkeit ist die Höflichkeits-Maske des Stolzen.“ Nietzsche, Friedrich. Hrsg. Colli, Giorgio, Montinari, Mazzino. Werke – Kritische Gesamtausgabe. Band 3 Berlin 1967, S. 123.	„Und du wirst feststellen, dass der Ruhm und die große Welt außerhalb von dir sind, dass aber innen nichts ist und dass es auch so bleiben wird, egal was du tust.“ (Seite 23) Aus: Janne Teller, Nichts. Was im Leben wichtig ist. Aus dem Dänischen von Sigrid C. Engeler © 2010 Carl Hanser Verlag München

4.5 Der Begriff Angst bei Heidegger, Kierkegaard und Sartre

Zu Beginn des Romans reagiert die Klasse mit Unsicherheit und Angst auf Pierre Anthons Provokationen, was bereits in Punkt 2.1 gezeigt wurde. Exemplarisch für diese Reaktion steht Agnes' Aussage „Ich bekam Angst. Angst vor Pierre Anthon.“ (S. 10) An dieser Stelle soll nun diese Angst aus einer philosophischen Perspektive betrachtet werden.
Sowohl Martin Heidegger (1889–1976) als auch Kierkegaard und Jean-Paul Sartre (1905–1980) sehen Angst als etwas Existenzielles, als Wesensmerkmal des menschlichen Denkens. Heidegger unterscheidet dabei zwischen den Begriffen Angst und Furcht. Letztere ist die Furcht vor etwas Bestimmtem, d. h. vor einer konkreten Bedrohung. Angst hingegen ist unbestimmt. Ihre Ursache liegt in der Existenz des Menschen, mit Heideggers Worten dem „In-der-Welt-sein“ begründet. Sie ist die Angst vor dem eigenen Sein und vor dem damit verbundenen Tod. Für den Menschen bedeutet dies, dass er sein „In-der-Welt-sein“ erst durch diese Angst wahrnimmt.
Kierkegaards Angstbegriff, der sich in ähnlicher Form auch bei Sartre wiederfindet, sieht die Angst in der Freiheit des Menschen begründet. Da die Existenz des Menschen mit keinen Pflichten oder Aufgaben verbunden ist, hat er dadurch unendliche Möglichkeiten, sein Leben zu gestalten oder auch selbst zu beenden. Mit anderen Worte ausgedrückt bedeutet dies, dass der Mensch im Leben keinen Sinn erkennen kann. Und diese Erkenntnis löst Angst vor der damit verbundenen Freiheit aus.
Diese Zusammenhänge werden in einem Interview mit dem Professor für Philosophie Prof. Dr. Baumgarten, das den Begriff Angst bei Heidegger, Kierkegaard und Sartre zum Inhalt hat, auf **Arbeitsblatt 28**, S. 112f., erläutert und mit Beispielen veranschaulicht. Zugleich bietet dieser Text einen einfacheren Zugang zu dem Thema als beispielsweise Originaltexte von Heidegger und hilft auch, die kreative Aufgabe von Punkt 4.6 vorzubereiten. Anhand folgender Aufgabenstellungen erarbeiten die Schülerinnen und Schüler zunächst den Angstbegriff bei Heidegger sowie Kierkegaard und Sartre.

- *Erläutern Sie, worin sich nach Heidegger die Begriffe „Furcht“ und „Angst“ unterscheiden.*
- *Fassen Sie zusammen, wie Kierkegaard und Sartre Angst definieren.*

In einem zweiten Schritt analysieren die Schülerinnen und Schüler dann die Angst, die Agnes

zu Beginn des Romans empfindet. Pierre Anthon stellt mit seinen Aussagen die Bedeutung des Lebens infrage, indem er auf die Endlichkeit der menschlichen Existenz verweist. Damit bringt er das Weltbild seiner Mitschüler ins Wanken, welches bis zu diesem Punkt darin bestand, etwas werden zu wollen. Da es sich hier um keine konkrete Bedrohung handelt, der die Klasse ausgesetzt ist, kann man nicht von Furcht sprechen, sondern von Angst. Betrachtet man Pierre Anthons Aussagen aus einer Heidegger'schen Perspektive, dann macht er seinen Mitschülern ihr „In-der-Welt-sein" bewusst, was nun diese existenzielle Angst auslöst.
Weiterhin verdeutlicht Agnes' Reaktion auf Pierre Anthon, wie eindimensional ihr bisheriges Weltbild war. Nachdem er die Schule verlassen hat, formuliert sie zum ersten Mal das Mantra der Klasse: „Aus uns sollte etwas werden." (Vgl. S. 9.) Dies ist jedoch keine bewusste Idee, sondern eine vage Vorstellung, worin der Sinn des Lebens besteht. Die Erklärung, dass das „einfach in der Luft oder in der Zeit oder im Zaun rings um die Schule [lag]" (S. 9), zeigt, wie wenig die Protagonisten diese Vorstellung bisher hinterfragt haben und wie sehr sie davon ausgegangen sind, ihr Leben nach dieser einfachen Formel zu führen. Dies ändert sich durch Pierre Anthon. Durch ihn sind sie gezwungen, andere Möglichkeiten in Betracht zu ziehen, was den von Kierkegaard beschriebenen Schwindel der Freiheit auslöst.

- *Nachdem Pierre Anthon zu Beginn des Romans die Schule verlassen hat, beschreibt Agnes ihre Empfindungen folgendermaßen: „Ich bekam Angst. Angst vor Pierre Anthon. Angst. Mehr Angst. Am meisten Angst."*
  Analysieren Sie diese Stelle (S. 10) unter Rückbezug auf das vorliegende Interview.

Abschließend gestalten die Schülerinnen und Schüler eine weitere Seite des Museums-Begleitheftes, indem sie die Angst, die Agnes empfindet, auf einem Foto inszenieren. Als Orientierungshilfe können den Schülern andere Fotografien oder Bilder gezeigt werden, die sich mit dieser Thematik auseinandersetzen. Geeignet sind beispielsweise Edvard Munchs „Der Schrei" oder die bekannte Duschszene aus Hitchcocks „Psycho". Auch liefern Suchmaschinenergebnisse im Internet zu dem Begriff „Angst" eine Vielzahl passender Bilder.

- *Gestalten Sie eine weitere Seite des Begleitheftes, indem Sie die oben genannte Szene aus dem Roman „Nichts" auf einem Foto darstellen.*

4.6 Sartre – Der Philosoph als Aufklärer

Ausgehend von der Idee, dass die menschliche Existenz keinen vorbestimmten Sinn hat, argumentiert Sartre in „Das Sein und das Nichts", dass die Existenz des Menschen seiner Essenz vorausgeht[1], d. h., dass alles, was ihn ausmacht, erst durch sein Handeln entsteht. Lediglich Gefühle wie Ekel, Angst, Langeweile und Sorge sind grundlegende existenzielle Elemente des Menschen.
Dies bedeutet, dass der Mensch selbst für das verantwortlich ist, was er ist, dass er sich also über seine Taten definiert. Weiterhin schreibt Sartre dem Philosophen die Rolle eines Aufklärers zu, dessen Aufgabe es ist, den Menschen diese Tatsache bewusst zu machen und es ihnen dadurch zu ermöglichen, ihre Freiheit zu leben. In diesem Zusammenhang spricht Sartre auch von Entwürfen. Indem ein Mensch plant, was er sein will, trifft er eine bewusste Entscheidung. Erst dann entstehe der Wille, der es dem Menschen auch ermöglicht, dies zu erreichen.

---

[1] Jean-Paul Sartre: Das Sein und das Nichts, Reinbek bei Hamburg: rororo, 1993, S. 325.

Auf **Arbeitsblatt 29**, S. 114, werden in einem Text des Philosophen Richard David Precht über Sartres Werk „Das Sein und das Nichts" diese Gedanken dargestellt. Zunächst setzen sich die Schülerinnen und Schüler mit folgenden Aufgabenstellungen auseinander:

- *Erläutern Sie die Aussage „Die Existenz geht dem Wesen voraus".*

Im Anschluss analysieren sie Pierre Anthon im Hinblick auf den vorliegenden Text. Dabei sollten folgende Gesichtspunkte beachtet werden: Das Gefühl, mit dem er seine Umwelt betrachtet, lässt sich als Ekel beschreiben. Weiterhin erfüllt er die Rolle eines Aufklärers im Sinne Sartres. Wie bereits in 2.3 gezeigt wurde, geht es ihm darum, die Klasse zu provozieren und so zu einer bewussteren und kritischeren Geisteshaltung zu bewegen.

Jedoch tut er dies auf keine konstruktive Art und Weise. Sein Verhalten und seine Äußerungen lassen sich eher Nietzsches Nihilismus zuordnen als Sartres Ansatz, der vom Gedanken der Tat geprägt ist. So lassen sich weder bei Pierre Anthon noch bei seinen Mitschülern konkrete Entwürfe finden.

- *Diskutieren Sie, ob Pierre Anthon sich im Sinne von Sartre verhält oder nicht.*

Abschließend gestalten die Schülerinnen und Schüler eine letzte Seite für das Begleitheft, indem sie die Ergebnisse der vorhergehenden Aufgaben anwenden und ein fiktives Interview über Pierre Anthon zwischen einem Journalisten und einem Philosophen verfassen. Als Orientierungshilfe kann dazu das Interview auf **Arbeitsblatt 28**, S. 112f., dienen.

- *Verfassen Sie für das Begleitheft ein fiktives Interview – ähnlich dem auf Arbeitsblatt 28 –, in dem ein Journalist einen Philosophen zu Pierre Anthon befragt.*

Notizen

Sokrates

Jostein Gaarder ist ein norwegischer Schriftsteller, geboren am 8. August 1952 in Oslo, wo er auch Philosophie, Theologie und Literaturwissenschaft studiert hat. Er schreibt Romane und Erzählungen sowohl für Kinder als auch für Erwachsene. Darüber hinaus arbeitete er zehn Jahre lang als Lehrer für Philosophie. Seine erste Veröffentlichung war 1982 die Novelle „Katalog". Ein erster Erzählband wurde 1986 veröffentlicht, ein Jahr später das erste Kinderbuch. 1993 erschien sein bekanntestes Werk **„Sofies Welt"**, das es ihm ermöglichte, nur noch als Schriftsteller zu arbeiten. Der Roman wurde in 54 Sprachen übersetzt, verkaufte sich weltweit mehrere Millionen Mal und wurde 1999 verfilmt.

Wer war Sokrates?

Sokrates (470–399 v. Chr.) ist vielleicht die rätselhafteste Person in der gesamten Geschichte der Philosophie. Er hat keine einzige Zeile geschrieben. Trotzdem gehört er zu denen, die den allergrößten Einfluss auf das europäische Denken ausgeübt haben. Dass man ihn auch kennt, wenn man mit Philosophie wenig am Hut hat, hängt wahrscheinlich mit seinem dramatischen Tod zusammen.

Wir wissen, dass er in Athen geboren wurde und dass er dort sein Leben vor allem auf Marktplätzen und in Straßen verbrachte, wo er mit allen möglichen Leuten redete. Die Felder und Bäume auf dem Land könnten ihn nichts lehren, meinte er. Er konnte auch viele Stunden lang in tiefes Nachdenken versunken dastehen. Noch zu seinen Lebzeiten galt er als rätselhafte Person, und nach seinem Tod wurde er bald als Gründer der verschiedensten philosophischen Richtungen betrachtet. Eben weil er so rätselhaft und mehrdeutig war, konnten ihn sehr unterschiedliche Richtungen für ihre Ansichten reklamieren. Fest steht, dass er potthässlich war. Er war klein und dick und hatte Glubschaugen und eine Himmelfahrtsnase. Aber sein Inneres war „vollkommen herrlich", wie es hieß. Und weiter: Man könne in der Gegenwart und in der Vergangenheit suchen, aber seinesgleichen werde man nirgends finden.

Trotzdem wurde er wegen seiner philosophischen Aktivitäten zum Tode verurteilt.

Das Leben des Sokrates kennen wir vor allem durch *Platon*, der sein Schüler war und selber einer der größten Philosophen der Geschichte.

Platon verfasste viele Dialoge – oder philosophische Gespräche –, in denen er Sokrates auftreten lässt. Wenn Platon dem Sokrates Worte in den Mund legt, können wir nicht sicher sagen, ob Sokrates diese Worte wirklich auch gesprochen hat. Deshalb ist es nicht leicht, die Lehre des Sokrates von der des Platon zu unterscheiden. Dieses Problem gilt auch für mehrere andere historische Persönlichkeiten, die keine schriftlichen Quellen hinterlassen haben. Das bekannteste Beispiel ist natürlich Jesus. Wir können nicht sicher wissen, ob der „historische Jesus" wirklich gesagt hat, was Matthäus oder Lukas ihm in den Mund legen. Auf dieselbe Weise wird es immer ein Rätsel bleiben, was der „historische Sokrates" wirklich gesagt hat.

Wer Sokrates „eigentlich" war, ist aber trotzdem nicht so wichtig. Es ist vor allem Platons Bild von ihm, das die westlichen Denker seit fast 2400 Jahren inspiriert.

Gesprächskunst

Der eigentliche Kern in Sokrates' Wirken war, dass er die Menschen nicht belehren wollte. Stattdessen vermittelte er den Eindruck, selber von seinem Gesprächspartner lernen zu wollen. Er unterrichtete also nicht wie irgendein Schullehrer. Nein, er führte Gespräche.

Aber er wäre ja kein berühmter Philosoph geworden, wenn er den anderen nur zugehört hätte. Dafür wäre er natürlich auch nicht zum Tode verurteilt worden. Aber vor allem zu Anfang stellte er nur Fragen. So gab er gern vor, nichts zu wissen. Im Laufe des Gesprächs brachte er dann oft den anderen dazu, die Schwächen seiner Überlegungen einzusehen. Es konnte dann vorkommen, dass der Gesprächspartner in die Ecke gedrängt wurde und am Ende einsehen musste, was Recht und was Unrecht war.

Sokrates' Mutter war angeblich Hebamme, und Sokrates verglich seine eigene Tätigkeit mit der Hebammenkunst. Es ist ja nicht die Hebamme, die das Kind gebiert. Sie ist nur dabei und hilft während der Geburt. Sokrates sah es also als seine Aufgabe an, den Menschen bei der „Geburt" der richtigen Einsicht zu helfen. Denn wirkliche Erkenntnis muss von innen kommen. Sie kann anderen nicht aufgepfropft werden. Nur die Erkenntnis, die von innen kommt, ist wirkliche „Einsicht".

Ich präzisiere: Die Fähigkeit, Kinder zu gebären, ist eine natürliche Eigenschaft. Ebenso können alle Menschen philosophische Wahrheiten einsehen, wenn sie nur ihre Vernunft anwenden. Wenn ein Mensch „Vernunft annimmt", holt er etwas aus sich selber heraus.

Gerade dadurch, dass er den Unwissenden spielte, zwang Sokrates die Menschen dazu, ihre Vernunft anzuwenden. Sokrates konnte Unwissenheit heucheln – oder sich dümmer stellen, als er war. Das nennen wir *sokratische Ironie*. Auf diese Weise konnte er immer wieder Schwächen im Denken der Athener aufdecken. Das konnte mitten auf dem Marktplatz passieren – also in aller Öffentlichkeit. Eine Begegnung mit Sokrates konnte bedeuten, dass man sich blamierte und vor großem Publikum lächerlich gemacht wurde.

Es ist deshalb kein großes Wunder, dass er schließlich auch störend und nervtötend wirkte – vor allem auf die Mächtigen in der Gesellschaft. Athen sei wie eine träge Stute, sagte Sokrates, und er wie eine Bremse, die ihr in die Flanke steche, um ihr Bewusstsein wachzuhalten. (Was macht man mit Bremsen, Sofie? Kannst Du mir das sagen?)

Eine göttliche Stimme

Sokrates biss seinen Mitmenschen aber nicht dauernd in die Wade, weil er sie quälen wollte. In ihm steckte etwas, das ihm keine andere Wahl ließ. Er sagte immer, er höre in seinem Inneren eine göttliche Stimme. Sokrates protestierte zum Beispiel dagegen, Menschen zum Tode zu verurteilen. Außerdem weigerte er sich, politische Gegner zu denunzieren[1]. Am Ende sollte ihn das sein Leben kosten.

Im Jahre 399 v. Chr. wurde er angeklagt, „die Jugend zu verderben" und „die Götter nicht anzuerkennen". Mit knapper Mehrheit wurde er von einer Jury mit fünfhundert Mitgliedern für schuldig befunden.

Nun hätte er sicher um Gnade bitten können. Er hätte auf jeden Fall sein Leben retten können, wenn er bereit gewesen wäre, Athen zu verlassen. Aber wenn er das getan hätte, dann wäre er nicht Sokrates gewesen. Der Punkt ist, dass er sein eigenes Gewissen – und die Wahrheit – für wichtiger hielt als sein Leben. Er versicherte, nur zum Besten des Staates gehandelt zu haben. Aber er wurde eben zum Tode verurteilt. Kurze Zeit später leerte er in Anwesenheit seiner engsten Freunde einen Becher mit Gift, den Schierlingsbecher.

Warum, Sofie? Warum musste Sokrates sterben? Diese Frage stellen die Menschen immer noch. Aber er ist nicht der Einzige in der Geschichte, der bis zum Letzten gegangen ist und für seine Überzeugung den Tod erlitten hat. Ich habe schon Jesus erwähnt, und zwischen Jesus und Sokrates gibt es tatsächlich mehrere Parallelen. Ich will nur einige nennen.

Jesus und Sokrates galten beide schon ihren Zeitgenossen als rätselhafte Personen. Keiner von beiden schrieb seine Botschaft auf. Wir sind also völlig abhängig von dem Bild, das ihre Jünger uns von ihnen geben. Fest steht aber dennoch, dass beide Meister in der Kunst des Gesprächs waren. Sie sprachen außerdem mit einem klaren Selbstbewusstsein, das sowohl entzücken als auch irritieren konnte. Darüber hinaus glaubten beide, für etwas zu sprechen, das größer war als sie selber. Sie forderten die Machthaber in der Gesellschaft heraus, weil sie alle Formen von Ungerechtigkeit und Machtmissbrauch kritisierten. Und nicht zuletzt: Diese Tätigkeit kostete beide das Leben.

Auch bei den Prozessen gegen Jesus und Sokrates sehen wir klare Parallelen. Beide hätten vielleicht um Gnade bitten und dadurch ihr Leben retten können. Aber sie glaubten, ihre Berufung zu verraten, wenn sie nicht bis zum Äußersten gingen. Und dass sie hocherhobenen Hauptes in den Tod gingen, machte sie glaubwürdig über ihren Tod hinaus.

Wenn ich diese Parallelen zwischen Jesus und Sokrates ziehe, dann nicht, weil ich sie gleichsetzen will. Ich wollte vor allem sagen, dass beide eine Botschaft hatten, die sich nicht von ihrem persönlichen Mut trennen lässt.

Jostein Gaarder: Sofies Welt. Aus dem Norwegischen von Gabriele Haefs © 1993 Carl Hanser Verlag München

1 öffentlich verurteilen

■ *Informieren Sie sich über den Philosophen Sokrates. Vergleichen Sie seine philosophische Tätigkeit mit Pierre Anthons Verhalten und überlegen Sie, ob man Pierre Anthon auch als Philosophen bezeichnen kann.*

Karl Jaspers: Anfang und Ursprung der Philosophie

Karl Jaspers (1883–1969) gehört zu den bedeutendsten deutschen Philosophen des 20. Jahrhunderts. Er wird, wie auch Sartre und Camus, zu den Existenzphilosophen gezählt, die sich mit dem Menschen und seiner Lebenswelt beschäftigen, und bezieht sich in seinem Werk stark auf Kierkegaards und Nietzsches Ideen.

„Die Geschichte der Philosophie als methodisches Denken hat ihre Anfänge vor zweieinhalb Jahrtausenden, als mythisches Denken aber viel früher.
Doch Anfang ist etwas anderes als Ursprung. Der Anfang ist historisch und bringt für die Nachfolgenden eine wachsende Menge von Voraussetzungen durch die nun schon geleistete Denkarbeit. Ursprung aber ist jederzeit die Quelle, aus der der Antrieb zum Philosophieren kommt. Durch ihn erst wird die je gegenwärtige Philosophie wesentlich, die frühere verstanden.
Diese Ursprüngliche ist vielfach. Aus dem *Staunen* folgt die Frage und die Erkenntnis, aus dem *Zweifel* am Erkannten die kritische Prüfung und die klare Gewissheit, aus der *Erschütterung des Menschen* und dem Bewusstsein seiner Verlorenheit die Frage nach sich selbst."

Aus: Karl Jaspers: Einführung in die Philosophie. © 2010, Piper Verlag GmbH, München

- *Formulieren Sie den Unterschied zwischen Anfang und Ursprung der Philosophie.*
- *Stellen Sie Karl Jaspers' Überlegung zum Ursprung der Philosophie als Flussdiagramm dar.*

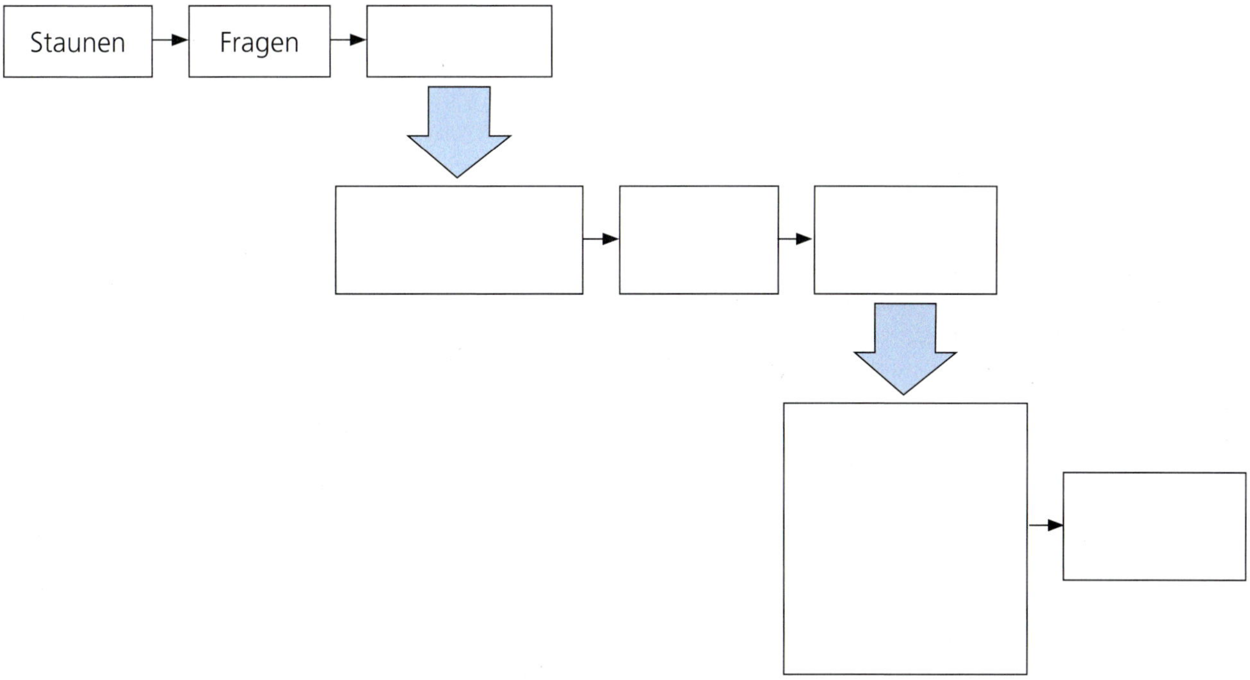

- *Vergleichen Sie Jaspers' Überlegungen mit der Entwicklung, die die Schulklasse im Roman „Nichts" durchläuft – angefangen von Pierre Anthons Verlassen der Klasse bis zum Einsammeln der Asche am Ende des Romans –, und stellen Sie dies ebenfalls in einem ähnlichen Flussdiagramm dar. Gestalten Sie damit die erste Seite des Begleitheftes.*

Douglas Adams: Erkenntnis

Dieser Textauszug stammt aus dem satirischen Science-Fiction-Roman „Per Anhalter durch die Galaxis" des britischen Autors Douglas Adams. Die Szene beschreibt die kurze Existenz eines Wales, der durch Zufall in der Atmosphäre eines Planeten erschaffen wird. In einem inneren Monolog werden seine Gedanken, während er auf die Oberfläche des Planeten stürzt, dargestellt.

Eine andere Sache, die in Vergessenheit geriet, war die Tatsache, dass entgegen aller Wahrscheinlichkeit plötzlich ein paar Meilen über dem fremden Planeten ein Pottwal sein Leben begann.

Und da das von Natur aus kein geeigneter Ort für einen Wal ist, hatte dieses arme Geschöpf nur sehr wenig Zeit sich über seine Identität als Wal klarzuwerden, ehe es sich darüber klarwerden musste, dass es plötzlich kein Wal mehr war.

Hier folgt nun eine vollständige Wiedergabe der Gedanken des Wals von dem Augenblick, als er sein Leben begann, bis zu dem Augenblick, als es endete.

Ah ...! Was passiert denn hier? dachte er.

Ah, Entschuldigung, wer bin ich?

Hallo?

Warum bin ich hier? Was ist der Sinn meines Lebens?

Was meine ich wohl mit der Frage: Wer bin ich?

Nun mal ruhig! Guck erst mal, was hier überhaupt los ist ... Oh! Das ist aber ein interessantes Gefühl, was ist das bloß? Es ist sowas Ähnliches wie ... ein Gähnen oder Kitzeln in meiner ... meinem ... Also, wahrscheinlich fange ich am besten erst mal damit an, Namen für die Dinge zu finden, wenn ich aufgrund von ... ich nenne es mal Schlussfolgerungen ... überhaupt Fortschritte in dieser ... ich nenne es mal Welt ... machen will. Also, ich nenne es mal meinen Magen.

Gut. Ooooh, jetzt wird's aber ziemlich heftig. Und, he! Was ist das für ein Pfeifen und Brausen, das an meinem ... ich nenne es mal fix Kopf ... vorbeifegt? Vielleicht könnte ich es ... Wind nennen! Ist das ein guter Name? Fürs Erste genügt er ... Vielleicht finde ich später einen besseren dafür, wenn ich weiß, wozu er überhaupt gut ist. Er muss was verdammt Wichtiges sein, denn es gibt scheint's eine irrsinnige Menge davon. He! Was ist das denn für ein Ding? Dieser ... ich nenne es mal Schwanz – ja, Schwanz. He! Ich kann damit ja wirklich ziemlich gut hin und her schlagen, was? Herrlich! Herrlich! Das fühlt sich einfach fantastisch an! Es bringt ja offenbar nicht viel, aber wahrscheinlich komme ich später noch dahinter, wozu das gut ist. Tja, also – habe ich mir nun schon ein zusammenhängendes Bild von den Dingen gemacht?

Nein.

Macht nichts. He, das ist ja wirklich aufregend, so vieles rauszufinden, so vieles, was ich noch vor mir habe, mir wird ganz schwindlig vor lauter Vorfreude ...

Oder kommt das vom Wind?

Davon ist aber jetzt wirklich sehr viel da, was? Und, Mannomann! Jungejunge! Was ist denn das, was da plötzlich so schnell auf mich zukommt? So sehr, sehr schnell. So riesig und so flach und so rund. Das braucht einen riesigen, weiten, klingenden Namen ... wie ... un ... und ... rund ... Grund! Das ist es! Das ist ein guter Name – Grund!

Ob er wohl nett zu mir ist?

Und der Rest – nach einem plötzlichen und sehr feuchten Aufprall – war Schweigen.

Komischerweise war der einzige Gedanke, der den Petunientopf beim Herunterfallen durchfuhr: Oh, nein, nicht schon wieder!

Viele Leute vermuten, wir könnten viel größere Kenntnisse vom Wesen des Universums haben als bisher, wenn wir nur genau wüssten, warum der Petunientopf das dachte.

Aus Adams, Douglas: „Per Anhalter durch die Galaxis", Verlag Rogner & Bernhard, Berlin

- *Beschreiben Sie, welche Möglichkeiten der Wal zum Erlangen von Erkenntnissen hat und wie er auf die neuen Erkenntnisse reagiert.*
- *Analysieren Sie die Fragen, die sich der Wal stellt.*
- *Erörtern Sie, welche Rolle es spielt, dass sich der Wal seines nahen Todes nicht bewusst ist.*
- *Verfassen Sie eine eigene Version der Textstelle mit einem Gegenstand oder Lebewesen Ihrer Wahl. Ziel Ihres Monologs sollte es dabei sein, auf ähnliche Weise darzustellen, wie man aufgrund von Sinneseindrücken zu Erkenntnissen über sich und seine Umwelt gelangt.*

BS 4

Platons Höhlengleichnis

Das Höhlengleichnis des griechischen Philosophen **Platon** (427–347 v. Chr.) ist eines der berühmtesten Gleichnisse der Philosophie. Es findet sich in seinem Hauptwerk „Politeia" und ist als ein Dialog zwischen Platon und Sokrates geschrieben.

Siebentes Buch

„Und jetzt will ich dir ein Gleichnis für uns Menschen sagen, wenn wir wahrhaft erzogen sind und wenn wir es nicht sind. Denke dir, es lebten Menschen in einer Art unterirdischer Höhle, und längs der ganzen Höhle zöge sich eine breite Öffnung hin, die zum Licht hinaufführt. In dieser Höhle wären sie von Kindheit an gewesen und hätten Fesseln an den Schenkeln und am Halse, sodass sie sich nicht von der Stelle rühren könnten und beständig geradeaus schauen müssten. Oben in der Ferne sei ein Feuer, und das gäbe ihnen von hinten her Licht. Zwischen dem Feuer aber und diesen Gefesselten führe oben ein Weg entlang. Denke dir, dieser Weg hätte an seiner Seite eine Mauer, ähnlich wie ein Gerüst, das die Gaukler vor sich, den Zuschauern gegenüber, zu errichten pflegen, um darauf ihre Kunststücke vorzuführen."

„Ja, ich denke es mir so."

„Weiter denke dir, es trügen Leute an dieser Mauer vorüber, aber so, dass es über sie hinwegragt, allerhand Geräte, auch Bildsäulen von Menschen und Tieren aus Stein und aus Holz und überhaupt Erzeugnisse menschlicher Arbeit. Einige dieser Leute werden sich dabei vemutlich unterhalten, andere werden nichts sagen."

„Welch seltsames Gleichnis! Welch seltsame Gefangene!"

„Sie gleichen uns! – Haben nun diese Gefangenen wohl von sich selber und voneinander etwas anderes gesehen als ihre Schatten, die das Feuer auf die Wand der Höhle wirft, der sie gegenübersitzen?"

„Wie sollten sie! Sie können ja ihr Leben lang nicht den Kopf drehen."

„Ferner: von den Gegenständen, die oben vorübergetragen werden? Doch ebenfalls nur ihre Schatten?"

„Zweifellos."

„Und wenn sie miteinander sprechen können, so werden sie in der Regel doch wohl von diesen Schatten reden, die da auf ihrer Wand vorübergehen."

„Unbedingt."

„Und wenn ihr Gefängnis auch ein Echo von der Wand zurückwirft, sobald ein Vorübergehender spricht, so werden sie gewiss nichts anderes für den Sprecher halten als den vorüberkommenden Schatten."

„Entschieden nicht."

„Überhaupt, sie werden nichts anderes für wirklich halten als diese Schatten von Gegenständen menschlicher Arbeit."

„Ja, ganz unbedingt."

„Nun denke dir, wie es ihnen ergeht, wenn sie frei werden, die Fesseln abstreifen und von der Unwissenheit geheilt werden. Es kann doch nicht anders sein als so. Wenn einer losgemacht wird, sofort aufstehen muss, den Hals wenden, vorwärtsschreiten und hinauf nach dem Licht schauen muss – das alles verursacht ihm natürlich Schmerzen, und das Licht blendet ihn so, dass er die Gegenstände, deren Schatten er bis dahin sah, nicht erkennen kann –, was wird er dann wohl sagen, wenn man ihm erklärt: bis dahin habe er nur eitlen Tand gesehen; jetzt sei er der Wahrheit viel näher und sähe besser; denn die Gegenstände hätten höhere Wirklichkeit, denen er jetzt zugewendet sei! Und weiter, wenn man auf die einzelnen Gegenstände hinzeigt und ihn fragt, was sie bedeuten. Er würde doch keine einzige Antwort geben können und würde glauben, was er bis dahin gesehen, hätte mehr Wirklichkeit, als was man ihm jetzt zeigt." „Weit mehr." „Und zwingt man ihn, das Licht selber anzusehen, so schmerzen ihn doch die Augen. Er wird sich umkehren, wird zu den alten Schatten eilen, die er doch ansehen kann, und wird sie für heller halten als das, was man ihm zeigt."

„Ja, das wird er tun."

„Und zieht man ihn gar den rauen, steilen Ausgang mit Gewalt hinauf und lässt nicht ab, bis man ihn hervor ins Sonnenlicht gezogen hat, so steht er doch Qualen aus, wehrt sich unwillig, und, ist er oben im Licht, so hat er die Augen voller Glanz und kann kein einziges von den Dingen sehen, die wir wirklich nennen."

„Nein, wenn es plötzlich geschieht, nicht."

„Er muss sich an das Licht gewöhnen, wenn er die Gegenstände oben sehen will. Zuerst wird er wohl am besten die Schatten erkennen, später die Spiegelungen von Menschen und anderen Gegenständen im Wasser, dann sie selber. Weiter wird er die Himmelskörper sehen und den Himmel selber, und zwar besser bei Nacht die Sterne und den Mond als bei Tage die Sonne und ihre Strahlen."

„Freilich."

„Schließlich wird er in die Sonne selber sehen können, also nicht bloß ihre Spiegelbilder im Wasser und anderswo hier unten erblicken, sondern sie selber oben an ihrem Ort. Er wird ihr Wesen begreifen."

„Unbedingt."

„Und dann vermag er den Schluss zu ziehen, dass sie es ist, die Jahreszeiten und Jahre hervorbringt, die über die ganze sichtbare Welt waltet und von der in gewissem Sinne alles, was man sieht, ausgeht."

„Es ist klar, dass er hierhin zuletzt gelangt." „Nun weiter! Wenn er jetzt an die alte Wohnung zurückdenkt und an die dortige Weisheit und an seine Mitgefangenen, so preist er sich doch glücklich über den Wechsel und bedauert jene."

„Gewiss."

„Und wie denkt er über die Erhrungen und Lobsprüche und Geschenke, die man da unten voneinander erhielt? Nämlich dann, wenn einer die vorbeikommenden Schatten recht genau erkannte und sich am besten einprägte, welche zuerst, welche nachher und welche zu gleicher Zeit zu erscheinen pflegten, wodurch er dann die in Aussicht stehenden gut erraten konnte. Wird es ihn noch danach verlangen? Wird er die Leute beneiden, die unten in Ansehen stehen und die Macht in Händen haben? Oder wird es ihm so ergehen, wie es bei Homer steht? Das heißt, wird er weit lieber Ackerknecht bei einem armen Manne sein und alles aushalten wollen als jenen Wahn teilen und jenes Leben führen?"

„Ja, ich glaube, er erträgt lieber alles, als dass er jenes Leben führt."

„Denke dir nun auch dies: er stiege wieder hinunter und setzte sich auf seinen alten Platz. Wird er nicht die Augen voller Finsternis haben, wenn er so plötzlich aus der Sonne kommt?"

„Ganz und gar."

„Und während seine Augen also noch stumpf sind und hin und her irren, müsste er um die Wette mit den dauernd Gefangenen wieder jene Schatten zu erkennen suchen. Nehmen wir nun noch die Zeit, bis er sich an das Dunkel gewöhnt hat, nicht ganz kurz an, so wird man ihn doch auslachen und sagen, er käme von seinem Aufstieg mit schlechten Augen zurück. Es lohne sich nicht, den Versuch zum Aufstieg zu machen. Wer aber andere freimachen und hinaufführen will, den wird man töten, wenn man seiner habhaft wird und ihn töten kann."

(Politeia, 514 a–517 a).

Aus: Platon, Der Staat. Übersetzt von August Horneffer. Stuttgart: Gröner [11]2011, S. 238–241

- *Lesen Sie Platons Höhlengleichnis. Notieren Sie die wichtigsten Handlungsschritte und geben Sie das Gleichnis möglichst kurz in eigenen Worten wieder.*
- *Formulieren Sie Kernaussagen des Textes.*
- *Überlegen Sie, wie man das Gleichnis auf den Roman „Nichts" übertragen kann. Wer würde der Schulklasse entsprechen, wer Pierre Anthon?*
- *Überlegen Sie dabei auch, wo es Unterschiede gibt.*
- *Stellen Sie für das Museums-Begleitheft eine Szene des Gleichnisses mit den Charakteren aus dem Roman „Nichts" grafisch dar (Zeichnung, Schaubild, Foto etc.). Achten Sie dabei darauf, die Figuren möglichst ausdrucksstark abzubilden.*

Das Buch Prediger

Das **Buch Kohelet**, oder Prediger, findet sich im Alten Testament und geht auf einen unbekannten Weisheitslehrer zurück. Bei dem Bibeltext handelt es sich um eine Sammlung praktischer Ratschläge und Warnungen vor einer falschen Lebensweise. Betont wird dabei die Vergänglichkeit des Lebens, sodass große Teile sehr pessimistisch und aus heutiger Perspektive nihilistisch wirken. Ähnlich wie in existenzphilosophischen Texten werden auch hier grundlegende Fragen zum menschlichen Dasein erörtert, dies jedoch unter religiösen Gesichtspunkten.

1.

In diesem Buch sind die Lehren des Philosophen aufgeschrieben. Er war ein Sohn Davids und König in Jerusalem.

Alles ist schon einmal dagewesen

Völlig sinnlos ist alles, war die Erkenntnis des Philosophen, völlig sinnlos. Man kann tun, was man will, es hat alles keinen Sinn. Man müht und plagt sich sein Leben lang, und was hat man davon? Die Generationen kommen und gehen; nur die Erde bleibt, wie sie ist. Die Sonne geht auf, sie geht unter, und dann wieder von vorn, immer dasselbe. Jetzt weht der Wind von Norden, dann dreht er und weht von Süden, er dreht weiter und immer weiter, bis er wieder aus der alten Richtung kommt. Alle Flüsse fließen ins Meer, aber das Meer wird nicht voll. Das Wasser kehrt zu den Quellen zurück, und wieder fließt es ins Meer. Alles verändert sich so schnell, dass man mit dem Hören und Sehen gar nicht nachkommen kann; und es in Worte zu fassen ist erst recht unmöglich. Und doch bleibt es dabei: Es gibt nichts Neues unter der Sonne. Was gewesen ist, das wird wieder sein; was getan wurde, das wird wieder getan. „Sieh her", sagen sie, „da ist etwas Neues!" Unsinn! Es ist schon einmal dagewesen, lange bevor wir geboren wurden. Man weiß nur nichts mehr von dem, was die Alten taten. Und was wir heute tun oder unsere Kinder morgen, wird man auch bald vergessen.

Handeln, Wissen, Genießen – es führt zu nichts

Ich, der Philosoph, war König über Israel und regierte in Jerusalem. Ich nahm mir vor, alle Dinge zu ergründen und zu begreifen.
Ich wollte herausfinden, was für einen Sinn alles hat, was in der Welt geschieht. Doch was ist das für eine fruchtlose Beschäftigung! Gott hat sie den Menschen gegeben, damit sie sich mit ihr plagen. [...]

2.

Ich entschloss mich, das Leben zu genießen und glücklich zu sein. Aber ich merkte: Auch das ist sinnlos. Das Lachen ist etwas für Narren, und die Freude – was bringt sie schon ein?

Lohnt es sich, etwas zu vollbringen?

[...]

Ich vollbrachte große Dinge: Ich baute mir Häuser und pflanzte Weinberge. Ich legte Obstgärten an und pflanzte darin alle Arten von Fruchtbäumen. Ich legte Teiche an, um die Bäume zu bewässern. Ich kaufte mir zahlreiche Sklaven und Sklavinnen zu denen hinzu, die ich von meinem Vater geerbt hatte. Ich besaß mehr Rinder und Schafe als irgendjemand vor mir in Jerusalem. Ich füllte meine Vorratskammern mit Silber und Gold aus den Schätzen der unterworfenen Könige und Länder. Ich hielt mir Sänger und Sängerinnen und nahm mir so viele Frauen, wie ein Mann nur wünschen kann.
So wurde ich mächtiger und reicher als alle, die vor mir in Jerusalem regiert hatten. Weil ich ein so großes Wissen besaß, konnte ich mir alles verschaffen, worauf ich Lust hatte, und ich versagte mir keine Freude. Mit all meiner Mühe hatte ich es soweit gebracht, dass ich tatsächlich glücklich war.
Doch dann dachte ich über alles nach, was ich getan und erreicht hatte, und kam zu dem Ergebnis: Alles ist sinnlos; man könnte genausogut mit der Hand nach dem Wind greifen. Letztlich kommt bei aller Mühe nichts heraus.

Lohnt es sich, Wissen zu erwerben?

[...]

Es stimmt: Wissen ist besser als Unwissenheit, so wie Licht besser ist als Finsternis. Der Wissende sieht, wo er geht; der Unwissende tappt im Dunkeln. Aber ich erkannte auch: Beide trifft am Ende das gleiche Schicksal. Wenn es mir also trotz meiner Bildung genauso geht wie dem Ungebildeten, warum bemühe ich mich dann so sehr um Wissen? Und ich sagte mir: Auch das ist vergeblich. Der Gebildete muss doch genauso sterben wie der Ungebildete. Und man erinnert sich an den einen nicht länger als an den anderen. Wie bald sind beide vergessen! Da war mir das ganze Leben verleidet. Man kann tun, was man will auf dieser Erde – es ist doch alles sinnlos und führt zu nichts.

Auch der ganze Ertrag meiner Mühe war mir verleidet. Ich muss ja doch alles einem anderen überlassen, der nach mir kommt. Wer weiß, ob der auch den Verstand hat, es sinnvoll zu gebrauchen. Trotzdem wird er über alles verfügen, was ich mir mit solcher Mühe durch mein großes Wissen erworben habe. Auch das ist sinnlos! Da begann ich zu verzweifeln, verzweifeln, weil ich mich für nichts und wieder nichts geplagt hatte. [...]

3.
Gott hat alles im Voraus bestimmt

[...]
Was hat ein Mensch von seiner Mühe und Arbeit? Ich habe die fruchtlose Beschäftigung gesehen, die Gott den Menschen auferlegt hat. Er hat für alles eine Zeit vorherbestimmt, zu der er es tut; und alles, was er tut, ist vollkommen. Dem Menschen hat er ein Bewusstsein von der Unendlichkeit der Zeit gegeben, aber von dem, was Gott in dieser unendlichen Zeit tut, kann der einzelne Mensch nur ein winziges Stück erkennen.

Ich war zu der Erkenntnis gekommen: Das Einzige, was der Mensch zu seiner Freude tun kann, ist, dass er sein Leben genießt, solange er es hat. Wenn er aber zu essen und zu trinken hat und genießen kann, was er sich erarbeitet hat, dann verdankt er das der Güte Gottes.

Jetzt aber habe ich erkannt: Alles was Gott tut, geschieht nach einem ewigen Gesetz. Der Mensch kann nichts hinzufügen und nichts davon wegnehmen. Er kann nur Gott für sein unbegreifliches Tun verehren; das ist es, was Gott von ihm will. [...]

Der Mensch müht sich ständig ab, um sich satt essen zu können. Was hilft's, er wird doch immer wieder hungrig! Darin geht es dem Gebildeten nicht besser als dem Unwissenden. Und was nützt es einem Armen, wenn er Wissen hat? Das macht ihn auch nicht satter! Gib dich zufrieden mit dem, was du hast, und verlange nicht nach allen möglichen anderen Dingen; denn das ist sinnlos und Jagd nach Wind.

Sich gegen Gott wehren ist nutzlos

Alles, was geschieht, ist vor langer Zeit bestimmt worden. Ehe ein Mensch auf die Welt kommt, steht schon fest, was aus ihm wird. [...]

Aus: Die Bibel im heutigen Deutsch. Die Gute Nachricht des Alten und Neuen Testaments, © 1982 Deutsche Bibelgesellschaft Stuttgart

- *Ordnen Sie den Begriffen **Vergänglichkeit, Verzweiflung, Sinnlosigkeit** jeweils ein Zitat aus dem Bibeltext zu und stellen Sie diesem Zitat ein Zitat aus dem Roman „Nichts" gegenüber.*
- *Welche Möglichkeiten schlägt der Bibeltext vor, um mit der Vergänglichkeit und Sinnlosigkeit des Lebens umzugehen?*
- *Diskutieren Sie, ob Sie folgendem Zitat zustimmen:*
  „Der Mensch müht sich ständig ab, um sich satt essen zu können. Was hilft's, er wird doch immer wieder hungrig! Darin geht es dem Gebildeten nicht besser als dem Unwissenden. Und was nützt es einem Armen, wenn er Wissen hat? Das macht ihn auch nicht satter! Gib dich zufrieden mit dem, was du hast, und verlange nicht nach allen möglichen anderen Dingen; denn das ist sinnlos und Jagd nach Wind."
- *Finden Sie aktuelle Beispiele (bekannte Persönlichkeiten, heutige Wertvorstellungen etc.), die die Sichtweise des oben stehenden Zitates bestätigen oder widerlegen. Gestalten Sie nun eine Seite des Begleitheftes, indem sie diese Beispiele als Collage darstellen. Verwenden Sie dabei auch passende Zitate aus dem Bibeltext.*
- *Überlegen Sie sich abschließend Gründe, warum in dem Text aus dem Alten Testament dieses Weltbild dargestellt wird. Ergänzen Sie gegebenenfalls Ihre Collage mit diesen Gründen.*

Kierkegaard – Das Selbst

Sören Kierkegaard (1813–55) war eine dänischer Philosoph, Theologe und Schriftsteller. Er wird zu den großen eigenwilligen Denkern des 19. Jahrhunderts gezählt. Seine Texte, die zum Teil unter Pseudonymen veröffentlicht wurden, verbinden persönliche Erfahrungen und Gefühle mit philosophischen, psychologischen und theologischen Analysen und Auseinandersetzungen. Im Mittelpunkt bleibt dabei immer der christlich-religiöse Gesichtspunkt. Seine Überlegungen zu der Existenz des Menschen gelten als grundlegend für die Existenzphilosophie des 20. Jahrhunderts.

„Der Mensch ist eine Synthesis von Unendlichkeit und Endlichkeit, von dem Zeitlichen und dem Ewigen, von Freiheit und Notwendigkeit, kurz eine Synthesis. Eine Synthesis ist ein Verhältnis zwischen Zweien. Auf die Art betrachtet ist der Mensch noch kein Selbst.
In dem Verhältnis zwischen Zweien ist das Verhältnis das Dritte als negative Einheit, und die Zwei verhalten sich zu dem Verhältnis und in dem Verhältnis zum Verhältnis; so ist z.B. unter der Bestimmung Seele das Verhältnis zwischen Seele und Leib ein Verhältnis. Verhält dagegen das Verhältnis sich zu sich selbst, so ist dies Verhältnis das positive Dritte, und dies ist das Selbst."

S. Kierkegaard, Die Krankheit zum Tode. Übersetzt von Emanuel Hirsch. Gesammelte Werke und Tagebücher 24 u. 25. Abteilung, Grevenberg Verlag Dr. Ruff & Co., OHG, Simmerath 2004, S. 8.

- *Tragen Sie die folgenden Begriffe aus Kierkegaards Text in das unten stehende Schaubild ein:* ***Unendlichkeit – Synthesis (oder Verhältnis) – Endlichkeit – Selbst – Zeitliches – Ewiges – Freiheit – Notwendigkeit.***
- *Finden Sie konkrete Beispiele, durch die die Gegensätze veranschaulicht werden.*

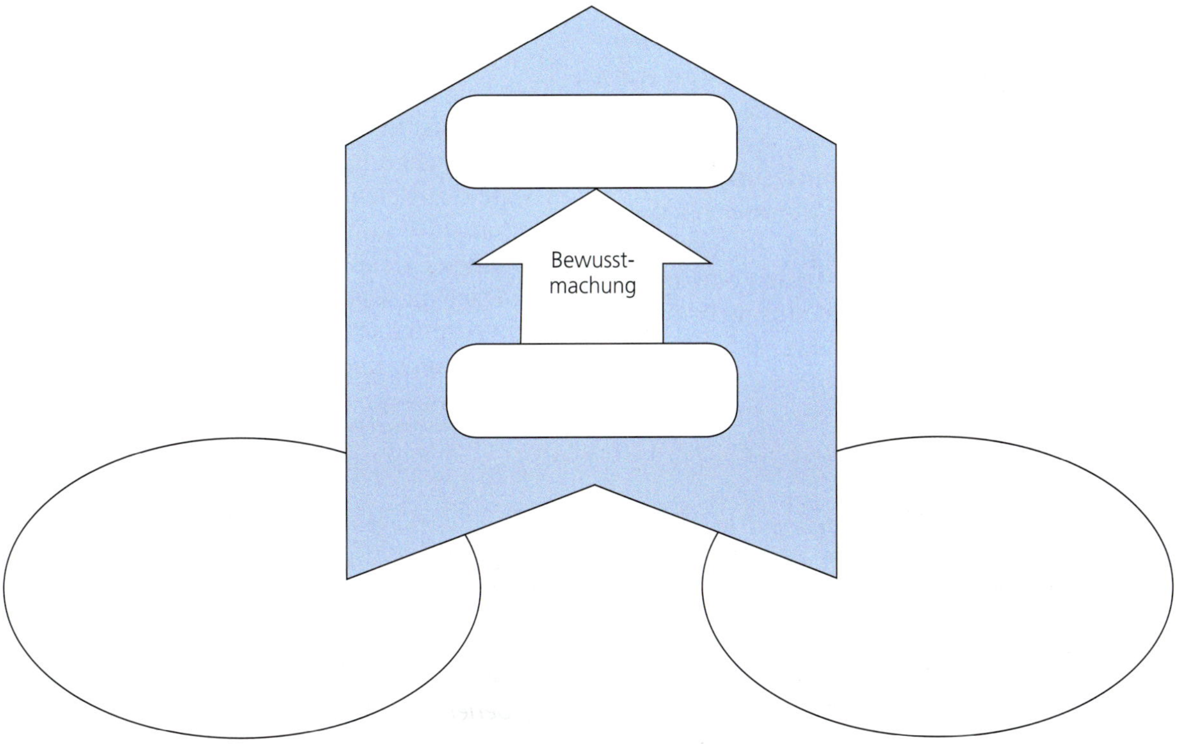

Dialektik

Der Begriff „Dialektik" wurde im Laufe der Zeit unterschiedlich benutzt. Der deutsche Philosoph Hegel, auf den sich Kierkegaard bezieht, bezeichnet Dialektik wie folgt: „Jede These birgt in sich schon ihre Antithese, beide werden in der Synthese aufgehoben."

- *Pierre Anthon stellt die These auf: „Nichts bedeutet irgendetwas". Formulieren Sie dazu, analog zu Kierkegaards System, eine Antithese und eine Synthese.*

Kierkegaard – Die Verzweiflung

Unter Verzweiflung versteht Kierkegaard nicht einfach einen spontanen Anflug von Resignation, der sich an irgendeine Angelegenheit des Lebens hängt. Vielmehr meint Verzweiflung über alle Psychologie hinaus die umfassende Resignation des Selbstes, die aus der – nicht notwendig bewusst vollzogenen – Erfahrung der Paradoxie des Selbstseins resultiert.

In der Verzweiflung erkennt das endliche Individuum, dass es der Realität des Leibes, der Zeitlichkeit, der Notwendigkeit und der Vereinzelung unterworfen und doch zur Übernahme der Idealität der Seele, der Ewigkeit, der Möglichkeit und der Allgemeinheit verpflichtet ist. Dem Bedrängnischarakter dieser meist ungewollt erlittenen Selbsterkenntnis entspricht, dass das verzweifelnde Selbst zunächst von sich und seiner Verzweiflung loszukommen sucht: Verzweifelt zu sein heißt anfangs immer, „verzweifelt nicht man selbst sein (zu) wollen“ [...].

Selten wird dieser Impuls bewusst erfahren, noch seltener wird er bewusst verfolgt. Er verkleidet sich vielmehr in jeder bestimmten Absicht, in der Welt und vor den anderen unbedingt etwas bestimmtes erreichen oder werden zu wollen. Tatsächlich will ja, wer unbedingt nach etwas strebt, vor allem anderen nicht länger das sein, was er oder sie ist und zu sein hat. Folglich ist das Streben nach Rang, Auszeichnung oder Gütern nicht einfach nur ein Verhältnis zum erstrebten Ziel, sondern immer auch ein Verhältnis des Individuums zu sich. Genauer noch: es ist Ausdruck eines Missverhältnisses zu sich, Ausdruck der Ablehnung des eigenen, latent oder manifest verzweifelnden Daseins. Dem entspricht dann, dass die Flucht vor der Verzweiflung zu neuer Verzweiflung führt:

- wird das unbedingt gewollte Ziel nicht erreicht, so verzweifelt die Einzelne nicht einfach nur über das Fehlschlagen des verfolgten Planes: Sie verzweifelt vielmehr darüber, das eigenste Zu-sein-haben, dessen sie sich ja gerade entledigen wollte, nicht loswerden zu können;
- wird das unbedingt gewollte Ziel erreicht, so wird der Einzelne früher oder später dennoch von der Verzweiflung eingeholt: Er verzweifelt dann darüber, im Erreichen des unbedingt Gewollten zwar sein bisheriges Dasein hinter sich gelassen zu haben, zugleich jedoch immer noch ein Selbst geblieben zu sein, das sein Sein zu sein hat.

Obwohl die Verzweiflung immer einer Erfahrung des Scheiterns entspringt, kann sie dennoch nicht als bloß negative Stimmung beurteilt werden. Ihrer Negativität nach ist sie zwar Ausdruck dafür, dass das Selbstverständnis der Einzelnen ein Missverhältnis ist. Als Beirrung und Verstörung des Selbst aber ist sie zugleich ein Aufruf zur Umkehr und die Möglichkeit eines Neubeginns. Nur wer über sich selbst verzweifelt, kann den Wunsch verspüren, die Aufgabe des Selbstseins eigens übernehmen zu wollen. [...]

Nimmt ein Individuum seine Verzweiflung an, so begreift es, dass sich die Aufgabe des Selbstseins unter allen möglichen Umständen des Daseins stellt, und es begreift zugleich, dass ihre Übernahme ebenso wie ihre Zurückweisung immer ein unableitbarer Akt seiner Freiheit ist. Deshalb bezeichnet auch Kierkegaard seine Dialektik als eine Dialektik der Freiheit und die in ihr vermittelten Stufen und Stadien der Selbstwerdung als Stufen und Stadien der Freiheit.

Thomas Seibert: Existenzphilosophie, S. 24 © 1997 J. B. Metzlersche Buchhandlung und Carl Ernst Poeschel Verlag in Stuttgart

- *Thomas Seibert definiert in seinem Text die Verzweiflung nach Kierkegaard als „die umfassende Resignation des Selbstes, die aus der – nicht notwendig bewusst vollzogenen – Erfahrung der Paradoxie des Selbstseins resultiert.“*
  Erläutern Sie, was mit „Paradoxie des Selbstseins“ gemeint ist, und formulieren Sie eine eigene Definition.
- *Fassen Sie die Kernaussagen des Textes zusammen.*
- *Übertragen Sie Kierkegaards Thesen auf den Roman „Nichts“:*
  - *Lesen Sie den Dialog zwischen Pierre Anthon und Agnes auf S. 23 und erklären Sie diese Stelle mit Kierkegaards Verständnis von Verzweiflung.*
  - *Überlegen Sie, ob man das Streben der Klasse, den Berg aus Bedeutung fertigzustellen, ebenfalls mit Kierkegaard erläutern kann.*
  - *Überlegen Sie, ob die Klasse nach Pierre Anthons Tod einen Schritt zum Überwinden der Verzweiflung gemacht hat.*

Sören Kierkegaard

Gestalten Sie drei Seiten für Ihr Museums-Begleitheft, auf denen Kierkegaard Ereignisse in Tæring kommentiert. Formulieren Sie jeweils eine Sprechblase mit dem folgenden Beginn:

- *Agnes will weltberühmt werden, weil …*
- *Die Klasse will den Berg aus Bedeutung um jeden Preis fertigstellen, weil …*
- *Nach Pierre Anthons Tod …*

Friedrich Nietzsche – Nihilismus

Friedrich Nietzsche (1844–1900), geboren im heutigen Sachsen-Anhalt, war Philosoph und klassischer Philologe. Er gilt als Vorläufer und Wegbereiter der Existenzphilosophie. Sein umfangreiches und sprachlich beeindruckendes Werk lässt sich in drei Perioden einteilen. In der dritten Phase (1883–1888) prägt er den Begriff **Nihilismus**, der bis heute eng mit seinem Namen verknüpft ist. Seine Gedanken und Konzepte, wie beispielsweise zu dem „Übermenschen", erzielten auch außerhalb philosophischer Zirkel Wirkung und waren Gegenstand häufiger Umdeutungen, unter anderem durch den Nationalsozialismus.

Nihilismus [zu lat. nihil „nichts"], weniger ein fest umrissener philosoph. als ein literar. Terminus zur (meist polem.) Kennzeichnung eines sich v.a. auf die Gottes- und Werterkenntnis beziehenden Skeptizismus; allg. verwendeter Ausdruck erst durch Turgenjews Roman „Väter und Söhne" (1862); im Anschluss an diesem Roman übernahmen ihn die sozialkrit. russ. Anarchisten als Selbstbez. Eine theoret. Reflexion über den N. findet sich bei Nietzsche, der im N. die noch unreflektierte, aber notwendige Folge der christl. (moral.) Lebensverneinung sieht.

Meyers Neues Lexikon © 1994 Bibliographisches Institut, Mannheim

Nihilism: es fehlt das Ziel; es fehlt die Antwort auf das „Warum"?
Was bedeutet Nihilism? – dass die obersten Werte sich entwerten.

Aus: Nietzsche, Kritische Studienausgabe in 15 Bänden – 12, Berlin/New York 1980ff. S. 350

Über Wahrheit und Lüge im außermoralischen Sinne:
In irgendeinem abgelegenen Winkel des in zahllosen Sonnensystemen flimmernd ausgegossenen Weltalls gab es einmal ein Gestirn, auf dem kluge Tiere das Erkennen erfanden. Es war die hochmütigste und verlogenste Minute der „Weltgeschichte": aber doch nur eine Minute. Nach wenigen Atemzügen der Natur erstarrte das Gestirn, und die klugen Tiere mussten sterben. – So könnte jemand eine Fabel erfinden und würde doch nicht genügend illustriert haben, wie kläglich, wie schattenhaft und flüchtig, wie zwecklos und beliebig sich der menschliche Intellekt innerhalb der Natur ausnimmt. Es gab Ewigkeiten, in denen er nicht war; wenn es wieder mit ihm vorbei ist, wird sich nichts begeben haben. Denn es gibt für jenen Intellekt keine weitere Mission, die über das Menschenleben hinausführte. Sondern menschlich ist er, und nur sein Besitzer und Erzeuger nimmt ihn so pathetisch, als ob die Angeln der Welt sich in ihm drehten. Könnten wir uns aber mit der Mücke verständigen, so würden wir vernehmen, dass auch sie mit diesem Pathos durch die Luft schwimmt und in sich das fliegende Zentrum dieser Welt fühlt. Es ist nichts so verwerflich und gering in der Natur, was nicht, durch einen kleinen Anhauch jener Kraft des Erkennens, sofort wie ein Schlauch aufgeschwellt würde; und wie jeder Lastträger seinen Bewunderer haben will, so meint gar der stolzeste Mensch, der Philosoph, von allen Seiten die Augen des Weltalls teleskopisch auf sein Handeln und Denken gerichtet zu sehen.

Aus: Nietzsche, Kritische Studienausgabe in 15 Bänden – 1, Berlin/New York 1980ff. S. 875

Der philosophische Nihilist ist der Überzeugung, dass alles Geschehen sinnlos und umsonstig ist; und es sollte kein sinnloses und umsonstiges Sein geben. Aber woher dieses: Es sollte nicht? Aber woher nimmt man diesen „Sinn"? Dieses Maß? – Der Nihilist meint im Grunde, der Hinblick auf ein solches ödes nutzloses Sein wirke auf einen Philosophen unbefriedigend, öde, verzweifelt; eine solche Einsicht widerspricht unserer feineren Sensibilität als Philosophen. Es läuft auf die absurde Wertung hinaus: der Charakter des Daseins müsste dem Philosophen Vergnügen machen, wenn anders es zu Recht bestehen soll …

Aus: Nietzsche, Kritische Studienausgabe in 15 Bänden – 13, Berlin/New York 1980ff. S. 45

- *Formulieren Sie eine eigene Definition des Begriffes Nihilismus.*
- *Überlegen Sie, ob man Pierre Anthon, gemessen an seinem Handeln und seinen Aussagen, als Nihilisten bezeichnen kann.*
- *Gestalten Sie eine Seite des Begleitheftes, indem Sie den Nietzsche-Zitaten über den Nihilismus passende Aussagen von Pierre Anthon gegenüberstellen. Als Hilfsmittel kann Ihnen folgende Tabelle dienen. Recherchieren Sie nach den fehlenden Nietzsche-Zitaten im Internet.*

Nietzsche	Pierre-Anthon
„Der philosophische Nihilist ist der Überzeugung, dass alles Geschehen sinnlos und umsonstig ist." Nietzsche, Kritische Studienausgabe in 15 Bänden – 13, Berlin/New York 1980ff. S. 45.	
„In irgendeinem abgelegenen Winkel des in zahllosen Sonnensystemen flimmernd ausgegossenen Weltalls gab es einmal ein Gestirn, auf dem kluge Tiere das Erkennen erfanden. Es war die hochmütigste und verlogenste Minute der ‚Weltgeschichte': aber doch nur eine Minute. Nach wenigen Atemzügen der Natur erstarrte das Gestirn, und die klugen Tiere mussten sterben." Ebd. Band 1, S. 875.	
„[E]s fehlt das Ziel; es fehlt die Antwort auf das ‚Warum'?" Picht, Georg, Rudolph, Enno. Vorlesungen und Schriften: Nietzsche – Band 4. Stuttgart 1993. S. 330.	
„[…] wie kläglich, wie schattenhaft und flüchtig, wie zwecklos und beliebig sich der menschliche Intellekt innerhalb der Natur ausnimmt." Nietzsche, Kritische Studienausgabe in 15 Bänden – 1, Berlin/New York 1980ff. S. 875.	
„Die Arbeit ist eine Schmach, weil das Dasein keinen Wert an sich hat." Nietzsche, Friedrich. Werke in drei Bänden. München 1982. S. 276.	
	„Das Beste, was wir für die Zukunft der Erde tun können, ist sterben!" (Seite 74)
	„Und du wirst feststellen, dass der Ruhm und die große Welt außerhalb von dir sind, dass aber innen nichts ist und dass es auch so bleiben wird, egal was du tust." (Seite 23) Aus: Janne Teller, Nichts. Was im Leben wichtig ist. Aus dem Dänischen von Sigrid C. Engeler © 2010 Carl Hanser Verlag München

Der Begriff Angst

Folgendes Interview erläutert den Begriff Angst bei Heidegger, Sartre und Kierkegaard. Prof. Dr. Hans-Ulrich Baumgarten, mit dem das Interview geführt wurde, ist Professor für Philosophie an der Heinrich Heine Universität Düsseldorf. Zum Zeitpunkt des Interviews ist er auch als wissenschaftlicher Referent für Schule und Weiterbildung sowie Kultur der CDU Landtagsfraktion in NRW tätig.

Achim Roschmann: „Das Wovor der Angst ist völlig unbestimmt. Nichts von dem, was innerhalb der Welt zuhanden ist und vorhanden ist, fungiert als das, wovor die Angst sich ängstigt. Dass das Bedrohende nirgends ist, charakterisiert das Wovor der Angst." – ein Heidegger Zitat.
Wir benutzen im alltäglichen Sprachgebrauch die Begriffe Angst und Furcht. Wodurch unterscheiden sie sich im Sinne Heideggers?

Prof. Dr. Baumgarten: Heideggers Unterscheidung von Angst und Furcht ist natürlich eine philosophische Unterscheidung. Sowohl den Begriff der Angst als auch den Begriff der Furcht fasst er philosophisch auf. Das kann man daran sehen, dass er sagt, das Wovor der Angst ist völlig unbestimmt. Unreflektiert benutzen wir beide Begriffe häufig synonym. Wenn man jetzt versucht, einen Unterschied herauszuarbeiten, dann fängt man gewissermaßen an zu philosophieren. Ich gehe davon aus – nach Kant –, dass Philosophie Selbsterkenntnis ist. Das heißt, ich fange darüber an, nachzudenken, wann benutze ich für mich das Wort Angst und wann das Wort Furcht. Und dann glaube ich schon, dass Heidegger mit seiner Unterscheidung recht hat, dass die Angst etwas ist, das auftritt, wenn keine Bezüge, keine Verhältnisse mehr vorhanden sind, wenn alles unbestimmt ist.
Beispielsweise hatte unser jüngster Sohn vor längerer Zeit abends beim Einschlafen häufiger Angst vor dem Sterben. Da habe ich ihn dann gefragt: „Warum hast du denn Angst vor dem Sterben?" „Weil ich Angst davor habe, dass da nichts mehr ist." Dieses Nichts ist meiner Auffassung nach ein absolutes Nichts. Es hat keinen Bezug mehr zu irgendetwas. Nicht im Sinne von „dies ist kein Tisch" oder „dies ist nicht rot" – immer in Bezug auf etwas anderes –, sondern tatsächlich ein unbestimmtes Nichts, das keine Bezüge mehr hat.

A.R.: Im Gegensatz dazu ist es Furcht, wenn wir in unserem Sprachgebrauch sagen: „Ich habe Angst, von einer Biene gestochen zu werden."

Prof. Dr. Baumgarten: Richtig. Das wäre dann sozusagen der philosophische Begriff Furcht. Furcht ist immer relativ, Angst ist absolut.

A.R.: Ist das „Wovor der Angst" dann das Nichts, wovor man sich fürchtet? Könnte man das nicht doch als Gegenstand der Angst sehen?

Prof. Dr. Baumgarten: Das würde Heidgger natürlich nicht so sehen, denn für ihn ist das Nichts gerade nicht gegenständlich. Denn sobald Gegenstände vorhanden sind, wäre es räumlich – es müsste im Raum sein – und der Raum ist gewissermaßen die Form für jegliche Beziehung, für jegliches Verhältnis. Und Verhältnisse und Beziehungen müssen wir ganz wegdenken.
Wenn Sie sich selbst ganz wegdenken, nämlich in dem Sinne: Warum gibt es überhaupt etwas und nicht viel mehr nichts? Dieses Nichts ist ein völlig absolutes Nichts und darüber kann man nichts sagen.
Trotzdem hat man Angst vor dem Nichts, weil man sich selbst wegdenkt. Aber eben nicht als Körper, sondern als Geist oder Bewusstsein. Als das Zentrum des eigenen Erkennens. Und als Erkennender bin ich für mich Zentrum der Welt. Weil alles, was in der Welt auftritt, auf mich bezogen ist. Das Ich ist quasi für mich Zentrum der Welt und wenn ich dieses Ich wegdenke, ist dieses Ich nicht gegenständlich. Deshalb kann ich davor Angst haben.

A.R.: Heidegger spricht auch von dem In-der-Welt-Sein. Welche Rolle spielt das in Bezug auf die Angst?

Prof. Dr. Baumgarten: Das In-der-Welt-Sein des Menschen ist so charakterisiert, dass alles in Bezug auf den Menschen steht. Deshalb spricht er ja auch vom Um-zu. Alles, was mir begegnet, ist in den Horizont eines Um-Zu-Bezugs gefasst. Der Tisch ist dazu da, um mir zum Essen zu dienen. Oder die Tasse, um mir zum Kaffeetrinken zu dienen. Und wenn dieses Zentrum fehlt, dann gibt es kein In-der-Welt-Sein und genau davor hat man Angst, weil es dann auch keine Welt mehr gibt und auch kein Ich mehr gibt. Dies bewirkt aber auch, dass der Mensch sein In-der-Welt-Sein erst durch die Wahrnehmung dieser Angst erkennt.

A.R.: Heidegger ist aber nicht der erste Philosoph, der sich mit dem Begriff der Angst beschäftigt hat. 1844 veröffentlichte der dänische Philosoph Kierkegaard ein Werk mit dem Titel „Der Begriff Angst". Darin stellt er einen Bezug zwischen Angst und etwas, das er „Schwindel der Freiheit" nennt, her.

Prof. Dr. Baumgarten: Schwindel der Freiheit würde ich mit Sartre so interpretieren, dass man zur Freiheit verurteilt ist. Letztlich muss ich mich immer entscheiden. Letztlich bin ich immer dazu verdammt, mein Leben zu gestalten. Aufgrund der Möglichkeiten, die mir geboten werden. Und davor kann einem schwindeln, weil ich ja häufig, salopp gesagt, faul bin, Verantwortung zu übernehmen. Ich muss dies trotzdem tun. Auch in dem Falle, in dem ich Verantwortung abgebe, habe ich mich dazu aus freien Stücken entschieden, diese Verantwortung abzugeben: „Entscheide du mal." Das ist aber auch eine Entscheidung. Ich entgehe dadurch nicht meiner Freiheit. Das heißt letztlich, ich entgehe mir selbst nicht. Das kann Schwindel erregen. Dass ich zu mir selbst, wenn man es negativ sagen will, verdammt bin. Mir bleibt gar nichts anderes übrig.

Sartre sagt, die Grundstruktur menschlichen Seins ist Absichtlichkeit. Das Wollen. Wir sind letztendlich reines Wollen. Und abstrakt wollen wir immer nur Erfolg. Das heißt, wir wollen immer, dass unser Handeln gelingt, und sei es, dass ich einen Löffel nehme und darin in der Tasse rühre. Es ist aber auch so, dass uns Misserfolg widerfahren kann. Dafür können wir aber nichts, weil wir immer nur Erfolg wollen. Dazu sind wir auch verdammt. Unsere Freiheit besteht darin, immer Erfolg zu wollen. Das, was dann aber gewissermaßen inhaltlich dieses Wollen ist, das haben wir nicht in der Hand. Das liegt daran, wie beispielsweise unser Körper gestaltet ist, was ich für Neigungen und Bedürfnisse habe. Was ich für Triebe habe, was ich für Erfahrungen gemacht habe, wie ich aufgewachsen bin, in welchem Land ich bin. Das alles haben wir nicht in der Hand, was als Inhalt konkret gewollt wird. Wir haben dann aber in der Hand, diese Inhalte abzuwägen und frei zu entscheiden. Wir sind dazu verdammt, immer Erfolg zu wollen.

Denn unser Geist besteht rein formal darin, immer voran zu wollen. Immer Erfolg zu wollen. Wir können gar nicht wollen, dass unser Handeln misslingt. Das können wir gar nicht. Dafür werden Sie kein Beispiel finden.

A.R.: Würden Sie dieses ständige Streben kritisch sehen? Kierkegaard behauptet beispielsweise, dass der Drang, etwas erreichen zu müssen, aus Verzweiflung geschieht und letztendlich auch nur zu neuer Verzweiflung führen kann.

Prof. Dr. Baumgarten: Da kann ich gar nichts kritisieren. Ich würde dann ja die Natur kritisieren oder möglicherweise einen Schöpfergott.

A.R.: Aber es gibt ja Menschen, die versuchen, sich dem zu entziehen.

Prof. Dr. Baumgarten: Die Religion, die das sehr stark macht, ist der Buddhismus. Buddhisten versuchen, das Nirwana, letztlich ein Nichts, für sich in irgendeiner Art und Weise zu realisieren. Sie tun dies durch einen Akt der Meditation Dass sie darin scheitern, d.h., dass das auch ein Willensakt ist, wird meistens unterschlagen. Denn sie wollen in irgendeiner Art und Weise diesem ewigen Wollen, das ich bin, entgehen. Aber selbst um diesem entgehen zu wollen, muss man noch wollen.

Religion ist für mich ein Beispiel dafür, wie man dem Wollen, zu dem man verdammt ist, wie Sartre sagt, versucht zu entkommen. Ästhetik ist ein weiterer Versuch sich aus diesem Wollens-Kontext herauszunehmen. Nehmen Sie ein schönes Stillleben mit einem gefüllten Esstisch. Den sehen Sie ja anders an, als einen wirklich gefüllten Esstisch. Das ist der Versuch, eine andere Einstellung zu gewinnen. Sich selbst herauszunehmen, aus diesem Wollens-Kontext, der immer nur seine eigene Bedürfnisse befriedigen will.

A.R.: Vielen Dank für das Gespräch.

- *Erläutern Sie, worin sich nach Heidegger die Begriffe „Furcht" und „Angst" unterscheiden.*
- *Fassen Sie zusammen, wie Kierkegaard und Sartre Angst definieren.*
- *Nachdem Pierre Anthon zu Beginn des Romans die Schule verlassen hat, beschreibt Agnes ihre Empfindungen folgendermaßen: „Ich bekam Angst. Angst vor Pierre Anthon. Angst. Mehr Angst. Am meisten Angst."*
  Analysieren Sie diese Stelle (S.10) unter Rückbezug auf das vorliegende Interview.
- *Gestalten Sie eine weitere Seite des Begleitheftes, indem Sie die oben genannte Szene aus dem Roman „Nichts" auf einem Foto darstellen.*

Richard David Precht: Sartre – Das Sein und das Nichts

Jean Paul Sartre (1905–1980) war ein französischer Philosoph und Schriftsteller. Er gilt als wichtigster Vertreter des **Existenzialismus**. Da zu seinen Veröffentlichungen nicht nur theoretische Texte zählen, sondern, wie auch bei Camus, Theaterstücke und Romane, trug er maßgeblich dazu bei, dass der Existenzialismus zeitweise sehr populär in Frankreich war. In seinem Werk spielt der Gedanke der **Freiheit** eine wichtige Rolle, was auch damit zusammenhängt, dass er den Menschen selbst für sein Leben verantwortlich sieht. Zu seinen wichtigsten Werken zählt „Das Sein und das Nichts".

Der Titel „Das Sein und das Nichts" hat eine recht einfache Bedeutung. Der Mensch, so Sartre, ist das einzige Tier, das sich auch mit dem beschäftigen kann, was es nicht gibt. Andere Tiere haben kein komplexes Vorstellungsvermögen, sie können nicht an das denken, was nicht mehr ist, und auch nicht an das, was noch nicht ist. Menschen dagegen können sogar Dinge erfinden, die es nie gibt – sie können lügen. Je mehr Vorstellungsvermögen ein Lebewesen hat, umso freier ist es. Umgekehrt, so Sartre, bedeutet dies, dass der Mensch allein als nackte Existenz überhaupt keine Substanz hat. Anders als die Tiere, die durch festgelegte Instinkte und Handlungsmuster bestimmt sind, muss sich der Mensch seine eigenen Handlungsmuster erst noch suchen: „Die Existenz geht dem Wesen voraus". Diese Tatsache, meint Sartre, hatten die Theologen und Philosophen immer verkannt. Sie hatten nach Regeln und Mustern gesucht, um den Menschen zu definieren. Doch in einer Welt ohne Gott hatten diese Wesensbestimmungen aus Werten und verbindlichen moralischen Maximen keinen Sinn mehr. Das einzig Existenzielle am Menschen sind seine Gefühle: der Ekel, die Angst, die Sorge, die Langeweile und das Gefühl des Absurden. Sartre nannte seine Philosophie Existenzialismus.

Die Härte, mit der Sartre alles ausradiert, was seine Vorgänger in den Menschen hineinprojiziert hatten, und auch die Betonung der *negativen* Gefühle sind wahrscheinlich nur verständlich aus der Erfahrung des Krieges. Entsprechend stark ist Sartres Widerstandsgeist gegen die Trägheit und die Leere. Es gilt Widerstand (gegen die Nazis) zu leisten und etwas Neues aufzubauen. Philosophisch äußert sich dieses Gefühl in Sartres ungezählten Aufforderungen zur Tat: „Der Mensch ist das, was er vollbringt" oder: „Es gibt Wirklichkeit nur in der Tat." Eine Entschuldigung für Menschen, die im Nichts herumträumen, gibt es nicht. Denn sie fliehen nur vor sich selbst und ihrer Verantwortung. All dies, so Sartre, ist Selbstbetrug.

Für den existenzialistischen Philosophen erwächst hieraus eine ehrgeizige Aufgabe. In seiner bald darauf folgenden Schrift *Der Existenzialismus ist ein Humanismus* definiert Sartre den Philosophen als Aufklärer. Er soll die anderen dazu anhalten, ihre Freiheit zu leben und sich dadurch als Menschen zu verwirklichen. Für Sartre kommt es dabei vor allem anderen auf den „Entwurf" an, den der Mensch von sich selbst macht: „Der Mensch ist zuerst ein Entwurf; nichts existiert diesem Entwurf vorweg, und der Mensch wird zuerst das sein, was er zu sein geplant hat." Der Wille dagegen ist, nach Sartre, nur eine Folge eines solchen vorangegangenen Entwurfs: Erst plant sich der Mensch, dann legt er sich einen dementsprechenden Willen zu. Genau dies hat Sartre tatsächlich behauptet: „Was wir unter Wollen verstehen, ist eine bewusste Entscheidung, die für die meisten unter uns dem nachfolgt, wozu man sich selbst gemacht hat."

Richard David Precht, Wer bin ich – und wenn ja wie viele? Eine philosophische Reise © 2007 Wilhelm Goldmann Verlag, München in der Verlagsgruppe Random House GmbH

- *Erläutern Sie die Aussage „Die Existenz geht dem Wesen voraus".*
- *Diskutieren Sie, ob Pierre Anthon sich im Sinne von Sartre verhält oder nicht.*
- *Verfassen Sie für das Begleitheft ein fiktives Interview – ähnlich dem auf Arbeitsblatt 28 –, in dem ein Journalist einen Philosophen zu Pierre Anthon befragt.*

Baustein 5

Die Rezeption des Romans

Janne Tellers Roman hat in allen Ländern, in denen er veröffentlicht wurde, eine Diskussion sowohl in der Öffentlichkeit als auch an Institutionen wie Schulen, Bibliotheken oder Kirche ausgelöst. Deswegen sollen sich die Schülerinnen und Schüler in diesem Baustein einerseits mit ihrer eigenen Meinung zu dem Roman auseinandersetzen, andererseits aber auch analysieren, warum gerade dieser Roman kontrovers diskutiert wird und mit welchen Argumenten die Debatte geführt wird. Abschließend übertragen sie diese Diskussion auf ihr eigenes Umfeld, indem sie in einem Rollenspiel die fiktive Entscheidung treffen, ob der Roman an ihrer eigenen Schule weiter behandelt werden soll oder nicht.

5.1 Verfassen einer eigenen Kritik

Eine Möglichkeit, sich kritisch und konstruktiv mit dem Roman auseinanderzusetzen, bietet das Verfassen einer eigenen Rezension. Als Beispiel wird dazu zunächst eine professionelle Kritik des Romans analysiert, anhand derer die Schüler Kriterien zum Verfassen ihrer Texte erarbeiten. Sind diese geschrieben, vergleichen und bewerten die Schüler sie, z. B. im Rahmen einer Schreibkonferenz.
So lernen die Schülerinnen und Schüler mit der Rezension eine authentische Textform kennen, die sich auf eine andere Art mit Literatur beschäftigt, als dies häufig im schulischen Alltag geschieht. Das Schreiben eines solchen Textes schult die persönliche Auseinandersetzung mit Literatur, und die gemeinsame Arbeit an den eigenen Rezensionen verbessert das Sprachgefühl und die stilistische Ausdrucksfähigkeit.[1] Vor dem Verfassen der Texte ist es jedoch zunächst wichtig, zu erarbeiten, welche Funktionen Literaturkritik erfüllt, und ausgehend davon eigene Kriterien für das Schreiben einer Rezension zu entwickeln. Dazu analysieren die Schülerinnen und Schüler auf **Arbeitsblatt 30**, S. 120, eine Rezension zu dem Roman „Nichts", die am 24.8.2010 im Deutschlandradio Kultur gesendet wurde.

- *Lesen Sie die Rezension und analysieren Sie, welche verschiedenen Funktionen sie erfüllt.*

Diese Funktionen werden anschließend in einem Tafelbild gesammelt:

Die Funktion von Literaturkritik

- kurzer Überblick über die Handlung
- Deutung der Aussage des Romans
- Nennen der Wirkungsweise
- Beschreiben des Stils und der Sprache

→ **Informationsfunktion**

- Verweise auf ähnliche Romane → **Orientierungsfunktion**
- eigene Meinung des Kritikers und Empfehlung → **Kritikfunktion**
- Wecken von Interesse → **Unterhaltungsfunktion**

[1] Vgl. Bräuer, Christoph: Literaturkritik. In: Praxis Deutsch 231. Seelze: Friedrich Verlag. 2010, S. 51 f.

Die Ergebnisse werden nun dazu benutzt, Kriterien zu entwickeln, anhand derer die Schülerrezensionen geschrieben und danach bewertet werden können. Dabei sollte die Situation der Klasse oder des Kurses miteinbezogen werden, d.h. Altersstufe, bisher behandelte Lektüren, besonderes Profil der Schule etc. Auch sollte geklärt werden, ob die besten Rezensionen veröffentlicht werden können, z.B. in der Schülerzeitung, auf der Jugendseite einer lokalen Zeitung, als Aushang im Schulgebäude, einer Bücherei oder Buchhandlung, im Internet etc.

■ *Formulieren Sie Kriterien, die Ihre Rezensionen erfüllen müssen.*

Diese Kriterien werden nun in einem Bewertungsbogen, ähnlich dem hier abgedruckten, festgehalten. Aus zeitökonomischen Gründen kann die Erstellung eines eigenen Bewertungsbogens auch übersprungen und die hier vorgeschlagene Version, die auch auf **Arbeitsblatt 31**, S. 121, zu finden ist, benutzt werden.

Bewertungsbogen für eine Schülerrezension				
Kriterium	++	+	–	––
Dem Leser werden die Gattung und Thematik klar.				
Der Inhalt wird kurz und informativ wiedergegeben.				
Auf den Stil des Autors wird eingegangen.				
Typische Stellen werden zitiert.				
Wichtige Informationen über die Autorin werden genannt.				
Die Meinung des Rezensenten wird deutlich …				
… und gut begründet.				
Dem Leser wird eine Empfehlung gegeben.				
Bekannte Werke mit ähnlicher Thematik werden genannt.				
etc.				

Anschließend verfassen die Schülerinnen und Schüler die Rezensionen – ein Arbeitsauftrag, der sich gut als Hausaufgabe anbietet.

■ *Verfassen Sie nun eine eigene Rezension zu Janne Tellers Roman „Nichts".*

Sollte eine Veröffentlichung der Texte möglich sein, kann der Arbeitsauftrag dementsprechend ergänzt werden.
Nun vergleichen und bewerten die Schülerinnen und Schüler ihre eigenen Texte in einer Schreibkonferenz: In Gruppen lesen sie die Texte zunächst gegenseitig, füllen dabei die Bewertungsbögen aus und notieren anschließend Verbesserungsvorschläge sowie gelungene Aspekte. Abschließend nutzen die Schülerinnen und Schüler diese Rückmeldung, um ihre Texte zu überarbeiten.

5.2 Die öffentliche Debatte um den Roman

Im Folgenden wird auf die Debatte, die das Buch ausgelöst hat, eingegangen. Sowohl in Skandinavien, wo der Roman zuerst erschienen ist, als auch in Deutschland hat die Veröffentlichung kontroverse Reaktionen ausgelöst. Während sich in Dänemark zunächst Schulen weigerten, den Roman zu behandeln, und auch Bibliotheken eine kritische Haltung äußerten[1], wird er dort inzwischen häufig in Abiturprüfungen eingesetzt. Außerdem wurde der Roman mit mehreren Literaturpreisen ausgezeichnet. Im Kern dreht sich die Debatte um die Frage, ob jugendlichen Lesern die nihilistischen Thesen Pierre Anthons zugemutet werden können oder nicht. Gleichzeitig zeigt diese öffentliche Diskussion aber auch die Mechanismen des Kulturbetriebs, d. h., wie die Betonung bestimmter Aspekte benutzt wird, um Aufmerksamkeit zu erreichen. So bezieht sich der deutsche Verlag Hanser in seiner Werbung für den Roman direkt auf die Kontroverse, und zahlreiche Pressestimmen stellen ebenfalls diesen Aspekt in den Fokus. Als Beispiel dafür kann die Schlagzeile „Lehrer sagten, dieses Buch ist schädlich" eines Interviews aus der Wochenzeitschrift „Die Zeit"[2] genannt werden. Die Schülerinnen und Schüler setzen sich damit auseinander, indem sie auf **Arbeitsblatt 32**, S. 122f., Auszüge aus Artikeln über den Roman untersuchen und zunächst die Argumente sammeln, die darin benutzt werden.

- *Lesen Sie die verschiedenen Pressestimmen und listen Sie auf, welche Argumente dafür und dagegen genannt werden, dass Jugendliche den Roman lesen. Überlegen Sie anschließend, warum gerade dieser Roman so stark diskutiert wird.*

Die Ergebnisse können in einer Tabelle an der Tafel gegenübergestellt werden, und in einem Fazit sollten Gründe festgehalten werden, warum der Roman diese kontroversen Reaktionen hervorruft.

Argumente in der öffentlichen Diskussion

Für den Roman spricht,	Dagegen spricht,
• dass er mutig und gesellschaftskritisch ist, • dass er den Leser zum Nachdenken anregt, • dass er dem Leser vor Augen führt, wie wichtig eine kritische Geisteshaltung ist, • dass Fragen behandelt werden, mit denen sich Kinder und Jugendliche sowieso beschäftigen, • dass Jugendliche von dem Buch begeistert sind.	• dass er Jugendlichen das Gefühl vermitteln kann, dass das Leben sinnlos ist, • dass er dadurch eine negative Einstellung fördert, • dass Institutionen wie die Kirche in solchen Fragen konsultiert werden sollen, • dass Kinder und Jugendliche von dem Inhalt überfordert sein könnten.

Fazit: Gründe für die Debatte sind:

- Fragen, die der Roman aufwirft und auf die es keine einfachen Antworten gibt
- Befürchtung vieler Erwachsener, dass diese Themen Jugendliche überfordern und ihnen schaden könnten

Anschließend analysieren die Schülerinnen und Schüler, wie in einer Anzeige des Verlages die Debatte benutzt wird, um das Buch zu bewerben. Diese befindet sich auf dem gleichen Arbeitsblatt.

[1] Vgl. Die Zeit vom 05.08.2010.
[2] Vgl. Die Zeit vom 05.08.2010.

- *Betrachten Sie die Anzeige und erläutern Sie, auf welche Weise der Verlag sich die Debatte zunutze macht.*

Um zu verdeutlichen, wie sehr eine öffentliche Diskussion zum Verkaufserfolg eines Romans oder auch eines anderen Werkes beitragen kann, suchen die Schülerinnen und Schüler ähnliche Beispiele. Thilo Sarrazins umstrittenes Sachbuch „Deutschland schafft sich ab" aus dem Jahr 2010 kann hier genannt werden, eventuell aktuelle Filme oder Musikveröffentlichungen mit umstrittenem Inhalt oder als historisches Beispiel Goethes „Die Leiden des jungen Werthers".

- *Nennen Sie weitere Beispiele, bei denen eine öffentliche Diskussion zum Erfolg des Werkes beigetragen hat.*

5.3 Umsetzung der Debatte als Rollenspiel

Abschließend können in einem Rollenspiel viele Aspekte, die die Rezeption des Romans betreffen, vertieft werden. So werden hier die Argumente, die in 5.2 erarbeitet wurden, auf ein den Schülerinnen und Schülern vertrautes Umfeld, nämlich Schule, übertragen und um eigene Argumente ergänzt. Gleichzeitig schult diese Unterrichtsform die kommunikativen Fähigkeiten und die für szenische Verfahren benötigten Kompetenzen.
In dem Rollenspiel werden die Schülerinnen und Schüler mit folgender Situation konfrontiert:

- *Stellen Sie sich vor, an Ihrer Schule wurde der Roman „Nichts" behandelt. Damit waren einige Eltern nicht einverstanden, da sie der Ansicht sind, dass er für Jugendliche ungeeignet ist. Deswegen sind sie mit der Bitte an die Schulleitung herangetreten, den Roman in Zukunft an dieser Schule nicht mehr zu behandeln. In der Schulkonferenz, bestehend aus Schulleitung, Lehrervertretern, Elternvertretern und Schülervertretern, wird dies nun diskutiert und abschließend eine Entscheidung getroffen.*

In der Vorbereitungsphase bereiten sich die Schülerinnen und Schüler anhand von Rollenkarten, zu finden auf **Arbeitsblatt 33**, S. 124, vor. Diese Phase kann so organisiert werden, dass die Klasse in Gruppen eingeteilt wird. Jede Gruppe konzentriert sich dabei auf eine Rolle, bereitet diese vor und entscheidet, welche Schüler anschließend an dem Spiel teilnehmen. Eine mögliche Verteilung in der Konferenz kann auf diese Weise geschehen: 1 Schulleiter, 2 Lehrervertreter, 1 Schülervertreter, 2 Elternvertreter.
In der Durchführungsphase führen dann die Schülerinnen und Schüler das Rollenspiel durch, während der Rest der Klasse das Publikum bildet. Dieser Teil erhält den Auftrag, die Konferenz zu protokollieren. Vorab sollte noch geklärt werden, inwieweit die Teilnehmer der Konferenz, vor allem Lehrer- und Elternvertreter, zu einem Kompromiss bereit sind. Sollte dies der Fall sein, würde in dem Rollenspiel die Suche nach einer Lösung, mit der alle Seiten zufrieden sind, im Vordergrund stehen. Sind die Figuren wenig kompromissbereit angelegt, steht der Austausch von Argumenten im Fokus.
In der anschließenden Reflexionsphase diskutieren sowohl die Schülerinnen und Schüler im Publikum als auch diejenigen, die am Rollenspiel teilgenommen haben, die nachfolgenden Fragen. Dabei greifen sie auf die angefertigten Protokolle zurück.

- *War die Diskussion konstruktiv und zielführend?*
- *Wurde die Entscheidung am Ende durch die Diskussion nachvollziehbar?*
- *Waren die einzelnen Argumente überzeugend?*
- *Wurden die Argumente durch Beispiele oder weitere Belege veranschaulicht?*
- *Haben sich die Schüler ihren Rollen entsprechend realistisch verhalten?*
- *War der Ablauf sinnvoll und klar gegliedert?*

Abschließend kann in einer Hausaufgabe die Reflexionsphase verschriftlicht werden, indem die Schülerinnen und Schüler einen fiktiven Bericht für die Schul-Website oder die Schülerzeitung schreiben. Dieser sollte das Thema der Konferenz, die wichtigsten Argumente und das Abstimmungsergebnis enthalten.

- *Verfassen Sie einen fiktiven Bericht über die Konferenz, der auf der Website Ihrer Schule oder in Ihrer Schülerzeitung erscheinen soll.*

Notizen

Rezension: Die Faszination der Grausamkeit

Selten ist ein Jugendbuch so kontrovers diskutiert worden. In Dänemark, wo Janne Tellers „NICHTS" vor zehn Jahren erschien, wurde es zunächst vehement abgelehnt, um dann später begeistert gefeiert zu werden. Auch in Deutschland macht der Roman inzwischen Furore.

Von nichts und damit von allem erzählt dieser erstaunliche Roman mit dem mehrdeutigen Titel. „Nichts bedeutet irgendetwas ... Deshalb lohnt es sich nicht, irgendetwas zu tun." Mit diesen Sätzen verlässt Pierre Anthon eines Tages seine Klasse und zieht sich wie Italo Calvinos Baron auf einen Baum zurück, von wo aus er mit matschigen Pflaumen und kernigen Sprüchen um sich schmeißt. Seine Mitschüler, verunsichert und verärgert, beschließen, Bedeutendes zu sammeln, um dem zynischen Nihilisten und mehr noch sich selbst das Gegenteil zu beweisen.

Jeder Einzelne muss ein Opfer geben, und was harmlos beginnt, droht bald zu eskalieren: Rieke [sic] verliert ihre Zöpfe und Gerda ihren Hamster. Eine Adoptionsurkunde, ein Gebetsteppich, ein Kindersarg samt Leiche und eine Jesusstatue landen auf dem angehäuften „Berg der Bedeutung". Immer grausamer werden die Forderungen, bis Sofie ihre Unschuld und Johan seinen Zeigefinger einbüßt. Als das gespenstische Komplott endlich auffliegt, werfen sich die Presse und der Kunstmarkt auf den Fall. Was zur Folge hat, dass alle Jugendlichen ihren Glauben an irgendeine Bedeutung verlieren – und Pierre sein Leben.

Was ist Bedeutung? Was hat Bedeutung? Haben Dinge Bedeutung, Erfolg, Überzeugungen, Gefühle? Sind Tabuzonen wie der Körper, die Kirche, der Tod oder das Leben von Bedeutung? Kompromisslos stellt die Autorin diese Fragen, denn indem die Schüler sich gegenseitig zwingen, persönlich Bedeutendes aufzugeben, meinen sie, objektiv Bedeutendes zu schaffen. Am Schluss müssen sie aber einsehen, dass sie in ihrer blinden Bestialität das Bedeutendste selbst zerstört haben: ihre Menschlichkeit. Vertrauen, Zuneigung und Werte.

Janne Teller hat keinen realistischen Roman geschrieben, sondern eine psychologisch spannende Parabel über Mut und Feigheit, über den Sog und die Faszination von Grausamkeit, über die Verführbarkeit durch Ideologien und die Suche nach dem Sinn des Lebens. „Nichts" erschüttert wie Marcus Zusaks „Die Bücherdiebin" oder John Boynes „Der Junge im gestreiften Pyjama" dadurch, dass das Erzählte nicht wahrscheinlich, aber denkbar ist und so unaufhaltsam abläuft wie ein antikes Drama.

Auch die Sprache des Romans hat deutlichen Anteil daran, dass man als Leser das Gefühl nicht loswird – ähnlich wie in Morton Rhues „Die Welle" oder William Goldings „Herr der Fliegen" – einem hochexplosiven Experiment zuzusehen. Denn die Ich-Erzählerin Agnes berichtet mit so abstruser Präzision und kalter Logik, so gleichgültig wie gnadenlos, dass sich unter fast jedem Satz ein moralischer bzw. menschlicher Abgrund auftut.

„Nichts" sei Jugendlichen nicht zumutbar, wurde in Dänemark argumentiert. Im Gegenteil! Der Roman ist Jugendlichen vielleicht besser zuzumuten als Erwachsenen, weil junge Leute meist aufrichtiger sind und eher bereit, sich infrage zu stellen. Egal, wie man „Nichts" liest, als philosophische, psychologische oder soziologische Studie, oder eben als literarische Provokation – unberührt wird niemand das Buch aus der Hand legen.

Aus: Sylvia Schwab: Faszination der Grausamkeit. Deutschlandradio Kultur. Radiofeuilleton Kritik: http://www.dradio.de/dkultur/sendungen/kritik/1255038/ [24.08.2010] © Sylvia Schwab. Am Schwalbenschwanz 37, 60431 Frankfurt

■ *Lesen Sie die Rezension und analysieren Sie, welche verschiedenen Funktionen sie erfüllt.*

Bewertungsbogen für eine Schülerrezension

Kriterium	+ +	+	-	- -
Dem Leser werden die Gattung und Thematik klar.				
Der Inhalt wird kurz und informativ wiedergegeben.				
Auf den Stil des Autors wird eingegangen.				
Typische Stellen werden zitiert.				
Wichtige Informationen über die Autorin werden genannt.				
Die Meinung des Rezensenten wird deutlich …				
… und gut begründet.				
Dem Leser wird eine Empfehlung gegeben.				
Bekannte Werke mit ähnlicher Thematik werden genannt.				
etc.				

Eigene Kommentare:

Rezeption des Buches

Janne Tellers Parabel hat eine erstaunliche Karriere hinter sich. Als ihr Buch im Jahr 2000 in Dänemark erschien, liefen Lehrer Sturm, weil sie Angst hatten, es vermittle Jugendlichen Sinnlosigkeit. Pastoren argumentierten, Schüler sollten in Sachen Bedeutung doch bitte die Kirche konsultieren. Doch mittlerweile ist „Nichts“ zum Klassiker geworden, wird in Abiturprüfungen und sogar im Konfirmandenunterricht behandelt.

ZDF/3sat.de

Von Sinnsuche und Gewalt

Provokantes Jugendbuch:
„Nichts. Was im Leben wichtig ist“

Titel eines Beitrags in der Sendung „aspekte“

Wer hat Angst vorm Nihilisten?

Das Jugendbuch „Nichts“ hat mit seiner Hauptfigur eine Kontroverse ausgelöst.

Seit zehn Jahren wird „Nichts“ in Skandinavien kontrovers diskutiert. Im deutschsprachigen Raum ist der Roman gerade erschienen. Wie er in den Schulen ankommen wird, ist offen, doch die Aufmerksamkeit der Medien ist überwältigend – wenn man bedenkt, dass es außer „Twilight“ seit Jahren kein Jugendbuch mehr aus den Jugendbuchseiten heraus geschafft hat. Die Autorin staunt: „Dass ein Buch, das sexuell nicht besonders freizügig ist, keinen extremen Slang benutzt und weniger Brutalität enthält als jede Detektivgeschichte, in Westeuropa noch so vehement abgelehnt werden kann, ist schon interessant“, sagt sie auf „Spiegel online“. Die Kritiker sind begeistert. In einem schnörkellos direkten, aber literarischen Ton geschrieben, geht es an die Substanz und in die Tiefe. Es ist mutig, gesellschaftskritisch und zwingt zum Nachdenken. Manchen Pädagogen dagegen geht das Buch gegen den Strich. Sie glauben, es fördere eine negative Einstellung zum Leben. Das Gegenteil ist der Fall, schließlich ist es bei Janne Teller gerade nicht der Denker, sondern es sind die blind im Spiel gefangenen Schüler, die den Schaden anrichten. Die voraufklärerische Angst vor der zersetzenden Kraft des Denkens blitzt in pädagogischen Debatten eben immer wieder auf.

Christine Lötscher: Wer hat Angst vorm Nihilisten? Tagesanzeiger online, erstellt am 16.08.2010: http://www.tagesanzeiger.ch/kultur/buecher/Wer-hat-Angst-vorm-Nihilisten/story/20053379

Verführung zum Nihilismus

Janne Tellers Roman „Nichts“, der in diesen Tagen im Hanser Verlag erscheint, wird auch in Deutschland für kontroverse Diskussionen sorgen. Ist der nihilistische Pierre Anthon jugendlichen Lesern zumutbar? Die Antwort lautet: unbedingt. Die Düsternis dieses Romans gehört zur Welt von Heranwachsenden, auch wenn das vielen Eltern nicht gefällt. Die großen Fragen existieren bereits in Kinderköpfen. „Nichts“ nimmt Jungen und Mädchen mit auf eine außergewöhnliche Gedankenreise. Was kann Literatur mehr leisten?

Kultur SPIEGEL 8/2010

„Lehrer sagten,
dieses Buch ist schädlich“

Zeit Online vom 5.8.2010.
http://www.zeit.de/kultur/literatur/2010-08/janne-teller

Janne Teller: Nichts. Was im Leben wichtig ist

Junge Leser mögen es, Eltern lehnen es ab: Die Kontroverse um Janne Tellers erfolgreichen Jugendroman „Nichts. Was im Leben wichtig ist" könnte nicht größer sein.

Selbst im Verlag hatten einige Mitarbeiter Bedenken, ob dieses Buch jungen Lesern zuzumuten sei. „Wir haben lange diskutiert", sagt Julia Gronhoff vom Münchener Hanser Verlag. Den Ausschlag hätten jugendliche „Testleser" gegeben: Die waren so begeistert von Janne Tellers Jugendroman „Nichts. Was im Leben wichtig ist", dass Hanser sich dennoch entschloss, das Buch jetzt in Deutschland zu veröffentlichen.

Martina Sulner: Janne Teller, Nichts. Was im Leben wichtig ist
In: Hannoversche Allgemeine, online, 01.09.2010:
http://www.haz.de/Nachrichten/Kultur/Buecher/Janne-Teller-Nichts.-Was-im-Leben-wichtig-ist

Werbeanzeige des Hanser-Verlags

- *Lesen Sie die verschiedenen Pressestimmen und listen Sie auf, welche Argumente dafür und dagegen genannt werden, dass Jugendliche den Roman lesen. Überlegen Sie anschließend, warum gerade dieser Roman so stark diskutiert wird.*
- *Betrachten Sie die Anzeige und erläutern Sie, auf welche Weise der Verlag sich die Debatte zunutze macht.*
- *Sammeln Sie weitere Beispiele, bei denen eine öffentliche Diskussion zum Erfolg des Werkes beigetragen hat.*

Rollenspiel

Stellen Sie sich vor, an Ihrer Schule wurde der Roman „Nichts“ behandelt. Damit waren einige Eltern nicht einverstanden, da sie der Ansicht sind, dass er für Jugendliche ungeeignet ist. Deswegen sind sie mit der Bitte an die Schulleitung herangetreten, den Roman in Zukunft an dieser Schule nicht mehr zu behandeln. In der Schulkonferenz, bestehend aus Schulleitung, Lehrervertretern, Elternvertretern und Schülervertretern, wird dies nun diskutiert und abschließend eine Entscheidung getroffen.

Sie sind der Schulleiter

- Sie wurden von den Eltern mit der Bitte kontaktiert, den Roman an Ihrer Schule nicht mehr zu behandeln.
- Sie haben die Konferenz einberufen, eröffnen, leiten und beenden sie auch mit der Abstimmung über die Bitte.
- In Ihrem Interesse liegt vor allem ein störungsfreier Schulbetrieb.
- Welche Fragen können Sie den anderen Teilnehmern stellen?
- Mit welchen Argumenten könnten Sie zwischen den Konfliktparteien vermitteln?

Sie sind ein Lehrervertreter

- Sie haben den Roman in einer Klasse behandelt und sind davon überzeugt, dass es sich dabei um eine sinnvolle Schullektüre handelt.
- Ihr Ziel ist es, Schüler zu eigenständig denkenden und kritischen Menschen zu erziehen.
- Mit welchen Argumenten können Sie Ihre Meinung vertreten?
- Wie können Sie den Bedenken der Eltern begegnen?

Sie sind ein Schülervertreter

- Sie sind ein Schüler, in dessen Klasse der Roman behandelt wurde.
- Ihnen ist der Einfluss Ihrer Eltern und der Einfluss der Lehrer bewusst, dem Sie ausgesetzt sind.
- Wie positionieren Sie sich zwischen Ihren Eltern und den Lehrern?
- Mit welchen Argumenten begründen Sie Ihre Position?
- Sie sind an abwechslungsreichem Unterricht interessiert.

Sie sind ein Elternvertreter

- Sie sind Eltern von Schülern, in deren Klasse der Roman behandelt wurde.
- Sie sind an dem Wohl Ihrer Kinder interessiert.
- Sie sind besorgt, da Sie denken, der Roman schadet Ihren Kindern.
- Deswegen haben Sie den Schulleiter kontaktiert und möchten, dass das Buch an dieser Schule nicht mehr behandelt wird.
- Mit welchen Argumenten könnten Sie das erreichen?

Baustein 6

Die Adaption des Romans als Theaterstück

In der Spielzeit 2011/12 wurde am Düsseldorfer Schauspielhaus eine Adaption von Janne Tellers Roman aufgeführt. Dieser Baustein bezieht sich auf diese Inszenierung. Verschiedene Elemente der Aufführung – das Figuren- und Raumkonzept, die Musik und der Theatertext – werden analysiert, und es wird dadurch beispielhaft gezeigt, wie ein epischer Text im Theater inszeniert werden kann. Dabei beschäftigen sich die Schülerinnen und Schüler zunächst mit grundlegenden Unterschieden zwischen Roman und Theater, um dann auf verschiedene Techniken und Stilmittel genauer einzugehen und abschließend zu untersuchen, zu welcher Form von Theater sich die Düsseldorfer Inszenierung zählen lässt. Anhand von Arbeitsblättern erhalten die Schülerinnen und Schüler Einblicke in diese Produktion und analysieren verschiedene Aspekte. In kreativen und produktionsorientierten Phasen setzen sie sich aber auch mit eigenen Ideen zu einer Inszenierung des Romans auseinander.

6.1 Vom Text zur Aufführung

Thornton Wilder veranschaulicht in seinen „Some Thoughts on Playwriting" mit der Aussage „the theatre is an art which reposes upon the work of many collaborators"[1], dass ein Theaterstück im Gegensatz zu anderen Textformen nicht einen einzigen Autor hat, sondern dass eine Vielzahl von Personen an der Produktion einer Aufführung beteiligt ist. Während ein Romanautor überwiegend allein für seinen Text verantwortlich ist und diesen frei gestalten kann, sind im Theater neben dem Aufführungstext der Regisseur, Schauspieler, Bühnenbildner, Beleuchter und Tontechniker wichtig. Dazu kommen weitere pragmatische Aspekte wie die Größe und Beschaffenheit der Bühne, die Anzahl der Umbaupausen sowie die Zahl der Schauspieler, die einem Theater zur Verfügung stehen. Wie sehr die Aufführung eines Stückes von diesen Zwängen abhängig ist, zeigt sich beispielsweise an Goethes Stück „Götz von Berlichingen", das aufgrund der häufigen Ortswechsel und der großen Personenanzahl von dem Autor selbst zunächst als unaufführbar angesehen wurde.
All dies bestimmt die Mittel, die einem Theater zur Verfügung stehen, um einen Text auf der Bühne zu inszenieren. Im Folgenden setzen sich die Schülerinnen und Schüler erst mit grundlegenden Unterschieden zwischen Text und Aufführung auseinander, um dann genauer zu untersuchen, mit welchen Mitteln der Roman „Nichts" als Theaterstück umgesetzt wurde.
Anhand der ABC-Methode können den Schülerinnen und Schülern die verschiedenen Aspekte des Theaters vergegenwärtigt werden. Dazu notiert die Lehrperson das Alphabet in Großbuchstaben an die Tafel. Die Schülerinnen und Schüler finden dann zu jedem Buchstaben einen Theater-Begriff, der mit dem jeweiligen Buchstaben beginnt. Um eine möglichst große Zahl von Schülern zu aktivieren, erhalten diese den Auftrag, selbstständig an die Tafel zu kommen und die Begriffe zu notieren. Alternativ kann auch ein Arbeitsblatt vorbereitet werden. Sollte die Klasse zu manchen Buchstaben keinen Begriff finden, kann als Hilfestellung der betreffende Buchstabe auch in der Mitte des Wortes vorkommen.

[1] Thornton Wilder: Some Thoughts on Playwriting. In: Perspectives on Drama. Hg. von James L. Calderwood und Harold E. Toliver. New York, London, Toronto 1968. S. 5–13, S. 5.

- *Finden Sie zu jedem Buchstaben des Alphabets Begriffe mit Bezug zum Theater, die mit dem jeweiligen Buchstaben beginnen.*

Ein mögliches Alphabet kann folgendermaßen aussehen:

Aristoteles	**G**uckkastenbühne	**M**onolog	**S**zene	Dion**Y**sien
Bühne	**H**eld	**N**ebenrolle	**T**ragödie	**Z**wischenspiel
Chor	**I**mprovisation	**O**ffene Form	**U**mbaupause	
Drama	**J**elinek	**P**lakat	**V**orhang	
Episches Theater	**K**omödie	Re**Q**uisiten	**W**eimar	
Farce	**L**ustspiel	**R**egisseur	E**X**position	

Im Anschluss sollten in einem Unterrichtsgespräch die Begriffe, die nicht allen Schülerinnen und Schülern geläufig sind, besprochen werden. Sind diese geklärt, kann zu den verschiedenen Mitteln übergeleitet werden, mit denen im Theater Stücke inszeniert werden. Dazu eignet sich ein Vergleich mit den Möglichkeiten, die einem Romanautor zur Verfügung stehen.

- *Überlegen Sie, wie in einem Roman die Handlung erzählt wird und wie dies in einem Theaterstück geschieht.*

Die Ideen der Schülerinnen und Schüler werden nun in einem Tafelbild festgehalten. An dieser Stelle sollte der Begriff Theater und nicht Drama verwendet werden, da der Schwerpunkt hier auf der Aufführung und nicht auf der Textgattung Drama liegt.

Elemente der Epik und des Theaters

Epik → Erzählerrede, Figurenrede; Theater → szenische Darbietung

Erzählerrede
- Beschreibung
- Charakterisierung
- Kommentare
- Erörterung von Problemen

Figurenrede
- direkte Rede
- indirekte Rede
- erlebte Rede
- innerer Monolog
- Bewusstseinsstrom

szenische Darbietung
- Dialog
- Monolog
- Gesten und Mimik
- Musik, Ton, Licht
- Requisiten, Kostüme etc.

Ein sehr wichtiger Aspekt, der den Inhalt und Charakter einer Aufführung bestimmt, ist das Figurenkonzept. Im Falle der Düsseldorfer Inszenierung von „Nichts" wurde die Personenzahl von ursprünglich ca. 30 Charakteren im Roman auf sechs reduziert. Ein Schauspieler stellt Pierre Anthon dar, das restliche Ensemble die Schulkasse. Dies wurde zum einen durch Streichen erreicht – Figuren wie die Eltern oder Lehrer, die im Roman nur am Rande eine Rolle spielen, werden auf der Bühne nicht durch Schauspieler dargestellt. Zum anderen wurden Charaktere zusammengelegt. So verkörpern die Darsteller nicht die einzelnen Individuen aus dem Roman, sondern Figuren, die aus Anteilen verschiedener Romanfiguren bestehen. Dies hat zur Folge, dass keine Romanfigur eine genaue Entsprechung auf der Bühne hat, beispielsweise ist Jan-Johan nicht als der Jan-Johan aus dem Roman erkennbar. Allerdings finden sich die Eigenschaften, die ihn im Roman ausmachen, in den Bühnenfiguren wieder, z. B. in der, die Eigenschaften wie Mut und Tatkraft in sich vereint.

Anhand von **Arbeitsblatt 34**, S. 136, auf dem sich zwei Fotos der Düsseldorfer Aufführung sowie eine kurze Erläuterung der Dramaturgin des Stücks befinden, analysieren die Schülerinnen und Schüler das Figurenkonzept in diesem konkreten Fall. An dieser Stelle bietet es sich an, auf den Unterschied zwischen Figurenkonzept und Figurenkonzeption (s. Arbeitsblatt 6, S. 41) zu verweisen.

- *Erläutern Sie in eigenen Worten das Figurenkonzept des Düsseldorfer Schauspielhauses.*
- *Fertigen Sie eine Liste mit Charakteren des Romans an, die hier nicht durch Schauspieler dargestellt werden. Was ändert sich dadurch?*

In dieser Liste sollten die Eltern der Schüler, der Lehrer Eskildsen und die Journalisten genannt werden, ebenso wie einzelne Schüler – beispielsweise Ole, Marie-Ursula oder der fromme Kai. Diese Reduzierung des Personals bewirkt, dass das Stück stärker auf die wesentliche Handlung fokussiert ist, der Bau des Berges aus Bedeutung im Vordergrund zu stehen scheint und weniger die Geschehnisse nach dessen Fertigstellung (da die Journalisten und Eltern in diesem Teil ein Rolle spielen) und dass das Symbolhafte der Figuren im Vergleich zum Roman noch stärker betont wird.

- *Überlegen Sie, welche Vor- und Nachteile eine solche Vorgehensweise hat.*

Als Vorteile können die Schülerinnen und Schüler anführen, dass der Zuschauer dem Stück mit einer geringen Figurenanzahl besser folgen kann, dass man Veränderungen und Entwicklungen mit weniger Figuren, die aber länger auf der Bühne zu sehen sind, besser darstellen kann und dass eine dramatische Zuspitzung des Stoffes so eher möglich ist als mit einer großen Personenanzahl.
Als Nachteile könnten genannt werden, dass die Figuren nicht mehr als Individuen zu erkennen sind und es für den Zuschauer dadurch schwerer wird, sich mit den Charakteren zu identifizieren. Auch lässt sich dadurch der Verlust von Identität, der im Roman eine große Rolle spielt, schwerer darstellen, da die Figuren eben keine individuelle Persönlichkeit mehr besitzen, anders als beispielsweise Marie-Ursula oder Hussein im Roman. Weiterhin können so bestimmte Aspekte nur noch angedeutet werden, z. B. das Medieninteresse oder die Rolle der Schule.
Anschließend bietet es sich an, dass die Schülerinnen und Schüler in einer Vertiefungsphase eigene Figurenkonzepte für eine Inszenierung des Romans erarbeiten. Dies geschieht in mehreren Schritten. Da die Auswahl und Konzeption der Figuren davon abhängt, welche thematischen Schwerpunkte man setzen möchte, setzen sich die Schülerinnen und Schüler zunächst mit den verschiedenen inhaltlichen Aspekten des Romans auseinander. Grundlage dazu bildet eine Concept-Map, wozu sich auf **Arbeitsblatt 35**, S. 137, Vorlagen für Kärtchen und Arbeitsanweisungen befinden.

- *Erstellen Sie eine Concept-Map zu Janne Tellers Roman „Nichts“. Überlegen Sie, welche Aspekte des Romans Ihnen besonders wichtig sind. Schneiden Sie dann die Kärtchen aus und kleben Sie sie so auf einem Blatt auf, dass diese Aspekte im Zentrum Ihrer Concept-Map stehen. Sie müssen dabei nicht alle Begriffe verwenden, können aber auch eigene hinzufügen.*
- *Versehen Sie die Kärtchen mit Pfeilen (→ gehört zu, ⇒ verursacht, ↔ Gegensatz etc.) und finden Sie eine Überschrift.*

In einem zweiten Schritt benutzen die Schülerinnen und Schüler nun ihre Concept-Maps, um ein eigenes Figurenkonzept zu erstellen. Ziel ist es hier, die Personenzahl zu reduzieren und gleichzeitig festzulegen, welche thematischen Inhalte durch die Figuren verkörpert werden sollen.

- *Erstellen Sie, ausgehend von Ihrer Concept-Map, ein Figurenkonzept für eine mögliche Theateraufführung des Romans.*
  Welche Personen aus dem Roman würden Sie streichen? Welche sind Ihrer Meinung nach unverzichtbar? Notieren Sie dann stichwortartig, welche Aspekte des Romans die einzelnen Figuren verkörpern.

Nachdem die Ideen in einem Unterrichtsgespräch diskutiert wurden, setzen sich die Schülerinnen und Schüler in Gruppen weiter mit ihren Konzepten auseinander. Sie einigen sich in einem ersten Schritt auf ein Konzept und verfassen dann arbeitsteilig kurze Rollenbiografien.

- *Einigen Sie sich in Ihrer Gruppe auf ein Figurenkonzept und verfassen Sie dafür arbeitsteilig kurze Rollenbiografien für jede Rolle Ihrer Besetzungsliste.*

Anschließend kann die Besprechung durch eine Klassenraumbegehung stattfinden. Dazu gehen die Schülerinnen und Schüler frei im Raum umher und lesen die Konzepte ihrer Mitschüler. Bei einem verabredeten Zeichen bleiben sie bei einem stehen, das sie für möglichst gelungen halten, und begründen ihre Wahl.

Ein weiterer grundlegender Aspekt für eine Aufführung ist das Raumkonzept. Im Falle der Düsseldorfer Inszenierung wurde auf wechselnde Bühnenbilder verzichtet. Lediglich am Ende des Stücks wird der Bühnenraum verändert, worauf an dieser Stelle jedoch nicht eingegangen werden soll. Denn fast das komplette Stück spielt in einer abstrakten Kulisse, die hauptsächlich aus Holzlatten besteht, die den Boden und die Wände bilden. Schauplätze aus dem Roman, wie das Sägewerk, die Schule oder die Häuser der Charaktere, werden nicht dargestellt, das verwendete Holz soll jedoch eine Assoziation zu dänischen Holzhäusern ermöglichen. Durch Spalten in dem Bühnenbild soll symbolisiert werden, wie die Welt der Jugendlichen Risse bekommt und auseinanderzubrechen droht, womit auf den Verlust von Moral angespielt wird. Auch der Pflaumenbaum lässt sich als solcher nicht in der Kulisse finden. Eine erhöhte Plattform, die nur von Pierre Anthon eingenommen wird, erfüllt jedoch die gleiche Funktion wie der Baum im Roman: eine Erhöhung und räumliche Trennung zwischen Pierre Anthons Raum und dem seiner Mitschüler. Auf dieser Plattform befinden sich verschiedene Geräte wie Mikrofone, Plattenspieler oder Megafon, mittels derer Pierre Anthon kommuniziert, Töne erzeugt oder auch die Klasse belauscht. Im Vergleich zu dem Roman entsprechen diese technischen Mittel den Pflaumen und Parolen, mit denen Pierre Anthon seine Mitschüler provoziert.

Statt des Berges aus Bedeutung befindet sich an der Wand am hinteren Bühnenrand eine mehrere Quadratmeter große unvollständige Fotografie einer glücklich wirkenden Familie. Im Verlauf des Stückes fügen die Schauspieler Teile des Bildes hinzu, bis es nahezu vollständig ist. Zwar wird am Ende der Berg mit Requisiten dargestellt, bis zu diesem Ende sieht das Publikum jedoch nur diese abstrakte Version des Berges. Dadurch wird der Effekt erzielt, dass familiäres Glück als etwas Bedeutendes im Leben betont wird. Auf **Arbeitsblatt 36**, S. 138, befindet sich ein Bild des Bühnenraums der Düsseldorfer Inszenierung sowie eine kurze Erklärung des Raumkonzepts. Indem die Schülerinnen und Schüler ein Positiogramm der auf dem Bild gezeigten Szene anfertigen, analysieren sie das hier präsentierte Raumkonzept.

- *Zeichnen Sie, ausgehend von dem erläuternden Text und dem Szenenfoto, ein Positiogramm der dargestellten Szene.*

Ein mögliches Positiogramm kann folgendermaßen aussehen:

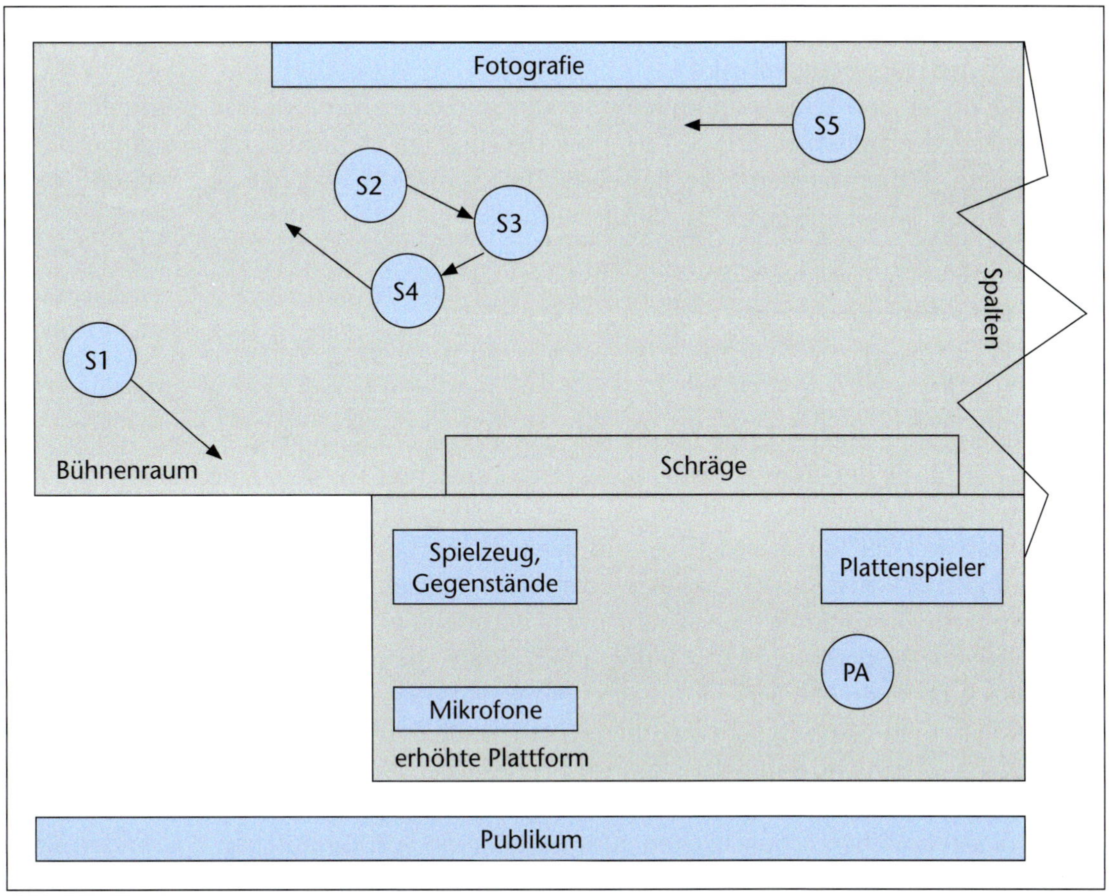

Die Pfeile zeigen die Bewegung der Figuren an, PA steht für Pierre Anthon, S1 bis S5 für seine Mitschüler.
Nachdem die Schülerinnen und Schüler die Positiogramme gezeichnet haben, sollte nun in einer Reflexionsphase überlegt werden, wie bei diesem Foto der Düsseldorfer Inszenierung die Situation der Charaktere dargestellt wird.

- *Erläutern Sie, inwiefern das Positiogramm die Situation der Charaktere, wie sie im Roman dargestellt wird, wiedergibt.*

Folgende Punkte sollten dabei von den Schülerinnen und Schülern genannt werden: Pierre Anthons Position auf der Plattform verdeutlicht seine erhöhte Position außerhalb des Raumes seiner Mitschüler, der Plattenspieler und die Mikrofone symbolisieren die Pflaumen und die Provokationen, mit denen er sein Umfeld traktiert, die Spalten im Bühnenraum kann man als den moralischen Zerfall Tærings deuten, die Fotografie im Hintergund als den Berg aus Bedeutung, und die Tatsache, dass sich alle übrigen Figuren auf der Bühne in unterschiedliche Richtungen bewegen, lässt auf Nervosität und Unsicherheit schließen.
Ein weiteres Mittel, das zur Umsetzung des Romanes verwendet wurde, sind Musik und Geräusche. Wie bereits gezeigt wurde, greifen sowohl das Figuren- als auch das Raumkonzept auf Mittel zurück, durch die verschiedene Aspekte des Romans in reduzierter und symbolischer Form dargestellt werden. Diese Idee wird auch bei der musikalischen Komponente verfolgt. So dienen Kinderspielzeug und Alltagsgegenstände der Klangerzeugung. Das Kinderspielzeug symbolisiert den Verlust der Kindheit, und die Alltagsgegenstände „untermalen in diesem Stück alltägliche Situationen, die schön, aber auch unangenehm und öde sein können und einen manchmal auf gute, aber auch auf verrückte Ideen kommen lassen", wie es in einer Erläuterung des Düsseldorfer Schauspielhauses heißt. Die Geräusche, die mit

diesen Gegenständen erzeugt werden, haben die gleiche Funktion wie Pierre Anthons Parolen und die Pflaumen, mit denen er im Roman nach seinen Mitschülern wirft: Sie sollen diese provozieren und ihnen Impulse geben. Ähnlich verhält es sich mit der Musik, die mit dem Plattenspieler abgespielt wird.
Die Schülerinnen und Schüler informieren sich anhand eines Textes des Düsseldorfer Schauspielhauses auf **Arbeitsblatt 37**, S. 139, über die Funktion von Musik und Tönen in dieser Inszenierung. Dabei markieren sie passende Stellen in dem Text; die Besprechung kann dann in einem Unterrichtsgespräch stattfinden.

- *Unterstreichen Sie die Stellen in dem Text, in denen die Funktion von Musik und Tönen in dieser Aufführung erläutert wird. Erklären Sie dies dann in eigenen Worten.*

Anschließend überlegen sich die Schüler für eine Szene des Romans eine passende Untermalung mit Musik und Tönen. Dabei sollte darauf geachtet werden, eine möglichst kurze Szene zu wählen, damit der Fokus nicht auf dem Nacherzählen der Handlung liegt, sondern auf der Auswahl der Musik und Töne und der dadurch beabsichtigten Effekte. Geeignete Szenen sind z. B. Pierre Anthons Verlassen der Klasse, Marie-Ursulas Verlust ihrer Haare oder Pierre Anthons Beerdigung. Die Schülerinnen und Schüler tragen die Ergebnisse in eine Tabelle ein. Die Besprechung kann wiederum in einem Unterrichtsgespräch stattfinden, indem die Schülerinnen und Schüler zunächst ihre Ideen vorstellen und dann die beabsichtigte Wirkung mit ihren Mitschülern diskutieren oder, sollte es die Zeitplanung zulassen, indem sie die Szene spielen und dabei die Musik und Töne einsetzen. Dies setzt jedoch voraus, dass genügend Zeit für eine gründliche Vorbereitung der Szene zur Verfügung steht und an der Schule die technischen Möglichkeiten zum Aufnehmen von Geräuschen vorhanden sind. Denkbar wäre hier auch eine Zusammenarbeit mit dem Fach Musik.

- *Überlegen Sie sich für eine Szene des Romans passende Töne und Musik und tragen Sie Ihre Ideen in die Tabelle ein. Präsentieren Sie Ihre Ergebnisse in geeigneter Form.*

6.2 Vergleich von Romantext und Bühnenfassung

Einen weiteren Einblick in die Düsseldorfer Inszenierung ermöglicht ein Auszug aus dem Regiebuch, das für die Aufführung des Stückes verwendet wurde. Eine Originalseite inklusive handschriftlicher Anmerkungen findet sich auf **Arbeitsblatt 38**, S. 140. Gleichzeitig können die Schülerinnen und Schüler durch eine Analyse des Auszuges erkennen, wie sich die Wirkung eines Textes durch einerseits Kürzungen und andererseits Hinzufügen dramaturgischer Mittel ändert.
Im Gegensatz zu einem typischen Drama, das aus Dialogen und Regieanweisungen besteht, basiert die Theateradaption von „Nichts" zu großen Teilen auf Originalpassagen des Romantextes. Dieser wird auf der Bühne von verschiedenen Schauspielern gesprochen, die dazu spielen. Handschriftliche Anmerkungen mit Regieanweisungen ergänzen den Text. Damit lässt sich das Stück mit dem Begriff „postdramatisches Theater", der auf den Theaterwissenschaftler Hans-Thies Lehmann zurückgeht, kategorisieren. Darauf wird anschließend in 6.3 detaillierter eingegangen.
In einem ersten Schritt vergleichen die Schülerinnen und Schüler zunächst den Auszug aus dem Regiebuch mit dem entsprechenden Teil des Romans.

- *Vergleichen Sie den Auszug des Regiebuchs mit dem Romantext (S. 31–34).*

Dabei fällt auf, dass der Text bis auf wenige Änderungen mit dem Original identisch ist, jedoch größere Passagen fehlen. Diese enthalten Hintergrundinformationen zu Gerda und der Freundschaft zwischen Agnes und Marie-Ursula. Das Streichen dieser Passagen ändert nichts an der Aussage des Textes, bewirkt aber eine Konzentration auf die Handlung, in diesem Fall auf die Episode, in der Agnes eine Freundschaft mit Gerda vortäuscht, um sich an ihr für den Verlust ihrer Sandalen zu rächen.
Da sich der Text des Stücks stark von typischen Dramen, die für gewöhnlich in der Schule gelesen werden, unterscheidet, bietet es sich an, auf diese Unterschiede näher einzugehen.

- *Worin unterscheidet sich der Text dieses Stückes von typischen Dramen? Beziehen Sie sich dabei auf andere Dramen, die Sie bisher im Unterricht behandelt haben.*

Die Ergebnisse werden an der Tafel in einer Tabelle gegenübergestellt. Diese kann folgendermaßen aussehen:

Der Text des Stückes

„Nichts"	typisches Drama
• Die Handlung wird mithilfe eines epischen Textes (dem Romantext) von Schauspielern erzählt.	• Dialoge und Monologe stellen eine Handlung dar.
• Regieanweisungen sind im Theatertext nicht vorgesehen, müssen durch den Regisseur ergänzt werden.	• Regieanweisungen des Autors ergänzen den Text, sind fester Bestandteil des Dramas.
• Einteilung in Szenen und Akte ist nicht erkennbar.	• Einteilung in Szenen und Akte
→ Theatertext unterscheidet sich kaum vom Romantext, ist nur als Grundlage für die Aufführung gedacht.	→ eigenständige Textform, die entweder durch Lesen oder als Aufführung rezipiert wird

Die Randnotizen ergänzen den Theatertext um mehrere Elemente: Geräusche, Bewegungen der Schauspieler, Handlungsanweisungen sowie eine eingefügte direkte Rede. Sie verleihen dem erzählenden Text einen dramatischen Charakter. So ertönen die Sägegeräusche dann, wenn der Verlust der Moral deutlich wird – z. B. wenn Agnes den Plan fasst, sich an Gerda zu rächen. Die Spieluhr wird dann eingesetzt, wenn Gerdas Kinderzimmer im Mittelpunkt steht, symbolisiert also die Kindheit der Figuren. Durch die direkte Rede „Was? Nein", „Bitte nicht" wird Gerdas Verzweiflung nicht nur erzählt, sondern durch eine Schauspielerin auch direkt auf der Bühne dargestellt. Auch die Anweisungen bezüglich der Positionen der Schauspieler tragen dazu bei, den Erzählbericht auf der Bühne umzusetzen. So steht beispielsweise die Schauspielerin, die Agnes verkörpert, direkt vor dem Publikum, wenn sie berichtet, dass sie Gerdas „wunden Punkt" gefunden habe, sodass allein schon durch ihre Position auf der Bühne die Bedeutung dieser Entdeckung dargestellt wird.
Zur genauen Analyse dieser Notizen eignet sich eine szenische Darstellung. Auf Basis der Regiebuchseite erarbeiten die Schülerinnen und Schüler in Gruppen eine Darstellung der Szene, proben diese und führen sie dann ihren Mitschülern vor. Dabei setzen sie sich detailliert mit den verschiedenen Anweisungen und deren Wirkung auseinander. Um zu gewährleisten, dass dabei die Regieanweisungen beachtet werden, bietet es sich hier an, den Schülerinnen und Schülern zunächst den Auftrag zu geben, Positiogramme zu zeichnen.

■ *Lesen Sie die Randnotizen und zeichnen Sie draufhin Positiogramme, die die Bewegungen der Darsteller veranschaulichen.*

Eine Möglichkeit für zwei Positiogramme, die den zweiten Abschnitt des Regiebuches abbilden, kann folgendermaßen aussehen. Die Buchstaben stehen für die Namen der verschiedenen Darsteller: S = Simin Soraya (Agnes), A = Anna Döing (stellt hier Gerda dar), M = Moritz Löwe (Pierre Anthon), J = Jonas Anders, Ma = Marian Kindermann, E = Elena Schmidt.

Positiogramm 1:

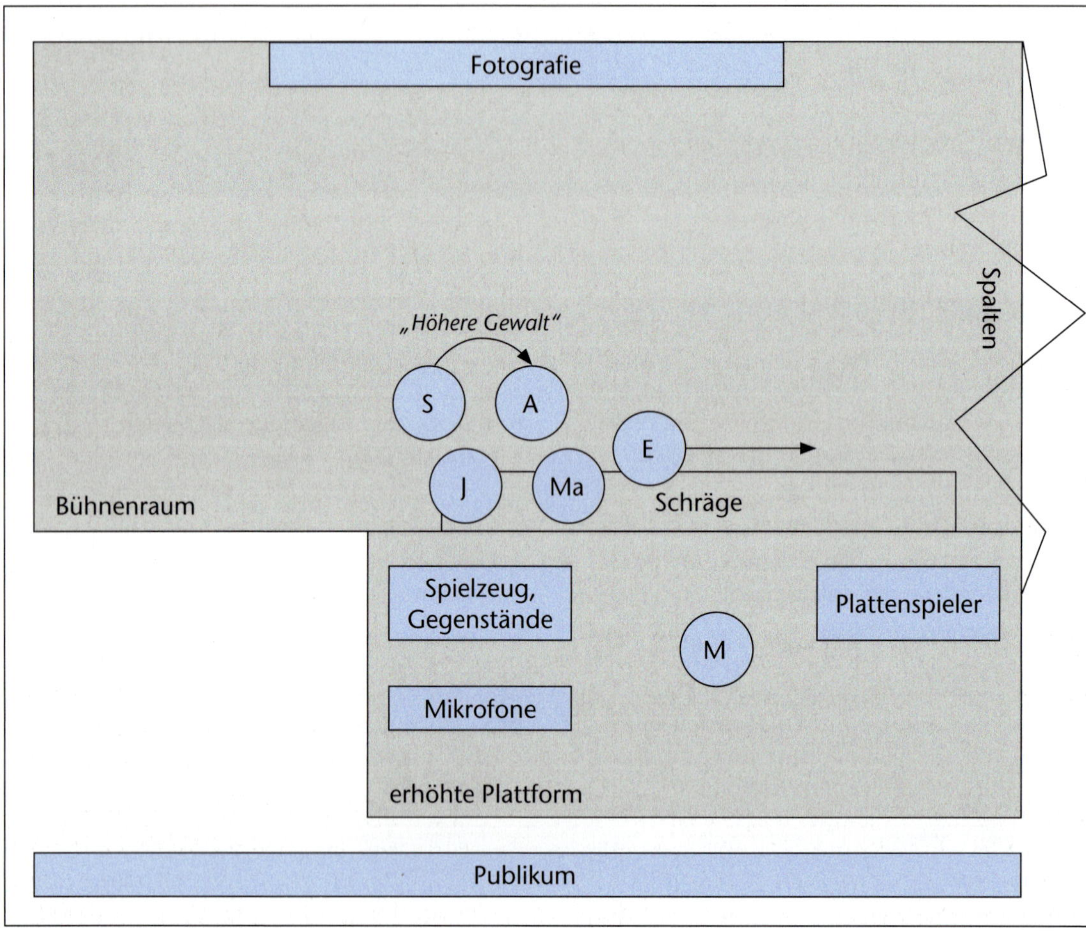

Positiogramm 2:

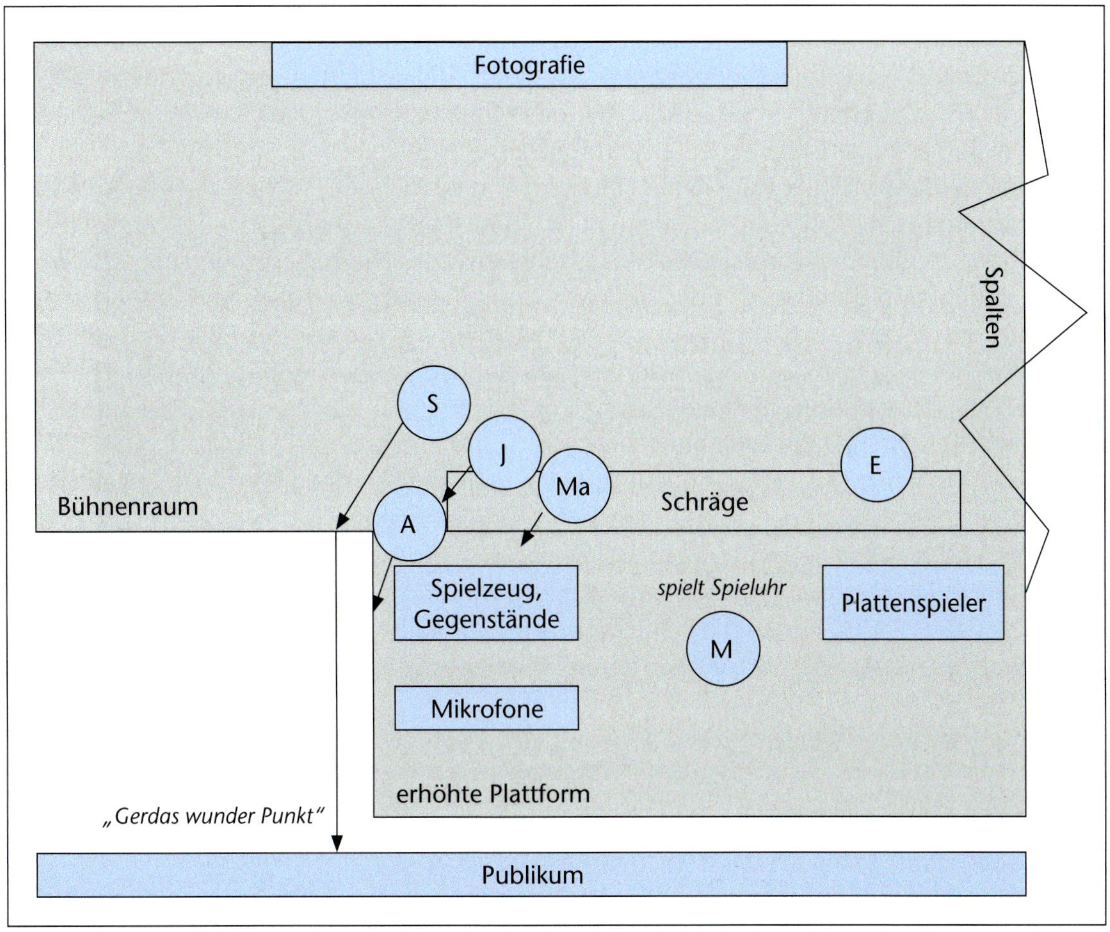

Nachdem die Schülerinnen und Schüler die Positiogramme gezeichnet haben, setzen sie diese nun szenisch um. Dazu sollte ihnen genügend Zeit zur Vorbereitung eingeräumt werden, damit sie verschiedene Varianten ausprobieren können. Dies ist notwendig, um die unterschiedliche Wirkung, die beispielsweise durch eine veränderte Position oder Betonung erzielt wird, erkennen zu können. Da diese Arbeitsform viel Platz benötigt, sollte es den Gruppen hier ermöglicht werden, ihre Szene außerhalb des Klassenraums vorzubereiten. Auch sollte vorab geklärt werden, wie der Text eingesetzt wird, d.h., ob die Schülerinnen und Schüler ihn ablesen dürfen (was auf Kosten des Spielens geht), versuchen sollen, ihn auswendig zu lernen (was zeitintensiv ist), oder ob sie frei sprechen und improvisieren dürfen (was freies Spielen ermöglicht, den Vergleich der Szenen jedoch erschwert, da es zu größeren Unterschieden kommen kann).

- *Stellen Sie die vorliegende Szene dar. Benutzen Sie dazu Ihre Positiogramme sowie die verschiedenen Handlungsanweisungen des Regiebuches. Überlegen Sie sich auch eine Möglichkeit, wie Sie die Geräusche (Sägegeräusche, Spieluhr) erzeugen können. Testen Sie bei der Vorbereitung verschiedene Varianten und diskutieren Sie dabei die jeweilige Wirkung.*

Im Anschluss spielen die Gruppen ihre Szene der Klasse vor. In einem Unterrichtsgespräch werden dabei die verschiedenen Darstellungen verglichen und Unterschiede diskutiert. Hier ist es sinnvoll, zuvor Schwerpunkte festzulegen – z.B. die Positionen der Schauspieler, den Einsatz von Geräuschen oder die Betonung einzelner Textpassagen.

6.3 Postdramatisches Theater

In 6.2 wurde bereits auf die Unterschiede zwischen dem Theatertext von „Nichts" und einem typischen Dramentext eingegangen. An dieser Stelle soll nun untersucht werden, zu welcher Form von Theater man die Düsseldorfer Inszenierung zählen kann und inwieweit sich diese von dem gängigen Theaterbegriff unterscheidet.
Der Theaterwissenschaftler Hans-Thies Lehmann spricht in einer 1999 erschienenen Studie[1] von postdramatischem Theater und bezieht sich dabei auf zeitgenössische Theatertexte, die keine dramatischen Strukturen enthalten. Für ihn stellt das Drama lediglich eine auf Europa begrenzte Variante des Theaters dar. Da diese über einen großen Zeitraum vorherrschend war, wird das Theater, laut Lehmann, „stillschweigend als Theater des Dramas gedacht"[2]. Die seit den 70er-Jahren des 20. Jahrhunderts zu beobachtenden Veränderungen der Theatertexte und der Aufführungspraxis lassen ihn jedoch „von einem neuen Paradigma des postdramatischen Theaters sprechen"[3].
Mit diesem Begriff meint Lehmann jedoch keine vollkommen neue Form des Theaters, die sich auf keinerlei Traditionen beruft, sondern – und deswegen wählt er auch den Begriff *post*-dramatisch – eine Form des Theaters, die *nach* dem Drama kommt. Sie schließt damit Elemente des Dramas ein, geht spielerisch damit um und entwickelt diese weiter. Auf **Arbeitsblatt 39**, S. 141 f., finden die Schülerinnen und Schüler einen Text, anhand dessen sich dramatisches Theater von postdramatischem Theater abgrenzen lässt.

- *Unterscheiden Sie postdramatisches Theater von dramatischem Theater.*

Anschließend untersuchen die Schülerinnen und Schüler die Elemente der Düsseldorfer Inszenierung, die sie zuvor kennengelernt haben, im Hinblick auf Lehmanns Text.

- *Überlegen Sie, inwieweit man die Düsseldorfer Inszenierung von „Nichts" als postdramatisches Theater bezeichnen kann.*

Die Ergebnisse können in einer Tabelle an der Tafel festgehalten werden. Im Gegensatz zu der Gegenüberstellung in 6.2, die sich nur auf den Theatertext beschränkt, sollen hier alle Elemente einer Aufführung berücksichtigt werden.

[1] Lehmann, Hans-Thies: Postdramatisches Theater. In: Langemeyer, Peter (Hrsg.): Dramentheorie – Texte vom Barock bis zur Gegenwart. Stuttgart: Reclam. 2011. S. 552–559.
[2] Ebd. S. 555.
[3] Ebd. S. 552.

Postdramatisches Theater

dramatische Elemente	postdramatische Elemente
• Aufführung auf einer Bühne	• keine klare Trennung zwischen Bühnen- und Zuschauerraum → siehe Raumkonzept
• Einzelne Charaktere (Pierre Anthon, Agnes) sind als Figuren klar erkennbar.	• Für andere Charaktere gibt es keine klare Rollenverteilung; die Figuren auf der Bühne sind teilweise nicht als Individuen zu erkennen → siehe Figurenkonzept.
• Der epische Text wird in verteilten Rollen gesprochen, dialogartige Sequenzen sind vorhanden → siehe Regiebuch.	• Die szenische Gestaltung wird nicht durch einen dramatischen Text bestimmt, sondern erweitert einen epischen Text um eine weitere Schicht → siehe Regiebuch.

➡ Die Elemente, die man zum postdramatischen Theater zählen kann, überwiegen, und die dramatischen Elemente bilden lediglich die Grundstruktur der Aufführung.
➡ Die Inszenierung entspricht Lehmanns Definition von postdramatischem Theater.

Abschließend kann als produktiver Abschluss des Bausteins der Unterschied zwischen dramatischem und postdramatischem Theater verdeutlicht werden, indem den Schülerinnen und Schülern die Aufgabe gegeben wird, die Szene des Regiebuches auf **Arbeitsblatt 38**, S. 140, in eine dramatische Form zu bringen.

- *Bringen Sie die Szene des Stücks auf* ***Arbeitsblatt 38*** *in eine Form, die einem typischen Drama entspricht.*

Notizen

Das Figurenkonzept

Figurenkonzept ist im Gegensatz zu dem Begriff Figurenkonzeption kein fachsprachlicher Begriff. Er wird jedoch bei der Inszenierung von Theaterstücken und auch Filmen benutzt, um auszudrücken, mit welcher Anzahl von Figuren die Handlung dargestellt wird, welche Eigenschaften und Aussagen diese repräsentieren und in welchem Verhältnis sie zueinander stehen.

- *Erläutern Sie in eigenen Worten das Figurenkonzept des Düsseldorfer Schauspielhauses.*
- *Fertigen Sie eine Liste mit Charakteren des Romans an, die hier nicht durch Schauspieler dargestellt werden. Was ändert sich dadurch?*
- *Überlegen Sie, welche Vor- und Nachteile eine solche Vorgehensweise hat.*

Die Schulklasse

„Dadurch, dass eine ganze Klasse mitspielt, gibt es sehr viele Rollen in dem Roman, und in der Theaterfassung ist es natürlich nicht möglich 20 oder 25 Leute auf der Bühne zu haben, denn diese könnte man auf der Bühne nicht mehr mitverfolgen. D.h. wir haben es sozusagen runtergebrochen auf insgesamt fünf Figuren. Das sind dann zum Teil zusammengezogene Figuren. Wir haben zum Beispiel in den beiden männlichen Schülern, die außer der Hauptfigur Pierre Anthon eine Rolle spielen, das so gemacht, dass wir sagen, der eine nimmt alle Anteile von den Figuren, die eher ängstlich und schüchtern sind, und der andere nimmt alle Anteile von den Figuren, die eher draufgängerisch sind. So haben wir dann versucht, diese 30 Rollen, die es in dem Roman gibt, auf fünf zusammenschwirren zu lassen."

Barbara Kantel, Dramaturgin des Stückes. In: Materialmappe zu „Nichts", Junges Schauspielhaus Düsseldorf

Pierre Anthon

Concept-Map zum Figurenkonzept

Concept-Map
Ähnlich wie bei einer Mind-Map werden bei einer Concept-Map Begriffe in Beziehung zueinander gesetzt. Dabei sollen die Zusammenhänge deutlich werden, indem Über- und Unterbegriffe gebildet werden, gegensätzliche Begriffe gegeneinander gestellt werden, ähnliche gruppiert werden etc. Im Gegensatz zu einer Mind-Map gibt es jedoch mehrere zentrale Begriffe und nicht nur einen.

- *Erstellen Sie eine Concept-Map zu Janne Tellers Roman „Nichts". Überlegen Sie, welche Aspekte des Romans Ihnen besonders wichtig sind. Schneiden Sie dann die Kärtchen aus und kleben Sie sie so auf einem Blatt auf, dass diese Aspekte im Zentrum Ihrer Concept-Map stehen. Sie müssen dabei nicht alle Begriffe verwenden, können aber auch eigene hinzufügen.*
- *Versehen Sie die Kärtchen mit Pfeilen (→ gehört zu, ⇒ verursacht, ↔ Gegensatz etc.) und finden Sie eine Überschrift.*

Pierre Anthon	Schule	Gewalt	Agnes	Tæring
Pflaumenbaum	Freundschaft	Eltern	Angst	Nihilismus
Moral	Sofie	Bedeutung	Provokation	Kunst
Hoffnungs-losigkeit	Mord	Religion	Sinn des Lebens	Hussein
Veränderung	Philosophie	Gesellschaft	Rache	Unschuld
Jan-Johan	Erwachsen-werden	Marie-Ursula	Hamster	Oberfläch-lichkeit
Medien	Zeigefinger	Berg aus Bedeutung	Nichts	Verlust

Das Raumkonzept

Im Theater drückt der Begriff Raumkonzept die Gestaltung des Aufführungsraumes aus. Dazu gehören Position, Höhe und Form der Bühne, das Verhältnis zwischen Zuschauerraum und Bühne (klare Trennung oder Verbindung von Zuschauerraum und Bühnenraum), die Art der Kulissen und die Wirkung, die man mit dieser Gestaltung erreichen will – z. B. die Illusion von Realität oder die Verdeutlichung, dass es sich um eine Inszenierung handelt.

- *Zeichnen Sie, ausgehend von dem erläuternden Text und dem Szenenfoto, ein Positiogramm der dargestellten Szene.*
- *Erläutern Sie, inwiefern das Positiogramm die Situation der Charaktere, wie sie im Roman dargestellt wird, wiedergibt.*

Positiogramm
Als Positiogramm wird eine schematische Draufsicht auf die Bühne bezeichnet. Gegenstände und Personen werden durch Rechtecke und Kreise dargestellt, Pfeile zeigen die Bewegungen der Personen an.

Die Jugendlichen im Roman treffen sich in einem alten Sägewerk und häufen dort ihren Berg aus Bedeutung an.
Ausgehend von diesem Treffpunkt wurde auch auf der Bühne viel Holz benutzt. Diese Holzlatten erinnern auch an dänische holzverbaute Vorstadthäuser mit ihren Holzzäunen rundum. Dieser Raum, ihre heile Welt, droht immer mehr auseinanderzubrechen und zu zerfallen und das „Nichts" lugt aus jeder Rille und Spalte des Raumes und droht, sie zu verschlingen.
Das Bühnenbild wuchert in den Zuschauerraum hinein und verschmilzt mit diesem. Dadurch wird die Trennung zwischen Zuschauerraum und Bühne aufgehoben, das Publikum kann näher und intensiver am Geschehen teilnehmen und wird so zum Mitspieler und Verbündeten gemacht.

Aus: Materialmappe zu „Nichts", Junges Schauspielhaus, Düsseldorf

Musikalische Komponente

Neben dem Figuren- und Raumkonzept sind Musik und Geräusche weitere dramaturgische Mittel, die dem Theater zur Verfügung stehen, um verschiedene Aspekte in reduzierter und symbolischer Form darzustellen.

Pierre Anthon setzt seinen Mitschülern nach den Sommerferien nicht nur Flöhe ins Ohr, sondern in diesem Stück auch Töne. Er hockt in einem Pflaumenbaum, hier eher eine Scholle, um „sich darin zu üben nichts zu tun“. Dabei sieht dieses „Nichts Tun“ ziemlich vielfältig aus. Aus verschiedenen Klangkörpern lockt er ungewöhnliche Töne.

Auf der Bühne können Instrumente aus drei verschiedenen Bereichen entdeckt werden: Kinderspielzeug, Alltagsgegenstände und technisches Equipment. Alle drei Bereiche sind eigene Symbole, die stellvertretend für gewisse Gefühle und Stimmungen eingesetzt werden. So steht das Kinderspielzeug für das Verstreichen von Zeit, für Entwicklung und Fortgang und besonders für das Vergehen der Kindheit. Dafür benutzt Pierre Anthon z. B. einen Brummkreisel und eine Spieluhr. Die Alltagsgegenstände, wie der Akku-Bohrer und die Teetasse, untermalen in diesem Stück alltägliche Situationen, die schön, aber auch unangenehm und öde sein können und einen manchmal auf gute, aber auch auf verrückte Ideen kommen lassen. Und das technische Equipment, wie der Plattenspieler und die Mikrofone, sind dafür da, um die Geräusche in das Publikum zu transportieren.

Pierre Anthon gibt mit seinen Geräuschen immer wieder Impulse, welche von seinen Mitschülern während des Erzählens der Geschichte aufgenommen werden — seine produzierten und gezielt eingesetzten Töne nehmen also Einfluss auf alle Anderen im Raum, auf deren Einstellung, Kreativität, Fantasie. Sie geben Anstöße und lassen manchmal sogar Situationen erst wirklich entstehen.

In diesem Stück haben sich der Regisseur, der Schauspieler und ein Musiker die gesamte Musik ausgedacht, die Töne sind insgesamt auf die einzelnen Szenen abgestimmt, sodass jede musikalische Aktion sehr eng mit dem auf der Bühne Gespielten verbunden ist. – Die Szenen wären ohne die Musik kaum so eindrucksvoll, wie wir sie nun erleben, und die Musik, die in diesem Stück weniger aus Melodien als aus eigenständigen Klängen besteht, wäre nur halb so wirkungsträchtig wie eben in der Verbindung mit den Texten und dem Spiel der anderen Schauspieler. Es zeigt sich also, dass nicht nur die Jugendlichen in dem Stück sich gegenseitig beeinflussen, sondern auch die einzelnen Theaterelemente zusammengehören.

Aus: Materialmappe zu „Nichts“, Junges Schauspielhaus, Düsseldorf

- *Unterstreichen Sie die Stellen in dem Text, in denen die Funktion von Musik und Tönen in dieser Aufführung erläutert wird. Erklären Sie dies dann in eigenen Worten.*
- *Überlegen Sie sich für eine Szene des Romans passende Töne und Musik und tragen Sie Ihre Ideen in die Tabelle ein.*

Handlung der Charaktere	Geräusche	Musik
...	...	...

Auszug aus dem Regiebuch

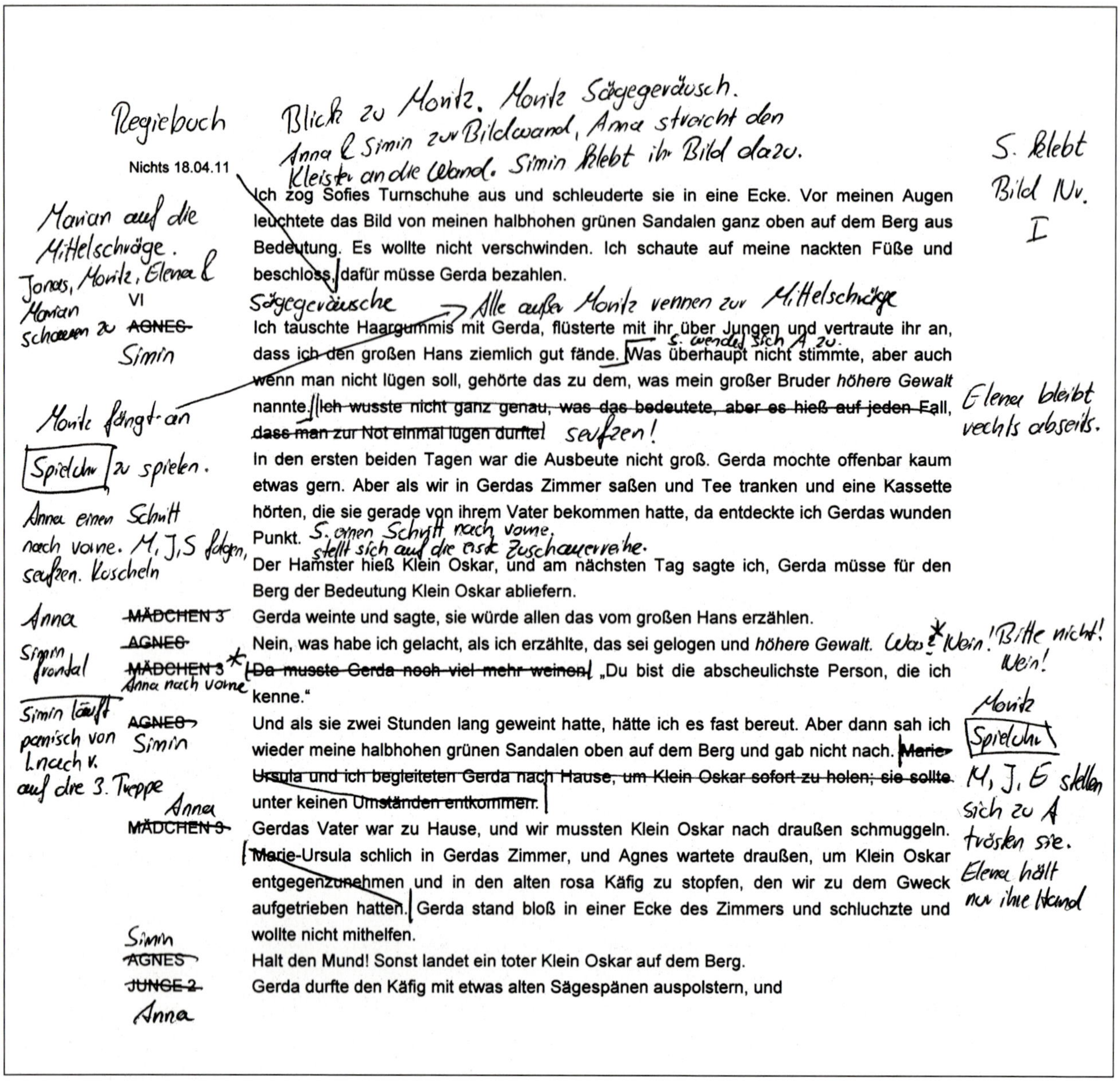
Nichts 18.04.11

Ich zog Sofies Turnschuhe aus und schleuderte sie in eine Ecke. Vor meinen Augen leuchtete das Bild von meinen halbhohen grünen Sandalen ganz oben auf dem Berg aus Bedeutung. Es wollte nicht verschwinden. Ich schaute auf meine nackten Füße und beschloss, dafür müsse Gerda bezahlen.

VI ~~AGNES~~ Ich tauschte Haargummis mit Gerda, flüsterte mit ihr über Jungen und vertraute ihr an, dass ich den großen Hans ziemlich gut fände. Was überhaupt nicht stimmte, aber auch wenn man nicht lügen soll, gehörte das zu dem, was mein großer Bruder *höhere Gewalt* nannte. ~~Ich wusste nicht ganz genau, was das bedeutete, aber es hieß auf jeden Fall, dass man zur Not einmal lügen durfte.~~

In den ersten beiden Tagen war die Ausbeute nicht groß. Gerda mochte offenbar kaum etwas gern. Aber als wir in Gerdas Zimmer saßen und Tee tranken und eine Kassette hörten, die sie gerade von ihrem Vater bekommen hatte, da entdeckte ich Gerdas wunden Punkt.

Der Hamster hieß Klein Oskar, und am nächsten Tag sagte ich, Gerda müsse für den Berg der Bedeutung Klein Oskar abliefern.

~~MÄDCHEN 3~~ Gerda weinte und sagte, sie würde allen das vom großen Hans erzählen.

~~AGNES~~ Nein, was habe ich gelacht, als ich erzählte, das sei gelogen und *höhere Gewalt*.

~~MÄDCHEN 3~~ ~~Da musste Gerda noch viel mehr weinen.~~ „Du bist die abscheulichste Person, die ich kenne."

~~AGNES~~ Und als sie zwei Stunden lang geweint hatte, hätte ich es fast bereut. Aber dann sah ich wieder meine halbhohen grünen Sandalen oben auf dem Berg und gab nicht nach. ~~Marie-Ursula und ich begleiteten Gerda nach Hause, um Klein Oskar sofort zu holen; sie sollte~~ unter keinen ~~Umständen entkommen.~~

~~MÄDCHEN 3~~ Gerdas Vater war zu Hause, und wir mussten Klein Oskar nach draußen schmuggeln. Marie-Ursula schlich in Gerdas Zimmer, und Agnes wartete draußen, um Klein Oskar entgegenzunehmen und in den alten rosa Käfig zu stopfen, den wir zu dem Gweck aufgetrieben hatten. Gerda stand bloß in einer Ecke des Zimmers und schluchzte und wollte nicht mithelfen.

~~AGNES~~ Halt den Mund! Sonst landet ein toter Klein Oskar auf dem Berg.

~~JUNGE 2~~ Gerda durfte den Käfig mit etwas alten Sägespänen auspolstern, und

Aus dem Regiebuch zu der Deutschsprachigen Erstaufführung von „Nichts. Was im Leben wichtig ist" des Jungen Schauspielhauses Düsseldorf in der Spielzeit 2011/12, Theaterfassung von Andreas Erdmann, nach dem Roman „Nichts" von Janne Teller © Carl Hanser Verlag München 2010, Aufführungsrechte: Rowohlt Theater Verlag, Reinbek bei Hamburg. Regie: Marco Storman

- *Vergleichen Sie den Auszug des Regiebuchs mit dem Romantext (S. 31 – 34).*
- *Lesen Sie die Randnotizen und zeichnen Sie draufhin Positiogramme, die die Bewegungen der Darsteller veranschaulichen.*
- *Stellen Sie die vorliegende Szene dar. Benutzen Sie dazu Ihre Positiogramme sowie die verschiedenen Handlungsanweisungen des Regiebuches. Überlegen Sie sich auch eine Möglichkeit, wie Sie die Geräusche (Sägegeräusche, Spieluhr) erzeugen können. Testen Sie bei der Vorbereitung verschiedene Varianten und diskutieren Sie dabei die jeweilige Wirkung.*

Postdramatisches Theater

Die Entstehung des Dramas

In Europa ist die Vorstellung von Theater sehr stark mit dem Drama verbunden. Dies lässt sich geschichtlich damit begründen, dass das europäische Theater seinen Ursprung im antiken Griechenland hat. Die bis heute existierende Form mit Schauspielern, die in Dialogen eine Handlung darstellen, ist zu dieser Zeit aus religiösen Kulthandlungen entstanden. Wie sehr unser Theaterbegriff von diesen Ursprüngen geprägt ist, zeigen folgende Tatsachen: Klassische griechische Dramenautoren wie Sophokles (496–406 v. Chr.), Euripides (480–406 v. Chr.) und Aristophanes (445–385 v. Chr.) werden bis heute aufgeführt. Eine Vielzahl von Begriffen aus der Theatersprache wie Drama, Tragödie, Komödie, Szene, Mimik, Monolog, Dialog etc. stammen aus dem Griechischen. Darüber hinaus zählt die Dramentheorie des Philosophen Aristoteles (384–322 v. Chr.) heute zum Grundwissen in der Literaturwissenschaft. Darin wird die Einheit des Ortes, der Handlung und der Zeit erläutert sowie erstmals die Unterteilung des Dramas in Tragödie und Komödie vorgenommen.

Diese Theaterkultur setzte sich bei den Römern fort, die sich als Nachfolger der Griechen sahen. So wurden auch zu dieser Zeit Tragödien und Komödien geschrieben und gespielt.

Während sich im Mittelalter in verschiedenen europäischen Ländern unterschiedliche Theaterformen entwickelten, orientieren sich ab dem 16. Jahrhundert alle wichtigen Theaterautoren an den klassischen griechischen Dramen und an Aristoteles' Poetik. Als prominente Beispiele können William Shakespeare (1564–1616) in England, Molière (1622–1673) in Frankreich oder Johann Wolfgang Goethe (1749–1832) und Friedrich Schiller (1759–1805) in Deutschland genannt werden. Auf Goethe geht auch die bis heute übliche Einteilung der Literatur in die drei Gattungen Epik, Lyrik und Drama zurück.

Im 20. Jahrhundert entwickelten sich mit dem absurden Theater (u. a. Samuel Beckett) und dem epischen Theater (u. a. Bertolt Brecht) neue Formen, die mit vielen Konventionen brachen, jedoch immer noch als Sonderformen des Dramas bezeichnet werden können.

Dramatisches Theater

Theater ist in Europa also mit der Aufführung von Dramen gleichzusetzen – oder mit anderen Worten: die Darstellung von Reden und Taten auf einer Bühne durch Schauspieler. Elementar ist dabei, dass eine Handlung durch Nachahmung dargestellt wird und häufig der Versuch unternommen wird, eine Verbindung zwischen Publikum und Bühne herzustellen. Der Zuschauer soll sich in die dargestellte Handlung versetzen und sich mit den Figuren identifizieren, wodurch eine Reinigung der Seele (Kartharsis) ausgelöst werden soll.

Weiterhin zeichnet es das dramatische Theater aus, dass im Mittelpunkt der Text, das geschriebene Drama, steht und die Aufführung lediglich als Darstellung dessen gesehen werden kann. Daran ändert auch der ab dem 18. Jahrhundert verstärkte Gebrauch non-verbaler Mittel wie Gestik, Bewegung und Mimik nichts, da die Rede der Figuren immer das zentrale Element bildet. Ähnlich verhält es sich mit dem Text selbst. Auch der Dramentext behielt im Laufe der Zeit seinen dramatischen Charakter, obwohl er einer Vielzahl von Ergänzungen und Veränderungen ausgesetzt war. Ein Dramentext kann in erster Linie als Rollentext gesehen werden, auch wenn es Zwischenspiele, Prologe, Epiloge, Theater im Theater oder Erzählerpassagen gibt.

Ein weiteres markantes Merkmal des dramatischen Theaters ist die Illusionsbildung. Das Ziel, das mit Kulissen, Kostümen, Ton- und Lichttechnik erreicht werden soll, ist immer das Erschaffen einer fiktiven Welt. Diese Illusion muss nicht vollständig sein und kann bewusst durchbrochen werden – wie z. B. in Brechts epischem Theater – das Prinzip, dass das Drama als Modell der Realität fungiert, bleibt jedoch bestehen.

Bilden diese Elemente den Kern eines Theaterstückes, handelt es sich um dramatisches Theater. Dass auch andere Theaterformen möglich sind, zeigt der Vergleich mit Theatertraditionen außerhalb Europas. So basiert das japanische No-Theater größtenteils auf Tanz, Musik und zeremoniellen Abläufen. Der Text hat einen erzählenden und lyrischen Charakter, im Gegensatz zum dramatischen Rollentext.

Postdramatisches Theater

Der Theaterwissenschaftler **Hans-Thies Lehmann** untersuchte in einer 1999 erschienenen Studie „[d]ie seit den 70er-Jahren des 20. Jahrhunderts zu beobachtenden Veränderungen der Theatertexte und der Aufführungspraxis."[1] Er kommt darin zu dem Schluss, dass das Theater der Gegenwart eine neue Variante hervorgebracht hat. Diese bezeichnet er als **postdramatisches Theater**.

Dabei ist das Adjektiv postdramatisch im wörtlichen Sinne zu verstehen. Gemeint ist mit dem Begriff nicht eine Abkehr oder Verneinung der Tradition des dramatischen Theaters, sondern eine Form „nach" dem Drama. Dies bedeutet, dass dramatische Elemente und Strukturen in der neuen Form fortbestehen, jedoch in einer abgeschwächten Art und Weise. Lehmann wählt zur Beschreibung das Bild eines Baumes: „[D]ie Glieder der Äste des dramatischen Organismus sind, wenn auch als abgestorbenes Material, noch anwesend"[2]. Er definiert das postdramatische Theater als eine Fortentwicklung, die Elemente des Dramas miteinschließt und spielerisch verarbeitet.

Auch die Bedeutung des Textes hat sich verändert. Zwar besteht die Beziehung und der Austausch zwischen Theater und Text fort, es handelt sich jedoch um keinen dramatischen Text mehr. Zugleich ist dieser in der neuen Form nur noch ein – und nicht mehr das – zentrale Element der szenischen Gestaltung.

Achim Roschmann

1 Lehmann, Hans-Thies: Postdramatisches Theater. In: Langemeyer, Peter (Hrsg.): Dramentheorie – Texte vom Barock bis zur Gegenwart. Stuttgart: Reclam. 2011. S. 552–559.

2 ebd. S. 558

- *Unterscheiden Sie postdramatisches Theater von dramatischem Theater.*
- *Überlegen Sie, inwieweit man die Düsseldorfer Inszenierung von „Nichts" als postdramatisches Theater bezeichnen kann.*

Franz Kunzmann et al.: Kierkegaard – Die Stadien der Existenz

Den Weg des Einzelnen hin zum **Glauben**, in dem sich der Mensch „durchsichtig in der Macht gründet, die ihn gesetzt hat“, beschreibt KIERKEGAARD anhand verschied. **Stadien der Existenz** (‚Entweder Oder‘).

Im **Ästhetischen Stadium** lebt der Mensch in der Unmittelbarkeit, d. h. er hat sich noch nicht als Selbst gewählt. Er lebt im und vom Äußerlichen und Sinnlichen, nach der Devise: „Man soll das Leben genießen.“

Ein Beispiel dafür ist der Don Juan.

Da er aber in der Verwirklichung dieser Lebensform vom Äußerlichen, d. h. von dem, was nicht in seiner Macht steht, abhängig ist, zeigt sich die uneingestandene Grundstimmung des ästhet. Daseins als Verzweiflung darüber, dass ihm die Bedingungen genommen werden können.

Der Sprung in das **Ethische Stadium** findet statt, wenn der Einzelne sich in seiner Verzweiflung selbst wählt:

„... denn nur mich selbst kann ich absolut wählen, und diese absolute Wahl meiner selbst ist meine Freiheit, und nur, indem ich mich selbst absolut gewählt habe, habe ich eine absolute Differenz gesetzt, die nämlich zwischen Gut und Böse.“

Die eth. Existenz hat sich als Selbstsein gewählt und damit die Unabhängigkeit vom Äußerlichen gewonnen, sie ist Subjekt von Entscheidungen, das Leben erhält Ernst und Kontinuität.

Dennoch vermag sich auch dieses Stadium nicht zu vollenden. Denn in der Möglichkeit der Schuld erkennt der Ethiker, dass er nicht im Besitz der Bedingungen ist, ethisch ideal zu leben, weil er unter der Sünde steht.

Dies führt zum **Religiösen Stadium**. Der Mensch, der sich als Sünder erkennt, begreift, dass er im christl. Verständnis nicht sich allein aus der Sünde befreien kann, weil allein Gott die Bedingung der Wahrheit geben kann:

Inhalt des *Glaubens* ist das *Paradox*, dass das Ewige in die Zeit gekommen ist, d. h. der Gott Mensch geworden ist.

Da aber der Gott zu den Menschen kommen musste, um ihnen die Wahrheit zu geben, vermag der Mensch nun nicht von sich aus zur Wahrheit zu gelangen, sondern er muss vom Gott die Bedingung erhalten. Im Glauben gründet sich der Mensch vorbehaltlos in Gott.

Peter Kunzmann, Franz-Peter Burkard, Franz Wiedmann: dtv-Atlas Philosophie. Graphische Gestaltung der Abbildungen Axel Weiß. © 1991 Deutscher Taschenbuch Verlag

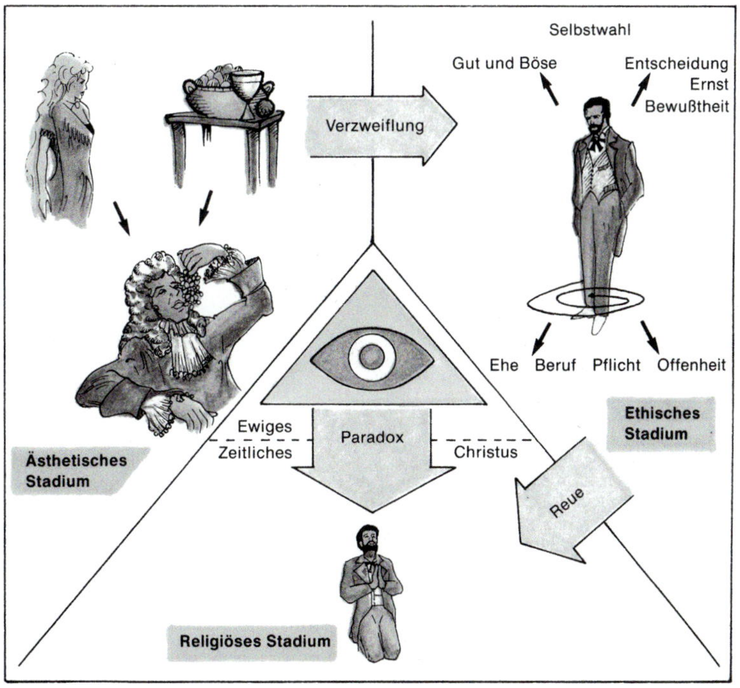

- *Erläutern Sie, worin sich die drei Stadien der Existenz unterscheiden.*
- *In welchem Stadium befindet sich die Schulklasse in „Nichts“ zu Beginn des Romans? Erreicht Sie ein anderes Stadium? Begründen Sie Ihre Meinung.*

Wilhelm Weischedel: Nietzsche oder Macht und Ohnmacht des Nihilismus

Der freie Geist hat vor allem die Aufgabe, überkommene und fest gewordene Vorurteile umzustürzen. Das geschieht in dreifacher Hinsicht. Zunächst geht es um das Zerbrechen des Glaubens an die Wahrheit. Das Zeitalter meint, die Wahrheit zu besitzen; es ist auf den Fortschritt seiner wissenschaftlichen Erkenntnis stolz. Aber Nietzsche entdeckt: Das Zeitbewusstsein ist unterhöhlt. Der Mensch, so wie er nun einmal ist, hat keine Möglichkeit, eine absolute Wahrheit zu erfassen. Es bleibt nur „die Einsicht, dass jeder Glaube, jedes Fürwahrhalten notwendig falsch ist". Nihilismus bedeutet also zum ersten: Es ist nichts mit der Wahrheit.

Nihilismus bedeutet zum zweiten: Es ist nichts mit der Moral. Nietzsche sieht mit voller Klarheit die Fragwürdigkeit der landläufigen Moral: dass sie sittliche Grundsätze verkündet, dass aber das Handeln sich nicht danach richtet. Ebendas wird im Nihilismus offenbar. Dieser ist „Glaube an die absolute Wertlosigkeit", „Glaube an die absolute Sinnlosigkeit". Der Grund der Notwendigkeit einer solchen nihilistischen Umstürzung der Moral liegt in dieser selbst beschlossen. Sie hat sich gegen das Leben gewendet; sie ist zur „Widernatur" geworden. Leben und Natur rebellieren nun um der Wahrhaftigkeit willen gegen die Moral. „Der Selbstmord der Moral ist ihre letzte moralische Forderung."

Nihilismus heißt zum dritten: Es ist nichts mit der Religion. Nietzsche gelangt in der Konsequenz seiner nihilistischen Haltung zu einer unbedingten Verwerfung, vor allem des Christentums. „Wer mir in seinem Verhältnis zum Christentum heute zweideutig wird, dem gebe ich nicht den letzten Finger meiner zwei Hände. Hier gibt es nur eine Rechtschaffenheit: ein unbedingtes Nein." Aber Nietzsche sieht tiefer. Das Christentum zerbricht an sich selber, weil es nämlich von seinem Beginn an sich vom unmittelbaren Leben abgekehrt hat und eben darin vom Grunde her nihilistisch geworden ist. Doch wiederum: Der Zusammenbruch des Christentums kommt aus ihm selber, aus dem in ihm gezüchteten Instinkt der Wahrhaftigkeit heraus. Daher ist jetzt der Zeitpunkt gekommen, wo „die Ehrfurcht gebietende Katastrophe einer zweitausendjährigen Zucht zur Wahrheit sich die Lüge im Glauben an Gott verbietet".

Für Nietzsche stellt sich am Ende die Frage, ob man beim Nihilismus stehen bleiben kann. Er stellt fest: Der Nihilismus ist nichts Endgültiges. Das Positive an ihm ist, dass er ein Übergang ist. Durch ihn ist „in Europa eine so prachtvolle Spannung des Geistes geschaffen. Mit einem so gespannten Bogen kann man nach den fernsten Zielen schießen".

Wilhelm Weischedel: Die philosophische Hintertreppe © 1966 by nymphenburger in der F. A. Herbig Verlagsbuchhandlung GmbH, München

- *Auf welche Bereiche bezieht sich Nietzsches Nihilismus?*
- *Erläutern Sie die Funktion, die ihm zukommen soll. Beziehen Sie sich dabei auf die Formulierung „Mit einem so gespannten Bogen".*

Calvin und Hobbes

- *Analysieren Sie den Comic-Strip. Überlegen Sie in diesem Zusammenhang, wofür die verschneite Welt stehen könnte und warum die eine Figur von einem leeren Blatt Papier spricht.*
- *Erläutern Sie, wie man den Comic-Strip im Sinne Sartres, der die menschliche Existenz eng mit dem Begriff Freiheit verknüpft, deuten kann.*

Klausuren

Thema 1

Analysieren Sie die Parabel „Vor dem Gesetz" von Franz Kafka. Vergleichen Sie anschließend das Verhalten des Mannes vom Lande mit dem Verhalten von Agnes in Janne Tellers Roman „Nichts", nachdem Pierre Anthon die Schulklasse verlassen hat (von S. 9 „Wir lachten" bis S. 10 „Angst. Mehr Angst. Am meisten Angst."). Gehen Sie dabei insbesondere darauf ein, welche Rolle Angst für beide Figuren spielt. Vergleichen Sie in einem dritten Schritt das Symbol der Tür in beiden Texten.

Franz Kafka (1883–1924)
Vor dem Gesetz

Vor dem Gesetz steht ein Türhüter. Zu diesem Türhüter kommt ein Mann vom Lande und bittet um Eintritt in das Gesetz. Aber der Türhüter sagt, dass er ihm jetzt den Eintritt nicht gewähren könne. Der Mann überlegt und fragt dann, ob er also später werde eintreten dürfen. „Es ist möglich", sagt der Türhüter, „jetzt aber nicht." Da das Tor zum Gesetz offensteht wie immer und der Türhüter beiseitetritt, bückt sich der Mann, um durch das Tor in das Innere zu sehn. Als der Türhüter das merkt, lacht er und sagt: „Wenn es dich so lockt, versuche es doch, trotz meines Verbotes hineinzugehen. Merke aber: Ich bin mächtig. Und ich bin nur der unterste Türhüter. Von Saal zu Saal stehn aber Türhüter, einer mächtiger als der andere. Schon den Anblick des dritten kann nicht einmal ich mehr ertragen." Solche Schwierigkeiten hat der Mann vom Lande nicht erwartet; das Gesetz soll doch jedem und immer zugänglich sein, denkt er, aber als er jetzt den Türhüter in seinem Pelzmantel genauer ansieht, seine große Spitznase, den langen, dünnen, schwarzen tatarischen Bart, entschließt er sich, doch lieber zu warten, bis er die Erlaubnis zum Eintritt bekommt. Der Türhüter gibt ihm einen Schemel und lässt ihn seitwärts von der Tür sich niedersetzen. Dort sitzt er Tage und Jahre. Er macht viele Versuche, eingelassen zu werden, und ermüdet den Türhüter durch seine Bitten. Der Türhüter stellt öfters kleine Verhöre mit ihm an, fragt ihn über seine Heimat aus und nach vielem andern, es sind aber teilnahmslose Fragen, wie sie große Herren stellen, und zum Schlusse sagt er ihm immer wieder, dass er ihn noch nicht einlassen könne. Der Mann, der sich für seine Reise mit vielem ausgerüstet hat, verwendet alles, und sei es noch so wertvoll, um den Türhüter zu bestechen. Dieser nimmt zwar alles an, aber sagt dabei: „Ich nehme es nur an, damit du nicht glaubst, etwas versäumt zu haben." Während der vielen Jahre beobachtet der Mann den Türhüter fast ununterbrochen. Er vergisst die andern Türhüter, und dieser erste scheint ihm das einzige Hindernis für den Eintritt in das Gesetz. Er verflucht den unglücklichen Zufall, in den ersten Jahren rücksichtslos und laut, später, als er alt wird, brummt er nur noch vor sich hin. Er wird kindisch, und, da er in dem jahrelangen Studium des Türhüters auch die Flöhe in seinem Pelzkragen erkannt hat, bittet er auch die Flöhe, ihm zu helfen und den Türhüter umzustimmen. Schließlich wird sein Augenlicht schwach und er weiß nicht, ob es um ihn wirklich dunkler wird oder ob ihn nur seine Augen täuschen. Wohl aber erkennt er jetzt im Dunkel einen Glanz, der unverlöschlich aus der Türe des Gesetzes bricht. Nun lebt er nicht mehr lange. Vor seinem Tode sammeln sich in seinem Kopfe alle Erfahrungen der ganzen Zeit zu einer Frage, die er bisher an den Türhüter noch nicht gestellt hat. Er winkt ihm zu, da er seinen erstarrenden Körper nicht mehr aufrichten kann. Der Türhüter muss sich tief zu ihm hinunterneigen, denn der Größenunterschied hat sich sehr zu Ungunsten des Mannes verändert. „Was willst du denn jetzt noch wissen?", fragt der Türhüter, „du bist unersättlich." „Alle streben doch nach dem Gesetz", sagt der Mann, „wieso kommt es, dass in den vielen Jahren niemand außer mir Einlass verlangt hat?" Der Türhüter erkennt, dass der Mann schon an seinem Ende ist, und, um sein vergehendes Gehör noch zu erreichen, brüllt er ihn an: „Hier konnte niemand sonst Einlass erhalten, denn dieser Eingang war nur für dich bestimmt. Ich gehe jetzt und schließe ihn."

Aus: Franz Kafka: Erzählungen und Parabeln. Hrsg. von Johannes Diekhans. Paderborn: Schöningh 2012, S, 7f.

Thema 2

Nachdem Pierre Anthon die Klasse verlassen hat, überlegen seine Mitschüler, wie sie auf ihn und seine Provokationen reagieren sollen. In dieser Situation hält Jan-Johan eine Rede: „‚So kann es nicht weitergehen', begann er seine Rede, und so beendete er sie auch, nachdem er kurz gesagt hatte, was wir alle wussten, nämlich dass wir nicht immer weiter so tun konnten, als hätte etwas etwas zu bedeuten, wenn doch Pierre Anthon oben im Pflaumenbaum saß und uns zurief, dass nichts etwas zu bedeuten habe." (S. 15)
Verfassen Sie Pierre Anthons Rede an seine Mitschüler.

Thema 3

Auf S. 109 wird beschrieben, wie sich die Zeitungen Dänemarks für die Geschehnisse in Tæring zu interessieren beginnen: „[Sie] fanden genau wie der Tæring Tirsdag, dass es sich um Auswüchse handele. Und wir seien unkontrollierbar und gehörten eigentlich in eine Erziehungsanstalt."
Verfassen Sie einen Zeitungsartikel, der diese Meinung widerspiegelt.

Thema 4

Analysieren Sie die Textstelle von S. 111 („Es war spannend, als der Tæring Tirsdag über uns schrieb.") bis S. 115 („So lange, bis wir am Tæringvej 25 vorbeikamen.") im Hinblick auf die äußere und innere Situation der Ich-Erzählerin.

Facharbeiten

Thema 1

Die Darstellung von Gewalt in „Nichts". Kritik oder Verharmlosung.

Thema 2

„Mit gleichgültiger Miene nickte er uns zum Abschied zu und ging hinaus, ohne die Tür hinter sich zu schließen" – Pierre Anthons Entscheidung als Akt der Freiheit im Sinne Sartres.

Thema 3

Das Motiv des Baumes in Janne Tellers „Nichts" und Italo Calvinos „Der Baron auf den Bäumen" – Ein Vergleich.

Thema 4

Tæring in Janne Tellers Roman „Nichts" als Spiegelbild westlicher Gesellschaft im angehenden 21. Jahrhundert.

Thema 5

„Lehrer sagten, dieses Buch ist schädlich." (Janne Teller) – Der Schutz von Kindern und Jugendlichen vs. Zensur von Kunst.

Thema 6

„Ein großes Museum in New York entschied die Sache [...], als es dreieinhalb Millionen Dollar für den Berg aus Bedeutung bot." – Der Berg aus Bedeutung als Kunst.

Thema 7

„Nichts" – Ein typisches Jugendbuch?

Thema 8

Mittäterin oder Opfer des Gruppenzwangs – Die Rolle der Ich-Erzählerin Agnes.

Thema 9

Pierre Anthon in Janne Tellers Roman „Nichts": Provokateur, Philosoph oder pubertierender Jugendlicher?

Literaturverzeichnis

Literarische Werke

Calvino, Italo: Der Baron auf den Bäumen. München: 2006.
Gaarder, Jostein: Sofies Welt. München: 1998.
Teller, Janne: Nichts – was im Leben wichtig ist. München: 2010.

Literatur zur zum philosophischen Hintergrund

Lütkehaus, Ludger (Hrsg.): Friedrich Nietzsche – Das große Lesebuch. Frankfurt am Main. 2011.
Precht, Richard David: Wer bin ich und wenn ja wie viele? München: 2007.
Roos, Theo: Neue philosophische Vitamine. Köln: 2007.
Seibert, Thomas: Existenzphilosophie. Stuttgart: 1997.
Weischedel, Wilhelm. Die philosophische Hintertreppe – Die großen Philosophen in Alltag und Denken. München: 1975.

Literatur zum Thema Gewalt

Bauer, Joachim: Schmerzgrenze – Vom Ursprung alltäglicher und globaler Gewalt. München: 2011.

Literatur zur Theorie des Drama

Langemeyer, Peter (Hrsg.): Dramentheorie – Texte vom Barock bis zur Gegenwart. Stuttgart: 2001.